LAS REVOLUCIONES INDUSTRIA

MANUEL CAZADERO

LAS REVOLUCIONES INDUSTRIALES

FONDO DE CULTURA ECONÓMICA

MÉXICO

Primera edición, 1995

D. R. © 1995, FONDO DE CULTURA ECONÓMICA
Carretera Picacho-Ajusco, 227; 14200 México, D. F.

ISBN 968-16-4682-7

Impreso en México

A
LAURA

INTRODUCCIÓN

El proceso industrializador generado por las naciones desarrolladas que integran el núcleo dinámico del sistema económico internacional es un tema de fundamental importancia. Durante décadas, la historia mundial tuvo como polo principal de conflicto la confrontación entre el bloque de países con economías de mercado, encabezados por los Estados Unidos, y el conformado por naciones cuyas economías eran regidas por una planificación centralizada y cuyo liderazgo correspondía a la Unión Soviética. Este enfrentamiento, que se desarrolló en múltiples niveles —militar, económico, político, ideológico, etc.—, tuvo tanta importancia que marginó a otros problemas de la humanidad o los consideró como meros efectos de aquel choque primordial. Hoy, después de los revolucionarios acontecimientos que han transformado el mundo a partir de 1989, el escenario mundial ha dejado de estar dominado por aquella problemática y en su lugar aparece como la principal fuente de conflictos la coexistencia en el mundo de naciones ricas y pobres.

Acerca de esta coexistencia pueden hacerse varias afirmaciones, entre las que destacan tres. Primero, que la desigualdad en el desarrollo de los diversos países no es una situación que pueda resolverse en el corto plazo, sino que, por el contrario, se prolongará por un tiempo largo. En segundo lugar, y como consecuencia de lo anterior, que los problemas generados por esta desigualdad, tales como la emigración de refugiados económicos hacia las naciones desarrolladas, no pueden solucionarse satisfactoriamente en el futuro inmediato y que a todo lo que puede aspirarse es a contenerlos para evitar que alcancen niveles explosivos. Y, por último, que la diferencia más notoria entre ambos grupos de países es su desigual nivel de industrialización, al grado de que a menudo se hace referencia a las naciones desarrolladas con el nombre de países industrializados.

7

Por otra parte, cada vez se generaliza más en las distintas sociedades la sensación de existir en una época de tránsito. Paulatinamente se abre paso el sentimiento de que elementos fundamentales del mundo, tal como fue conocido hasta fecha reciente, han desaparecido en forma irrecuperable y que, como consecuencia, el futuro será inevitablemente distinto al pasado inmediato. Las transformaciones afectan tanto a los individuos como a las comunidades y modifican la correlación de fuerzas entre las naciones. Es muy posible que la palabra cambio y sus diversas variantes sean las que aparecen más a menudo en el discurso, sin importar si éste proviene de la tribuna de un político o del laboratorio de un investigador. Simultáneamente a ese sentimiento de continua transformación, se extiende la idea de que ésta se halla estrechamente relacionada con el avance de la ciencia y la tecnología, las cuales influyen de manera esencial en la vida de la humanidad. Se percibe que si bien esto siempre ha sido así, en los últimos tiempos el ritmo del cambio y la irreversibilidad de sus efectos tienen dimensiones sin precedente en cualquier época anterior y de que este fenómeno se debe a la extraordinaria aceleración en el desarrollo científico-tecnológico. Inexorablemente se generaliza la convicción de que este avance provoca transformaciones más amplias y profundas que cualquier fenómeno político o social no relacionado con él.

Otro elemento de la cosmovisión contemporánea es la ambigüedad con la que se percibe el cambio. Ha desaparecido la certidumbre que influyó en el pensamiento, principalmente en las naciones occidentales a partir de la Ilustración, de que la humanidad había entrado en una época de progreso en el que las transformaciones significaban invariablemente un dominio siempre creciente de los hombres sobre la naturaleza, el cual redundaba en una abundancia en continuo aumento de bienes tanto materiales como espirituales que permitirían ir obteniendo sucesivas victorias contra los enemigos perennes del bienestar humano, como el hambre, las enfermedades y la ignorancia. Hoy, si bien se espera que el progreso científico-tecnológico otorgue beneficios, simultáneamente se teme que provoque males que resulten mayores que aquéllos.

Por otra parte, hay que tomar en cuenta el hecho de que el

sistema económico mundial ha funcionado en los últimos decenios del siglo XX en forma insatisfactoria. Esta situación resulta más notable si se compara su pobre desempeño con el que tuvo en las décadas de los años cincuenta y sesenta. Los países industriales acaparadores del progreso científico y tecnológico, que constituyen el núcleo del sistema económico mundial, se han visto afectados desde la década de 1970 por un crecimiento lento, por altas tasas de desempleo o una degradación de los salarios o ambas cosas simultáneamente, todo ello acompañado de conflictos sociales provocados por los malos resultados de sus economías. La evolución de las naciones que se encuentran fuera de ese núcleo ha sido todavía peor, de lo cual dan testimonio múltiples hechos, entre los que resaltan las deficiencias productivas que culminaron con la crisis de las naciones del sistema llamado socialista en la Europa del Este y el empobrecimiento del subcontinente latinoamericano y de otras regiones subdesarrolladas, que amplió aún más la brecha que las separa del núcleo industrializado.

Este polifacético panorama indica que el estudio del proceso industrializador, esto es, del conjunto de transformaciones históricas que convirtieron a algunos países en industriales, es de singular importancia para entender nuestro presente y nuestro futuro. Es el propósito de esta obra realizar un análisis de la naturaleza de los mecanismos que operaron tal metamorfosis.

Este análisis de la industrialización de las sociedades considera que el paradigma que tiene mayor fuerza explicativa es el que no la concibe como un proceso lineal, sino que, por el contrario, la contempla como algo que alterna periodos de continuidad con rupturas. Esta concepción queda cristalizada en la categoría de *revolución industrial*. En esta perspectiva se considera que el sistema económico mundial ha atravesado por dos revoluciones industriales y, en el presente, habiendo agotado la segunda, nos encontramos en tránsito hacia una tercera. Se rechaza específicamente la idea de que el proceso industrializador ha tenido un progreso ininterrumpido desde la segunda mitad del siglo XVIII hasta el presente. De acuerdo con este paradigma, cada revolución industrial produce un periodo de desarrollo que se cierra con una crisis al agotarse las capacidades dinamizadoras tanto de la base tecnológica que la sustenta como del sistema institucional que la regula.

Para realizar el análisis propuesto, en esta obra se examinan desde los antecedentes de la Primera Revolución Industrial hasta el umbral de la Tercera, que caracteriza el final del siglo XX. Se trata de determinar la naturaleza de estos procesos descubriendo los elementos esenciales que los constituyen, los nexos entre ellos y las fuerzas dinámicas que los hacen evolucionar.

Una revolución industrial está constituida por un cúmulo de elementos vinculados entre sí que conforman una totalidad funcional. Dicho en otra forma, estos procesos históricos están determinados por la evolución de un gran número de variables que actúan recíprocamente, de manera que cada una es simultáneamente determinante y determinada, y, por otra parte, el conjunto debe contener todas esas variables, ya que la ausencia de algunas de ellas mutila el conjunto convirtiéndolo en algo distinto y, muy probablemente, carente de operatividad. Pese a ese carácter indisoluble de la totalidad, para los propósitos del análisis es posible dividirla en tres grandes conjuntos.

El primero está formado por un cúmulo o enjambre de innovaciones tecnológicas que constituyen una estructura. En esta conceptualización es muy importante distinguir entre invento e innovación tecnológica. El primero supone el surgimiento de una mercancía o servicio nuevos o bien de una forma novedosa de producir bienes ya conocidos, mientras la segunda implica la difusión, a través de la estructura productiva, de un invento en una escala lo suficientemente grande como para alterar la función de producción respectiva. Por otra parte, este cúmulo de innovaciones no es un simple conjunto de elementos yuxtapuestos, sino que, al igual que las componentes de los otros dos conjuntos, constituyen una estructura y, en consecuencia, los nexos que los vinculan tienen tanta importancia teórica y práctica como los elementos mismos.

El segundo está integrado por un conjunto de profundas transformaciones sociales que también revisten un carácter estructural y que deben tener lugar antes y durante la revolución industrial en la sociedad destinada a asimilar la nueva tecnología, haciendo posible internalizarla. Esta noción es la que explica hechos como el de que Inglaterra haya sido la primera nación de la historia que se industrializó y que, en contrapartida, existan otras que muestran una impermeabilidad a la ciencia y la tecnología que hace que la modernidad, de que a menudo se vanaglorian, constituya un elemento superficial que se desintegra ante las presiones de cualquier perturbación importante, revelando el carácter arcaico que constituye la realidad hasta entonces oculta por su apariencia moderna.

Por último, el tercer conjunto está constituido por la metamorfosis del sistema económico mundial. Las revoluciones industriales no transformaron únicamente a las naciones que se industrializaron, sino prácticamente a todos los países del mundo a medida que generaban enormes fuerzas de oferta y demanda que impactaron con ímpetu ciclónico la base económica de las más diversas sociedades, por remotas que éstas parecieran estar, modificando su estructura productiva. Dicho en otra forma, las revoluciones industriales fueron procesos de alcance planetario, que en cada ocasión transformaron esencialmente el sistema económico mundial.

Desde una perspectiva distinta, las revoluciones industriales han sido transformaciones de las formas de existencia del capital, de los procesos de organización del trabajo productivo, del papel del Estado frente a la sociedad y la economía y, por último, de la base energética. Puede afirmarse que cada revolución industrial está constituida, a su vez, por revoluciones en el capital, el trabajo, el Estado y la energía.

Este paradigma ha determinado el método de trabajo utilizado en el presente estudio. Los tres primeros capítulos se dedican a establecer las características generales de estas revoluciones, examinando cada uno de los tres conjuntos en que pueden considerarse divididos los innumerables componentes que las integran: la estructura de innovaciones tecnológicas, los cambios sociales que las preceden y acompañan y la metamorfosis del sistema económico mundial que provocan. El modelo resultante se basa en el examen de la Primera Revolución Industrial.

Los siguientes tres capítulos tienen una orientación diferente; en efecto, centran su atención en las modalidades que asumieron la organización del capital, los procesos del trabajo productivo, el papel del Estado y el perfil de la base energética durante la Segunda Revolución Industrial. El propósito del estudio es analizar el funcionamiento de las variables citadas y, por otra parte, establecer con claridad las características del mundo generado por esa Segunda Revolución Industrial, que constituye la herencia que ésta legó a la humanidad y que, obviamente, tiene que ser el punto de partida para la Tercera.

En el séptimo y último capítulo se examina el periodo de extraordinario auge que se extiende por dos decenios después de la segunda Guerra Mundial y que corresponde a la plenitud de la Segunda Revolución Industrial, cuando ésta despliega toda su potencialidad por haberse integrado la totalidad de los elementos que la formaron. Posteriormente, se analiza la crisis que da fin a la onda expansiva y abre una etapa depresiva de larga duración que se caracterizó por los problemas mencionados y la cual corresponde al agotamiento de las potencialidades de los componentes dinamizadores de esa Segunda Revolución Industrial, para concluir que esta onda depresiva terminará cuando el sistema económico mundial entre plenamente en la tercera de dichas revoluciones.

El estudio del proceso industrializador nos brinda una visión panorámica de lo que podemos calificar sin duda como el hecho más importante que se ha dado en el mundo en más de dos siglos: el surgimiento del polo desarrollado del planeta. Pero rebasando su simple descripción, muestra la naturaleza de su esencia, analizando sus componentes y la dinámica de éstos y permitiendo entender las tremendas fuerzas que han conformado el sistema económico mundial en la época contemporánea.

MANUEL CAZADERO

I. LA REVOLUCIÓN INDUSTRIAL COMO ESTRUCTURA DE INNOVACIONES TECNOLÓGICAS

> El cambio tecnológico es un determinante importante del crecimiento de las economías más dinámicas, y las fuerzas que lo modelan son, por lo menos en gran medida, económicas, de manera que dista mucho de ser una variable exógena.
>
> NATHAN ROSENBERG[1]

I

CUANDO se habla de la Revolución Industrial en singular y como nombre propio, se hace referencia "a la gigantesca transformación, sin precedente en la historia de la humanidad, que entre 1780 y 1850, en menos de tres generaciones, cambió el aspecto de Inglaterra".[2] Un hombre de la Roma imperial que hubiese sido trasladado al mundo inglés de principios del siglo XVIII, nos dice Carlo M. Cipolla, autor de la cita anterior, no tendría demasiada dificultad en adaptarse dada la lentitud y moderación de las transformaciones sufridas por la sociedad en esos casi dos milenios, continuidad que fue rota por los grandes y rápidos cambios ocurridos a partir de 1780. Esa ruptura se reflejó claramente en el campo del conocimiento: antes de la Revolución Industrial podían consultarse con propósitos prácticos las obras de los científicos y técnicos de la Antigüedad, mientras que después de ella sólo se estudiaron por su interés histórico. El pasado en 1850, concluye Cipolla, no era únicamente pasado, sino que estaba muerto.[3] Dicho en

---

[1] Nathan Rosenberg (Coord.), *Economía del cambio tecnológico*, Trad. de Eduardo L. Suárez, FCE, México, 1979, pp. 7-8.

[2] Carlo M. Cipolla (Coord.), *The Fontana Economic History of Europe*, vol. 3, *The Industrial Revolution*, Fontana/Collins, Glasgow, 1973, p. 7.

[3] *Ibid.*, pp. 8-9, *apud* C. H. Waddington, *The Ethical Animal*, Chicago, 1960, p. 5.

otra forma, durante esas décadas en Inglaterra se abrió un abismo insalvable entre un mundo que se desvaneció para siempre y el mundo contemporáneo.

La Revolución Industrial, el fenómeno que abrió ese insalvable abismo, se compone de tres partes, que si bien se dan unidas indisolublemente en un proceso único y en donde cada una de ellas es condición indispensable para la existencia de las otras, con fines analíticos es posible diferenciarlas. La primera parte está constituida por un conjunto de innovaciones tecnológicas de gran importancia que generan productos o servicios nuevos, al mismo tiempo que transforman los procesos productivos incrementando en forma sin precedente la capacidad de producción. La segunda parte consta de una serie de transformaciones muy profundas que experimentan las sociedades que se industrializan y que modifican esencialmente su relación con el entorno natural que habitan, su sistema económico, su estructura social, sus instituciones políticas y su ideología tanto en el nivel consciente y racional como en el del inconsciente. El resultado final es el surgimiento de un mundo que se revela como nuevo en todos los niveles de la actividad social de los hombres y separado por esa brecha insalvable del que existía antes de la Revolución Industrial. Se trató de un proceso irreversible que se produjo primero en Inglaterra y que después se hizo extensivo a otros países, entre los que destacaron, en el curso del siglo XIX, Francia, Alemania y Estados Unidos. Y, por último, la tercera parte está formada por la metamorfosis del sistema económico mundial.

Este tercer aspecto de la Revolución Industrial es el que le confiere a la concepción que presentamos de ese gran proceso histórico un significado un poco diferente al que se le asigna en la abundante bibliografía existente sobre el tema. Las razones para adoptar esta perspectiva se harán evidentes a lo largo de todo el análisis.

La Revolución Industrial no fue un proceso que se limitó a Inglaterra o a los países que se industrializaron siguiendo su ejemplo, sino que se trató de un fenómeno de alcances planetarios que afectó, en mayor o menor medida, prácticamente a todas las naciones y sociedades del mundo. La nueva planta industrial tenía una capacidad productiva sin precedente que demandaba un enorme y confiable abasto de materias primas y amplios mercados capaces de absorber esa producción potenciada. Comenzando por Inglaterra, y con la relativa y temporal excepción de Estados Unidos, los países que se industrializaron encontraban insuficiente la capacidad de sus territorios para hacer frente a las necesidades que se plantearon con gran urgencia en ambos rubros, por lo que generaron una acción a escala mundial para responder a ellas. El propio proceso industrializador les proporcionaba la fuerza necesaria para vencer las resistencias que pudieran oponerse a la expansión de su influencia. El resultado fue que los países y regiones que no se industrializaron, y que constituían una proporción abrumadoramente mayoritaria tanto de la superficie como de la población del mundo, también experimentaron grandes cambios en sus relaciones con la naturaleza, en sus economías, sus formas de gobierno, sus mentalidades y en general en todos los aspectos de la existencia social, que los transformaron. Podemos sintetizar lo anterior afirmando que es incorrecto decir, como se hace tradicionalmente, que la Revolución Industrial se dio en Inglaterra o en el pequeño número de países que se industrializaron, ya que en realidad ese proceso se dio en todo el planeta.

Una de las consecuencias de concebir la Revolución Industrial como un fenómeno planetario que afectó al sistema económico mundial en su conjunto, es que la fecha que corresponde a su límite es diferente a las tradicionales que toman como base la transformación de la economía y de la sociedad inglesas. Ya hemos tenido ocasión de ver las fechas propuestas por Cipolla, y con ligeras diferencias otros autores fijan unas parecidas; así, T. S. Ashton propone los años de 1760 y 1830 como límites del proceso.[4] Para nosotros el periodo alrededor de 1780 se mantiene como el correspondiente para su iniciación, pero en cambio su término lo desplazamos hasta la primera década del siglo XX, cuando las principales potencialidades dinamizadoras del conjunto de innovaciones tecnológicas que formaron el núcleo de esa Revolución se habían agotado a nivel mundial.

[4] T. S. Ashton, *La Revolución Industrial*, Trad. de Francisco Cuevas Cancino, FCE, México, 1973, p. 9.

De acuerdo con la base teórica de este estudio, no consideramos una revolución industrial, sino tres. El proceso de industrialización del sistema económico mundial ha abarcado dos revoluciones completas y actualmente comienza a penetrar en una tercera, de manera que aquella a que se hace referencia al mencionar la Revolución Industrial se convierte en la Primera Revolución Industrial. Ésta fue seguida en el siglo XX por una Segunda Revolución Industrial, que, iniciándose aproximadamente con el siglo, mostró señales de agotamiento en la década de los setenta y tuvo como núcleo una constelación de innovaciones tecnológicas diferente a la de la anterior. Y, finalmente, tendríamos la Tercera Revolución Industrial, la que se halla actualmente en su fase inicial y tiene como base un núcleo tecnológico también diferenciado. Las dos últimas son, aún en mayor medida que la Primera, procesos de alcance mundial que afectan la totalidad de nuestro planeta.

Antes de iniciar el examen del conjunto de innovaciones tecnológicas correspondiente a la Primera Revolución Industrial (PRI), conviene asentar que si ésta generó una sociedad nueva separada por una brecha insalvable de la existente en la época preindustrial, la Segunda Revolución Industrial, a su vez, produjo otra sociedad que quedaría separada de la que había generado la Primera por un abismo igualmente amplio y profundo. Esto permite suponer que igual cosa deberá ocurrir con la Tercera.

II

El progreso técnico es uno de los factores más importantes del desarrollo económico y, como ya se ha dicho, una serie de innovaciones tecnológicas es la base de cada una de las revoluciones industriales. En estas condiciones parecería lógico que la ciencia económica dedicara un gran esfuerzo para analizar la interacción entre el cambio tecnológico y la economía de una sociedad, pero no ha sido así. El estudio que la teoría económica ha realizado de este tema medular ha sido realmente escaso, aun cuando algunos de los cerebros más brillantes que han cultivado la economía sí lo han abordado; de esta manera tenemos que David Ricardo, en su *Principles of*

Political Economy, publicado en 1821, J. S. Mill, en una obra
homónima de 1848, Carlos Marx en *El capital,* publicado entre 1867 y 1894, Joseph Schumpeter, en su *The Theory of Economic Development,* aparecida originalmente en 1911, y Pigou
en su *The Economics of Welfare,* de 1920, hicieron las contri-
buciones más antiguas en este terreno.[5] Posteriormente se
han continuado los estudios, pero sin que la ciencia económica en su conjunto le haya otorgado la importancia que merece.
Esta importancia que atribuimos al progreso tecnológico en
el desarrollo no significa que consideremos que constituye un
factor autónomo que determine la evolución de la base económica; por el contrario, el núcleo mismo del marco teórico
que utilizamos en este análisis está constituido por el axioma
de que la ciencia y la tecnología son variables pertenecientes
a una compleja matriz en la que existen otras muchas variables de diverso carácter, ecológico, económico, social, político,
ideológico, etc., y que en ese conjunto la ciencia y la tecnología
tienen una serie de vínculos con el resto que las convierten simultáneamente en elementos determinantes y determinados.[6]

En el análisis de la interrelación entre el progreso científico
y tecnológico y el desarrollo, el elemento más importante es la
distinción entre invento, por una parte, e innovación o cambio
tecnológico, por la otra. Schumpeter enfatiza la diferencia
cuando afirma que la innovación es posible sin que exista algo
identificable como invención, mientras que, por otra parte, la
invención puede no producir efectos económicamente importantes.[7] Efectivamente, el invento es el resultado de un acto
de intuición creativa de la mente humana que produce algo
nuevo, mientras que la innovación o cambio tecnológico es
un reordenamiento de los procesos productivos provocado
por cualquier causa y cuyo resultado tiene importancia económica pues genera un cambio en la función de producción.

[5] M. Blaugh, "Reseña de la teoría de las innovaciones de procesos", en
N. Rosenberg (Coord.), *Economía del cambio tecnológico, op. cit.,* pp. 79,
103 y 104.
[6] Manuel Cazadero, *Desarrollo, crisis e ideología en la formación del capitalismo,* FCE, México, 1986, *passim.*
[7] Joseph A. Schumpeter, *Business Cycles, A Theoretical, Historical and Statistical Analysis of the Capitalist Process,* 2 ts., McGraw Hill, Nueva York, I,
p. 84.

Al llegar a este punto conviene aclarar que dicho cambio en el proceso productivo es lo que Schumpeter llama innovación, cuando afirma que "simplemente definiremos la innovación como la creación de una nueva función de producción";[8] por otra parte, autores más recientes como Solow o Rosenberg prefieren utilizar las expresiones cambio técnico o cambio tecnológico para designar el mismo fenómeno y, así, Solow escribe: "Estoy empleando la frase cambio técnico como una expresión abreviada para referirme *a cualquier clase de desplazamiento* de la función de producción", mientras Rosenberg dice que "el intento de cuantificación de la contribución del cambio tecnológico al crecimiento económico empezó con la publicación del ensayo de Solow en 1957".[9] Por nuestra parte utilizaremos las tres expresiones en forma indiferenciada a lo largo de este trabajo, evitando introducirnos en una discusión acerca de los méritos que pueda tener el uso de cada una de ellas.

Dentro del conjunto de innovaciones tecnológicas que provocaron la PRI, tuvo un papel de primera importancia la máquina de vapor, el examen de cuyo desarrollo arroja mucha luz sobre la naturaleza de estos procesos y muy especialmente sobre su carácter estructural. Efectivamente, Inglaterra, desde finales del siglo XVII, sufría la primera fase de una crisis en su relación con el entorno natural: el progreso económico que precedió a la industrialización consumía cantidades cada vez mayores de madera como combustible y produjo una desforestación que puso en peligro el futuro de las industrias del vidrio, la metalurgia y la construcción naval. Para mediados del siglo XVIII era preciso importar de los países escandinavos la madera necesaria para construir los mástiles de los barcos, que eran la fuente de su prosperidad y poderío. En el campo energético, la solución era emplear el carbón mineral para sustituir la madera.[10] Pero este proceso sustitutivo presentaba un nuevo reto, el de desarrollar una tecnología que permitiera

---

[8] J. A. Schumpeter, *Business...*, *op. cit.*, I, pp. 87-88.

[9] R. Solow, "El cambio técnico y la función de producción agregada", en N. Rosenberg (Coord.), *Economía...*, *op. cit.*, pp. 295 y 320.

[10] Maurice Daumas (Coord.), *Histoire générale des techniques*, v. 3, *L'expansion du machinisme*, PUF, París, 1968, p. x.

bombear el agua de minas cada vez más profundas. Fueron las necesidades de los mineros que explotaban los yacimientos de Cornwall las que impulsaron a Thomas Savery a inventar, en 1698, una máquina de vapor para el drenaje de las minas. La extrema ineficiencia de esta primera máquina hizo que se desarrollaran esfuerzos para lograr un progreso técnico y, en 1708, Thomas Newcomen inventó un tipo diferente que se conoce como máquina de vapor atmosférica, que ya resultó práctica, por lo que su uso se difundió por diversas regiones. Como uno de los resultados de esa difusión, la producción carbonífera inglesa, que se ha estimado en 2.5 millones de toneladas anuales en 1700, se había incrementado hasta 4.5 millones en 1750.[11] Éste es un buen ejemplo de cómo un invento se transforma en cambio tecnológico.

Pese a sus cualidades, la máquina de vapor atmosférica era ineficiente, y correspondió a James Watt inventar un modelo superior. El estudio de la máquina de Newcomen convenció a Watt de que su gran defecto consistía en que la condensación del vapor se realizaba dentro del cilindro motriz, el cual debía ser enfriado continuamente. El procedimiento disminuía notablemente la eficiencia en el uso del combustible. Después de varios meses de reflexionar, Watt encontró la solución en mayo de 1765, la cual consistió en añadir a la máquina un condensador externo en donde se licuara el vapor, por lo que ahora, lejos de buscar enfriar el cilindro motriz, se trataría de mantenerlo caliente. Después de perfeccionar su creación, Watt la hizo patentar en 1769, fecha notable en la historia de la tecnología. En los años siguientes se organizó la producción industrial de máquinas de vapor del nuevo modelo, las cuales comenzaron a desplazar a las de tipo atmosférico. La superioridad del modelo de Watt era tan grande, que la compañía que se organizó en 1780 para su fabricación no vendía las máquinas, sino que las instalaba gratuitamente en las empresas de sus clientes, quienes se obligaban a pagar una renta equivalente a un tercio del valor del combustible ahorrado en virtud de su mayor eficiencia; estas rentas llegaron a ser tan elevadas que muchos usuarios intentaron vanamente comprar

[11] Véase el cuadro I.1.

los equipos ofreciendo grandes sumas de dinero.[12] La Primera Revolución Industrial había encontrado así una de las piezas clave de la serie de innovaciones tecnológicas que le servirían de núcleo.

El desarrollo de la metalurgia fue otro elemento indispensable en la conformación de la PRI. Este avance está estrechamente vinculado y guarda muchos paralelismos con el de la máquina de vapor, según demuestra el análisis de Lilley. En efecto, la industria inglesa del hierro sufrió una larga decadencia que duró un siglo, compuesto por los dos tercios finales del XVII y el primero del XVIII, a medida que la producción iba siendo estrangulada por la escasez de madera combustible que sufría el país. El consumo de hierro, por el contrario, se incrementaba impulsado por el crecimiento de la economía inglesa y se hizo necesario importarlo de Suecia.[13]

Esta relación desfavorable entre el progreso económico inglés y el entorno natural, que se manifestaba en una creciente y peligrosa desforestación, fue señalada por Nef en 1932 y, aun cuando matizada, su explicación sigue siendo válida.[14] El gobierno inglés tomó conciencia desde el siglo XVI de la amenaza que implicaba para el futuro del país la devastación de los bosques, y entre 1558 y 1588 tomó medidas draconianas para disminuir el consumo de madera, pero al mismo tiempo tenía presente que el desarrollo de Inglaterra dependía de encontrar una respuesta satisfactoria a la contradicción entre las necesidades de la industria del hierro y la preservación del entorno natural. La solución evidente al dilema era el uso del carbón mineral, ya utilizado en los procesos de forjado, para la fusión del hierro. La tecnología necesaria para lograr esto, sin embargo, no existía. Los documentos hablan elocuentemente de la larga lucha para lograr el avance tecnológico necesario: en 1550 se otorgó una patente a un individuo llamado Wynston, y ésta fue seguida por otras: en 1589 a Thomas Proctor y William Petersen, en 1607 a Robert Chandell, en

[12] Maurice Daumas y Paul Gille, "La machine a vapeur", en M. Daumas (Coord.), *L'expansion...*, *op. cit.*, pp. 39-43.
[13] Samuel Lilley, "Technological Progress and the Industrial Revolution 1700-1914", en C. M. Cipolla (Coord.), *The Industrial...*, *op. cit.*, p. 197.
[14] *Ibid.*, apud J. U. Nef, *The Rise of the British Coal Industry*, 1932.

1612 a Simon Sturtevant, en 1613 a John Robinson y en 1622 a Lord Dudley, quien debido a que era propietario de empresas metalúrgicas parecía mejor equipado para tener éxito, pese a lo cual tampoco lo logró. Su hijo, Dud Dudley, continuó los trabajos sin conseguir su objetivo. En los años siguientes se expidieron nuevas patentes y privilegios: en 1651 a Buck, en 1656 a Copeley, en 1677 a Blavenstein, etc., siempre en búsqueda de una tecnología cuya existencia era cada vez más urgente para Inglaterra. Sin embargo, pese a las patentes y las afirmaciones de los supuestos inventores, no se logró obtener el avance tecnológico perseguido.[15] Al iniciarse el siglo XVIII, como hemos visto, la industria inglesa del hierro estaba en crisis y representaba una barrera infranqueable para el surgimiento de la Revolución Industrial.

A pesar de la larga historia de fracasos, la necesidad era tan grande que los esfuerzos continuaron hasta tener éxito. En 1709, Abraham Darby produjo hierro fundido con carbón mineral. El metal obtenido era de baja calidad, pero por fortuna Darby era maestro fundidor y pudo dedicar su producto a la fabricación de pequeños objetos donde la calidad del material no era muy importante, lo cual hizo prosperar su empresa permitiéndole continuar sus experimentos. En 1722 la empresa de Darby produjo cilindros para la máquina de vapor de Newcomen, que hasta ese momento eran hechos de latón, lo que incrementaba mucho su precio.[16] Con esto se cerró uno de los circuitos tecnológicos de la PRI: la tecnología de Darby permitía fabricar a bajo costo las máquinas de vapor requeridas para la operación de las minas que proporcionaban el carbón demandado por la metalurgia. La barrera se había roto.

Los esfuerzos para hacer avanzar la nueva tecnología fueron continuados por Abraham Darby II a fin de obtener un hierro fundido de mejor calidad que permitiese su conversión en hierro forjado, cosa que logró parcialmente hacia 1750, pero el triunfo total se obtuvo cuando Henry Cort perfeccionó en 1784 el proceso de pudelación para efectuar esa conver-

[15] Bertrand Gille, "L'évolution de la métallurgie", en M. Daumas (Coord.), *L'expansion...*, *op. cit.*, pp. 590-591.
[16] S. Lilley, "Technological Progress...", *op. cit.*, pp. 199-200.

sión. Mientras tanto, el hierro fundido aumentaba continuamente de calidad y los diseñadores lo empleaban cada vez más en todo tipo de piezas de maquinaria: ejes para molinos de viento y de agua, engranes, etc. y, en 1779, Abraham Darby III demostró sus nuevas posibilidades al construir elementos estructurales de 70 pies de largo para el puente sobre el río Severn. Hacia 1790 el carbón mineral tenía ya el dominio de la industria del hierro inglesa.[17] La batalla por liberar la industria metalúrgica de su dependencia de la madera se había ganado, al mismo tiempo que se constituía una pieza clave más de la PRI, como lo demuestran las cifras de los cuadros I.1 y I.2, que hacen patente, por una parte, el crecimiento de la producción carbonífera lograda mediante el empleo, entre otros elementos, de la máquina de vapor en las minas y que elevó la producción desde 2.5 millones de toneladas en 1700 hasta 16 millones en 1829 y, por otra parte, el desarrollo de la producción de hierro, que creció de 18 mil toneladas en 1740 hasta 700 mil en 1830, como consecuencia del uso del carbón mineral, lo que, a su vez, permitía disponer del material empleado en la fabricación del equipo, incluyendo las bombas, que requerían las minas.

CUADRO I.1. *Producción de carbón mineral en Inglaterra, 1700-1829 (millones de t)*

Año	1700	1750	1800	1829
Producción	2.5	4.75	10	16

FUENTE: T. S. Ashton, *La Revolución Industrial*, Trad. de Francisco Cuevas Cancino, FCE, México, 1973, p. 50.

El carácter estructural del conjunto de innovaciones tecnológicas se presenta, pues, con toda claridad. Conviene hacer notar que, de 1740 hasta 1780, la tasa anual de incremento de la producción de hierro fue de 2% y a partir de ese año y hasta 1830 se elevó hasta 6%, lo que se refleja en las cifras del cuadro I.2. Este notable avance en el desarrollo de la metalur-

[17] S. Lilley, "Technological Progress...", *op. cit.*, pp. 200-202.

gia se atribuye a la innovación derivada de la invención del proceso de pudelación por Henry Cort en la década de 1780, que constituyó un cambio tecnológico cualitativo similar al de la máquina de vapor de Watt. Todas estas cifras son desde luego estimaciones que carecen de la precisión de las estadísticas actuales, pero resultan suficientes para indicar la naturaleza del proceso.

CUADRO I.2. *Producción de hierro en Inglaterra,*
1740-1830 (miles de t)

Año	1740	1760	1780	1800	1820	1830
Producción	18	28	40	150	400	700

FUENTE: Singer (Coord.), *A History of Technology*, v. 4, Oxford University Press, cit. en Lilley, "Technological...", *op. cit.*, p. 201.

Un tercer elemento que vino a complementar la estructura de innovaciones fue el avance registrado, en la misma época, en la fabricación de máquinas herramienta. Durante dos o tres siglos, el uso de este equipo se había difundido en los talleres, y a mediados del siglo XVIII la mayoría de los procesos de maquinado de metales, torneado, perforado, fresado, forjado, etc., eran ya conocidos. Sin embargo, la capacidad del equipo utilizado era todavía muy limitada, por lo que se dedicaba a la producción de pequeños objetos de arte, piezas de relojería o instrumentos de precisión. Por otra parte, el hierro y el acero eran poco utilizados y el metal más común en los trabajos de maquinado era el latón.[18] Este rezago en el desarrollo de la tecnología para maquinar grandes piezas de hierro presentaba otra barrera para la PRI. Así, la ineficiencia de las máquinas de vapor no se debía únicamente a un diseño inadecuado, sino también a la falta de precisión con que estaban terminados los cilindros, que constituían su pieza principal. El avance industrial sólo sería factible si se disponía de máquinas herramienta con capacidad para maquinar objetos de

[18] André Garanger, "Le machinisme industrial", en M. Daumas (Coord.), *L'expansion...*, *op. cit.*, p. 102.

metales duros de grandes dimensiones y con un grado de precisión satisfactorio.

El progreso requerido se produjo. En 1775, John Wilkinson perfeccionó un procedimiento para el maquinado del interior de superficies cilíndricas de gran tamaño por medio de una máquina movida mediante el uso de energía hidráulica. Esto era justamente lo que urgía para la fabricación de los cilindros utilizados por Watt, quien inmediatamente se dedicó a su fabricación, de manera que en 1776 el socio de Watt, Boulton, escribía que "el señor Wilkinson nos ha torneado numerosos cilindros casi sin error; así, los de 50 pulgadas [1.25 m] de diámetro interior, tienen una desviación en toda su longitud que no rebasa el espesor de un chelín antiguo". Durante los años siguientes, Wilkinson fundió y torneó todos los cilindros empleados en las máquinas de vapor construidos por la empresa de Watt. Su equipo puede ser considerado la primera máquina herramienta industrial, y con ella se abrió una nueva era que cambiaría el mundo en unas cuantas decenas de años.[19] Otros inventores e industriales produjeron diversas máquinas herramienta con la capacidad y precisión necesarias para la industria. Un eslabón más de la cadena de innovaciones se había integrado al conjunto. También conviene enfatizar, una vez más, el carácter recíproco de los nexos entre las innovaciones tecnológicas: las nuevas máquinas herramienta permitieron el terminado de las grandes piezas de hierro, como los cilindros que requerían las máquinas de vapor, y éstas, a su vez, hicieron posible el movimiento de aquéllas. De esta manera la serie de innovaciones se va integrando como un conjunto cada vez más complejo y eficaz.

III

El conjunto de innovaciones descrito conforma la estructura de la industria pesada sobre la que se levanta otra estructura correspondiente a las industrias de bienes de consumo, entre las que destacan los textiles. El desarrollo de la industria textil en

[19] A. Garanger, "Le machinisme...", *op. cit.*, pp. 103-104.

el siglo XVIII presenta un complicado panorama en el que se combinan técnicas muy antiguas heredadas del medievo con tecnologías de punta, y las artesanías tradicionales del trabajo doméstico coexisten con los modernos establecimientos fabriles. La fuerza laboral está compuesta, más que en ningún otro sector, por hombres y mujeres, lo mismo que grandes cantidades de niños. En esta industria, los cambios tecnológicos significan la riqueza para algunos y el desempleo permanente y el hambre para otros.[20]

La industria textil siempre ha tenido tres sectores diferenciados: el hilado, el tejido y la coloración, cada uno con especificidades propias en tecnología y organización que requieren un examen atento para comprender las transformaciones de la PRI en esta actividad primordial. Al iniciarse el siglo XVIII, la elaboración del hilo se hacía con técnicas extraordinariamente antiguas e ineficientes. Se empleaba el huso sencillo, que servía lo mismo para hilar la lana que el lino y que se había heredado de la Edad Media, al cual se había añadido la rueca. Este estancamiento tecnológico y la ineficiencia resultante convirtieron la producción de hilo en el gran cuello de botella de la industria textil, ya que tanto la etapa precedente de la preparación de la fibra, como la siguiente, del tejido, contaban con rendimientos superiores. Se estimaba que eran necesarios de ocho a diez hiladores para producir el hilo requerido por el trabajo de un solo tejedor, y la situación se tornaba aún más crítica ya que el hilo era producido casi exclusivamente por mujeres que trabajaban en el tiempo que les dejaban libre otras actividades, principalmente las agrícolas, en las que tenían que colaborar en el verano. El resultado era una escasez de hilo que ponía una barrera al desarrollo de toda la industria textil. La necesidad de un avance tecnológico que viniera a superar ese obstáculo era tan apremiante, que la Society for the Encouragement of Arts, Manufactures and Commerce ofreció un premio a quien inventara una máquina hiladora. El carácter práctico de los caballeros que integraban esa institución se refleja en la regla que establecieron para atribuir el premio en caso de presentarse varios aspirantes, que lo concedía al

[20] Maxine Berg, *The Age of Manufactures, 1700-1820*, Fontana Press, Londres, 1985, pp. 198-199 y 234.

equipo cuya simplicidad y bajo costo lo hicieran más atractivo.[21]

La solución al problema la ofreció James Hargraves, quien hacia 1764 construyó su famosa *spinning jenny*,[22] por medio de la cual una mujer podía hilar ocho hilos a la vez. Esta máquina fue perfeccionada y se difundió rápidamente. El siguiente progreso tecnológico cualitativo fue el resultado del esfuerzo de Richard Arkwright, quien patentó su invento en 1769. La máquina de Arkwright tenía dos ventajas sobre la *jenny:* la primera, que el hilado se realizaba en un proceso continuo, y la segunda, que el equipo fue mecanizado por medio de la energía hidráulica, lo que le valió el nombre popular de *water frame* con el que fue conocida. La suerte de los dos hombres y sus inventos fue muy distinta. Mientras que Hargraves tuvo que enfrentar la furia de los trabajadores desempleados por su invención, así como litigios sobre su patente por parte de sus competidores, quienes consiguieron anularla en 1770, Arkwright se asoció en 1771 con Skutt, rico industrial con quien instaló una fábrica en un sitio alejado de los conflictos sociales generados por la difusión de la nueva tecnología. Apenas un año más tarde, la nueva empresa reportaba utilidades que rebasaban las predicciones más optimistas. La *water frame* fue fabricada en serie y sirvió para establecer nuevas fábricas y para reequipar las antiguas. Estas instalaciones produjeron ganancias extraordinarias a los ricos industriales principalmente en el ramo de los tejidos de algodón, pues los nuevos equipos permitían a un niño producir lo que requería el trabajo de diez obreros adultos utilizando los procesos anteriores.[23]

Importantes como fueron estos avances, el hilo producido adolecía de defectos. El de la *jenny* tenía una torsión insatis-

[21] Walter Eudien y Jacques Payen, "La filature des fibres textiles", en M. Daumas (Coord.), *L'expansion...*, *op. cit.*, pp. 649-650.

[22] En esta descripción he seguido el ejemplo de Eudien y Payen de conservar los nombres originales en inglés, ya que las traducciones son difíciles y confusas; así, por ejemplo, Francisco Cuevas Cancino, traductor del libro de Ashton, informa que la *mule* de Crompton recibe en castellano los nombres de hiladora intermitente o de selfatina (T. S. Ashton, *La Revolución...*, *op. cit.*, p. 89).

[23] W. Eudien y J. Payen, "La filature...", *op. cit.*, pp. 651-653.

factoria, mientras que el de la *water frame* era demasiado rígido. Estas deficiencias alentaron a Samuel Crompton a iniciar en 1774 trabajos para obtener una máquina que las superara. El resultado de sus esfuerzos fue la *mule jenny*, que como su nombre indica era un equipo híbrido capaz de producir hilo de gran finura y homogeneidad. La invención de Crompton no fue patentada ni su autor pudo sacar provecho de ella, al parecer por la mala fe de quienes habían prometido apoyarlo. El uso de este equipo cada vez más perfeccionado y mecanizado se difundió produciendo una abundancia de hilo de excelente calidad y bajo precio. En 1777, la represa que alimentaba de agua las instalaciones de la fábrica de Crompton fue destruida en un acto de sabotaje que dio como resultado otro acontecimiento histórico: Arkwright pidió a Watt que equipara sus instalaciones con máquinas de vapor, con lo que una vez más un eslabón de la estructura de innovaciones tecnológicas se cerraba.[24] Después de 1790 el vapor se comenzó a emplear para mover las *mule jennies,* lo que permitió instalar las fábricas dentro de las ciudades. El progreso de las fábricas urbanas fue muy rápido: en 1782 sólo había dos en Manchester y veinte años después, en 1802, su número era de cincuenta y dos.[25] La época de la gran industria instalada en grandes urbes se había iniciado.

Todos estos avances hicieron que hacia 1780 se invirtiera el desequilibrio en la fabricación de hilo en relación con el tejido. Ahora existía un exceso del primero, que los telares, que continuaban siendo manuales, no podían absorber, obligando a los fabricantes de hilo a exportar sus excedentes a otros países europeos, provocando en ellos la ruina de empresarios que utilizaban los procesos ahora obsoletos de hilar, así como el desempleo de sus trabajadores. La solución obvia al desequilibrio era la introducción de un telar mecánico que multiplicara la productividad de esta rama de la industria textil. Durante las últimas décadas del siglo XVIII se presentaron los primeros modelos mecánicos, diseñados por Barber en 1774, Cartwright en 1785 y Austin en 1796, pero se trataba de equi-

[24] W. Eudien y J. Payen, "La filature...", *op. cit.*, pp. 653-655.
[25] T. S. Ashton, *La Revolución...*, *op. cit.*, p. 90.

pos insatisfactorios para la producción industrial, cuya deficiencia más notoria era su construcción en madera, que los hacía demasiado débiles para el trabajo pesado que se requería. Sólo en el siglo siguiente se llegó a disponer de telares pesados y anchos como el de Collier y Magnan, producido en Francia en 1823, el de Sharp y Roberts en Inglaterra, en 1830, y el de Schonherr en Alemania, en 1845, los cuales estaban construidos de hierro. Diversos problemas técnicos difíciles de solucionar hicieron lenta su difusión, que sólo tomaría impulso hacia 1860. Por otra parte, estas dificultades eran más severas en el caso de los tejidos de lana que en los de algodón, por lo que en la manufactura de éstos se difundió más rápidamente la nueva tecnología.[26] Desde luego, los avances técnicos en la industria metalúrgica, que ya hemos examinado, contribuyeron a posibilitar el telar mecánico, base de la producción textil moderna, con lo que se estableció un nuevo vínculo estructural entre las innovaciones tecnológicas.

El tercer elemento en la fabricación de textiles, la coloración, exigió igualmente de un progreso tecnológico importante. Una etapa crucial en este proceso era el llamado *souring*, consistente en remojar el tejido por unas 48 horas en un ácido suave, usualmente suero de leche *(buttermilk)*, e incluso ya desde antes de que ocurriera el progreso reseñado en el hilado, la escasez de esta materia prima formaba una barrera para el incremento de la producción. El primer avance importante en este campo fue el uso del ácido sulfúrico para realizar el proceso. Ahora bien, al igual que con otras tecnologías y materiales utilizados en la PRI, el ácido sulfúrico era conocido desde la Edad Media, pero su lenta elaboración —quemando azufre mezclado con salitre en los frascos de los boticarios y condensando el producto en agua—, generaba cantidades muy pequeñas, totalmente insuficientes para responder a la demanda industrial. El primer progreso para remediar esta penuria fue logrado por Joshua Ward en 1736 mediante el empleo de grandes globos de vidrio de unos 40 galones de capacidad para sustituir los frascos, lo que produjo un incremento en la oferta y un consecuente descenso vertiginoso del precio del

[26] Jacques Payen y Jean Pilisi, "Le tissage et l'apprêt mécanique", en M. Daumas (Coord.), *L'expansion...*, *op. cit.*, pp. 669 y 672-674.

producto, de 30 chelines por libra a únicamente dos. Sin embargo, el uso de estos frascos de vidrio, dada su fragilidad, presentaba todavía un límite importante para la producción en escala industrial del ácido sulfúrico. Esta limitación fue rebasada por el doctor John Roebuck, de Birmingham, mediante el uso de recipientes de plomo. Asociándose con Samuel Garbett estableció una fábrica de ácido que inició su producción en 1746 y una segunda en Prestonpans, en Escocia, en 1749, con lo que el precio volvió a caer verticalmente hasta quedar en tres y medio peniques por libra. De esta manera, en poco más de una década el costo del ácido sulfúrico para la industria textil se redujo a una centésima parte del valor original.[27]

Importante como fue este progreso, no resultó suficiente, ya que la parte principal del proceso de blanqueado se hacía exponiendo las telas al sol durante meses, lo que limitaba severamente la producción masiva. La solución la ofreció el químico francés C. L. Berthollet, director de la industria francesa de teñidos propiedad del Estado, quien descubrió el uso del cloro para tal fin entre 1785 y 1786. Esta técnica fue importada a la Gran Bretaña por el profesor Patrick Copland y el ya mencionado James Watt. En 1787-1788 el proceso comenzó a ser utilizado por varias empresas tanto en Escocia como en Inglaterra. El cloro, sin embargo, es un gas peligroso y de difícil manejo, así que durante los años siguientes los experimentos continuaron tratando de encontrar mejores procedimientos, hasta que en 1798 y 1799 Charles Tennant y Charles Macintosh inventaron un compuesto de cloro que resultó la solución final al problema. Estas innovaciones en el campo de la química resultaron tan importantes para el desarrollo de la industria textil como los avances en el hilado y el tejido que ya hemos examinado.[28] Como puede apreciarse, esta industria se desarrolló con base en una estructura de innovaciones tecnológicas que a su vez estaba vinculada a otra estructura similar que servía de armazón a la industria pesada. Los resultados finales del establecimiento de esta doble estructura fueron los vertiginosos avances en la producción de dis-

[27] S. Lilley, "Technological Progress...", *op. cit.*, pp. 227-228.
[28] *Ibid.*, pp. 229-230.

tintos tejidos, pero principalmente en los de algodón, contra los cuales ningún país del mundo podía ya competir.

CUADRO I.3. *Evolución de la industria textil inglesa de la lana*

Año	1695	1741	1772	1779	1805	1820-4
Consumo de lana (millones de lbs.)	40.0	57.0	85.0	98.0	105.0	140.0
Valor agregado (millones de £)	3.0	3.6	7.0	8.3	12.8	16.6
Valor bruto final de la producción (millones de £)	5.0	5.1	10.2	13.8	22.3	26.0

FUENTE: Maxine Berg, *The Age of Manufactures*, Fontana Press, Londres, 1985, p. 32, *apud* P. Deane y W. A. Cole, *British Economic Growth, 1688-1959*, Cambridge, 1969, pp. 185, 187, 196, y C. Wilson y G. Parker, *An Introduction to the Sources of European Economic History 1500-1800*, Londres, 1977, p. 124.

Como puede observarse en el cuadro I.3, la producción y el valor de los textiles de lana crecen durante todo el periodo de 1695 a 1824; sin embargo, no lo hacen al mismo ritmo: el volumen, a juzgar por el consumo de lana, crece constante pero moderadamente durante los 130 años contemplados en estas estadísticas, ya que los insumos de lana se incrementaron de 40 millones de libras en 1695 hasta 140 hacia 1820, habiéndose multiplicado su peso por 3.5; el valor, por el contrario, se incrementó de 5 millones de libras esterlinas a 26 millones, por lo que logró más que quintuplicarse. Las innovaciones tecnológicas que caracterizan la PRI permitieron a la industria textil inglesa de la lana, cuyos inicios databan de la Edad Media,[29] continuar su crecimiento, el cual se habría estancado víctima de las barreras que hemos analizado. Los textiles de otros materiales, como seda, lino, etc., también gozaron de dinámicos incrementos en el siglo XVIII. Así, por ejemplo, las importaciones de seda en bruto crecieron de 670 000 libras en los años de 1750 a 1759 hasta alcanzar 1 181 000 libras en los años de 1790 a 1799.[30] La excepción la constituyen los tejidos

[29] M. Cazadero, *Desarrollo, crisis...*, *op. cit.*, pp. 93-94.

de algodón, cuyo crecimiento —más que sostenido— fue explosivo.

CUADRO I.4. *Evolución de la industria textil inglesa del algodón (periodos anuales)*

Periodo	1695-1704	1740-1749	1772-1774	1798-1800	1805-1807	1819-1821
Importaciones de algodón (millones de libras)	1.14	2.06	4.2	41.8	63.1	141.0
Valor agregado (millones de £)	–	–	0.6	5.4	14.4	23.2
Valor bruto terminal (millones de £)	–	–	0.9	11.2	18.9	29.4

FUENTE: Maxine Berg, *The Age of Manufactures*, Fontana Press, Londres, 1985, p. 32, *apud* P. Deane y W. A. Cole, *British Economic Growth, 1688-1959*, Cambridge, 1969, pp. 185, 187, 196, y C. Wilson y G. Parker, *An Introduction to the Sources of European Economic History 1500-1800*, Londres, 1977, p. 124.

La producción de telas de algodón venía creciendo durante los primeros tres cuartos del siglo XVIII, tal como lo atestiguan las importaciones de la materia prima que, como es bien sabido, no se produce localmente, de manera que si la industria inglesa importaba 1.14 millones de libras de peso de algodón anualmente hacia 1700, para 1774 requería de 4.2 millones. Este incremento es sin duda dinámico, pero no admite comparación con lo que sucedió después. Para fines del siglo las importaciones son de 41.8 millones, lo que significa un incremento de casi 1 000 por ciento en sólo un cuarto de siglo, y alcanzaron 141 millones hacia 1820, lo que significa que únicamente en 20 años se multiplicaron tres y media veces, aumento que para la lana requirió, como hemos visto, 125 años.

[30] M. Berg, *The Age...*, *op. cit.*, pp. 31 y 35, *apud* P. Deane y W. A. Cole, *British Economic Growth, 1688-1959*, Cambridge, 1969, p. 51.

Es, indudablemente, un proceso que puede llamarse explosión productiva, especialmente si se ubica en el contexto de la época, comparándolo con otros productos de la PRI. La producción de textiles de algodón, junto con la del hierro, fue uno de sus elementos más dinámicos.

IV

Inglaterra contaba, desde épocas anteriores a su industrialización, con una poderosa palanca para su desarrollo económico: facilidades naturales para el establecimiento de un sistema de transporte eficiente. Se trata de una isla de dimensiones moderadas y cuya forma recortada hace que ningún sitio esté muy distante del mar, a lo cual se agrega la existencia de ríos navegables. Con esta base ofrecida por la geografía, se estableció un sistema de transportes fundamentado en la navegación de cabotaje y fluvial que posibilitó el crecimiento de la economía inglesa hasta mediados del siglo XVIII. La industrialización de la segunda mitad del siglo hizo que este sistema resultara insuficiente, y fue necesario complementar los dones geográficos del país con la construcción de una red de canales. El primer canal se excavó en 1759 por órdenes del duque de Bridgewater, para comunicar las minas de carbón de Worley, de las que era propietario, con la ciudad industrial de Manchester. A este canal, terminado en 1761, siguió la construcción de otros impulsada por las demandas de los industriales deseosos de asegurarse transportes confiables y a bajo precio, con lo que al terminar el siglo XVIII el país contaba con una red de canales que literalmente lo dotaba de una nueva geografía. La industrialización contaba, así, con un elemento más en su estructura. Sin embargo, dicho elemento pronto resultó insuficiente. El desarrollo económico imponía demandas cada vez mayores, y los canales tenían un límite natural infranqueable: la disponibilidad de agua. Por otra parte, los canales también estaban limitados en su eficiencia. Los industriales de Manchester, por ejemplo, se quejaban de que el algodón traído de América tardaba más en ser transportado por canal desde Liverpool a sus fábricas que en la larga travesía del Atlántico.[31] Para romper esta barrera, que amenazaba con frenar la industrialización, una vez más se demandó a la tecnología una respuesta. Ésta fue el desarrollo de los ferrocarriles.

El primer ferrocarril, que fue el que vinculó Manchester con Liverpool, inició sus operaciones en 1830, pero este hecho histórico fue la culminación de un proceso que se inició siglos atrás. En efecto, los ferrocarriles implican varias innovaciones tecnológicas, una de las cuales, las vías, es muy antigua: poco después del año 1600 se instalaron las primeras en las minas carboníferas inglesas. De lo que se trataba era de proporcionar a los carros tirados por caballos una mejor superficie de rodamiento que la proporcionada por los caminos. Con el crecimiento industrial, la necesidad de vías aumentó tanto dentro de las instalaciones como para conectarlas a ríos y canales, por lo que, hacia 1820, había distritos que tenían centenares de millas de vías. En estas condiciones el siguiente paso era obvio: sustituir la tracción animal por la cada vez más perfeccionada máquina de vapor.[32] Esto implicaría un proceso de mejoras técnicas que, de acuerdo con Usher, tuvo tres hitos importantes: la locomotora *Pen-y-darran*, construida por Tevithick en 1804, que resultó demasiado pesada para los rieles de hierro colado que se usaban y cuya poca presión la hacía poco práctica; la *Royal George*, construida por Timothy Hackworth en 1826, que todavía necesitaba muchas mejoras, y, por último, la *Rocket* de Robert Stephenson, hecha en 1829, que fue la primera con todas las características esenciales para operar a altas velocidades sobre rieles.[33] A partir de ese momento se contaba con la base tecnológica adecuada, y el año siguiente, como hemos visto, se iniciaba el servicio ferroviario entre Manchester y Liverpool. La PRI había encontrado por fin el medio de transporte terrestre que le era propio; por un lado, respondía a sus necesidades y, por el otro, se basaba en la tecnología desarrollada por ella. En los años

[31] S. Lilley, "Technological Progress...", *op. cit.*, p. 207.
[32] *Ibid.*, p. 205.
[33] A. P. Usher, "Cambio técnico y formación de capital", en N. Rosenberg (Coord.), *Economía...*, *op. cit.*, p. 52.

siguientes, la red ferroviaria inglesa creció para pasar de 834 millas en 1840 a 15 540 en 1870.[34] El barco de vapor fue desarrollado en la misma época y comenzó a utilizarse comercialmente incluso antes que la locomotora, pero, como veremos después, barreras económicas impidieron que desplegara su potencial hasta las últimas décadas del siglo XIX.

Una vez más es preciso insistir en el carácter estructural del conjunto de innovaciones tecnológicas de la PRI a las que vino a añadirse el ferrocarril. Sin el desarrollo previo de la metalurgia, las máquinas herramienta, la máquina de vapor, etc., éste no hubiera sido posible, pero él, a su vez, aseguraba un transporte eficiente y barato sin el cual el proceso industrializador se habría frenado.

Podemos sintetizar lo visto afirmando que en el núcleo de la Primera Revolución Industrial existió un conjunto de innovaciones tecnológicas que constituyeron una estructura cuyos componentes no eran una simple reunión de elementos yuxtapuestos, sino que éstos estaban esencialmente vinculados entre sí de manera que el funcionamiento de cada uno de ellos es inexplicable sin considerar el todo del que forma parte, e incluso su existencia misma se debe a las necesidades del conjunto. Este hecho fundamental que hemos tenido ocasión de constatar tanto empírica como lógicamente es de una gran importancia teórica. En efecto, los especialistas en el estudio de las innovaciones han verificado que éstas no se distribuyen uniformemente en el tiempo, como sería de esperarse en el caso de que su dinámica estuviese regida por el azar. Ya Schumpeter, en un trabajo de juventud publicado en 1912, afirmaba que las innovaciones aparecían en forma discontinua y concentrándose en grupos o enjambres. Analistas posteriores, como Mensch, Hartman, Wheele, Kleinknecht y otros, han realizado la misma observación. Las explicaciones que se han ofrecido para esta tendencia de las innovaciones a concentrarse varían, pero lo importante es que el fenómeno ha sido verificado, lo que nos permite avalar la tesis del carácter estructural de dichas concentraciones en el curso de este análisis. Más adelante volveremos a examinar el fenóme-

[34] Véase el cuadro III.1.

no en forma más amplia, ya que ahora debemos abordar
otro aspecto fundamental de la Primera Revolución Industrial: la vinculación de la estructura de innovaciones con
otras estructuras para formar una totalidad mayor y más
compleja.

II. LA REVOLUCIÓN INDUSTRIAL COMO CAMBIO ESTRUCTURAL GLOBAL

> Lo único seguro es que las explicaciones fáciles y tradicionales han sido desechadas. La tendencia general es, cada vez más, la de considerar la Revolución Industrial como un fenómeno de conjunto y un fenómeno lento, que implica en consecuencia unos orígenes lejanos y profundos.
>
> FERNAND BRAUDEL[1]

I

EL SISTEMA de innovaciones tecnológicas que caracterizan una revolución industrial, y cuyo carácter estructural hemos ilustrado con el análisis del primero de estos fenómenos históricos, no constituye la totalidad de la estructura. El enjambre de innovaciones es tan sólo una parte de un conjunto, mucho más amplio, formado por las relaciones de la sociedad con el entorno natural, por la planta productiva creada para generar los satisfactores necesarios, por el conjunto de clases, sectores y fuerzas sociales, por las instituciones en que se materializa el poder político y, por último, por la ideología que prevalece en dicha sociedad tanto en el nivel consciente como en el inconsciente. Algunos de estos conjuntos reciben ya en el lenguaje ordinario el nombre de estructuras y, así, se habla de estructura económica o de estructura social, pero en realidad cada uno de ellos tiene un carácter estructural. Dicho en otra forma, cada conjunto está constituido por una serie de elementos vinculados entre sí de manera que cualquier alteración en uno de ellos implica la generación de una tendencia a modificar los demás para mantener la congruencia del todo conservando su funcionalidad.

[1] Fernand Braudel, *La dinámica del capitalismo*, Trad. de Rafael Tusón Catayud, FCE, México, 1986, p. 116.

36

Pero, a su vez, cada una de estas estructuras parciales es parte de una totalidad mayor que debemos considerar como una estructura de estructuras y que, por ser tal, obedece a la misma lógica, esto es, al modificarse cualquiera de sus componentes se genera una tendencia hacia la transformación de todas las demás estructuras componentes con el fin de alcanzar una nueva congruencia en la totalidad.

De lo anterior se derivan dos consecuencias de la mayor importancia teórica. La primera es que ninguna porción de la totalidad es inteligible aislada del conjunto. Esto es válido tanto para las estructuras parciales que integran la totalidad, como para los elementos individuales que las componen. Dicho en forma concreta, el funcionamiento económico de una sociedad no tiene sentido en sí mismo y sólo lo adquiere al integrarse con la dinámica política, social, etc. A su vez, un elemento de la estructura económica, como puede ser el sistema financiero, sólo es inteligible en relación con toda la economía. La segunda consecuencia es que tanto los elementos individuales como las estructuras parciales y la totalidad tienen un carácter esencialmente dinámico que se acentúa al máximo durante una revolución industrial y que, por tanto, únicamente un análisis diacrónico lo vuelve comprensible. El análisis estructural, lejos de ser estático, como se ha pretendido, o limitarse a contemplar el funcionamiento en el corto plazo, debe ser una visión de naturaleza eminentemente histórica que examine y evalúe los cambios en el largo plazo.

Desde que se inició el estudio de la PRI en la segunda mitad del siglo XIX, las formas de entenderla que se han presentado se agrupan en cuatro grandes categorías.[2] En primer lugar, tenemos la escuela que la entiende como un gran cambio social que implicó una transformación de la forma en que tenían lugar las transacciones económicas entre los hombres, así como el surgimiento de mercados impersonales tanto de los bienes de consumo como de los factores de la producción; Arnold Toynbee, el primer autor que consagró una obra exclusivamente a la PRI, es un buen representante de esta pos-

---

[2] Joel Mokyr, "The Industrial Revolution and the New Economic History", en J. Mokyr (Coord.), *The Economics of the Industrial Revolution*, George Allen & Unwin, Londres, 1985, pp. 3-4.

tura. En segundo término tendríamos una escuela cuya atención se centra en la organización industrial, esto es, en la naturaleza de los procesos de trabajo que con la PRI vienen a ser dominados por el sistema fabril. Paul Mantoux, a quien nos referiremos a continuación, representa esta corriente. En tercer lugar aparece la escuela de análisis macroeconómico, cuyo examen privilegia el comportamiento de las grandes variables como el ingreso nacional, la tasa de formación de capital, esto es, el ritmo del proceso de acumulación, etc., todo ello en un elevado nivel de agregación. Los exponentes de esta corriente han trabajado bajo la influencia de la obra de Simon Kuznets. Por último, tenemos la escuela del cambio tecnológico, la cual examina la PRI enfatizando la importancia del progreso técnico, esto es, la aparición de las invenciones y su difusión. Uno de los autores más importantes de esta escuela es Landes.

Apartándonos de esas escuelas, la tesis central que anima este trabajo es que todas ellas contienen verdades parciales, y que el único procedimiento válido es su integración en un paradigma general que las comprenda a todas y esté además enriquecido con otros elementos. Pero esta perspectiva que pretendemos ofrecer no se deriva de un eclecticismo que resultaría empobrecedor, sino asume que la dinámica de una revolución industrial sólo es inteligible si se deriva de la totalidad social, pues ésta es el verdadero agente de la gran transformación. Es, en las palabras que ya hemos empleado, la estructura de estructuras la que genera la fuerza transformadora que potencia en forma sin precedente la capacidad productiva de una sociedad, dando con ello nacimiento a una realidad social totalmente nueva.

Una parte de suma importancia de la tesis que presentamos sobre las revoluciones industriales es que tanto la primera de ellas, que es la que hemos venido examinando hasta aquí, como las dos subsecuentes, no son fenómenos circunscritos a un Estado-nación, sino procesos históricos de dimensiones mundiales. En Inglaterra y después en otros países se construyeron instalaciones industriales, pero éstas no hubieran podido funcionar sin un abastecimiento continuo y en gran escala de materias primas, apertura de amplios mercados para sus productos, etc., y para que estos elementos se materializaran en la proporción necesaria se requirieron grandes transformaciones en todo el mundo. Es este proceso histórico el que pretendemos sintetizar al afirmar que la Revolución Industrial no se dio en Inglaterra, sino en todo el planeta.

II

Pero si de acuerdo con nuestra óptica la Revolución Industrial fue una transformación de dimensiones planetarias, lo que sí se produjo en la Inglaterra del siglo XVIII fue un proceso industrializador que posteriormente se extendió a un pequeño número de países, principalmente Francia, Alemania, Estados Unidos y Japón, que los convirtió en el polo desarrollado del sistema económico mundial. Esa industrialización de Inglaterra, que hizo que por primera vez en la historia la producción de un país quedara dominada por el sistema fabril, es lo que tradicionalmente se ha conocido como Revolución Industrial, como lo atestigua el título del estudio de Paul Mantoux: *The Industrial Revolution in the Eighteenth Century: An Outline of the Beginnings of the Modern Factory System in England.* Este trabajo del investigador francés fue el primer estudio sistemático del gran fenómeno histórico, y su calidad hizo que se convirtiera en un libro clásico, que pese a haber aparecido en 1905 sigue siendo útil y continúa publicándose en varios idiomas.[3] El término, por otra parte, había sido ya utilizado desde la primera mitad del siglo XIX.[4] Éste será el punto de partida de nuestro análisis.

En efecto, si la industrialización inglesa constituye un fenómeno histórico sin paralelo, plantea lógicamente la necesidad de explicarlo. Dicho en otra forma, ¿por qué Inglaterra? En el

[3] En este análisis se ha utilizado la edición inglesa de 1983, y todas las referencias subsecuentes son a ésta. Paul Mantoux, *The Industrial Revolution in the Eighteenth Century: An Outline of the Beginnings of the Modern Factory System in England*, prólogos de T. S. Ashton y John Kenneth Galbraith, Chicago University Press, Chicago, 1983.

[4] El primer uso de la expresión "Revolución Industrial" fue hecho por el economista francés Jerome Adolphe Blanqui en su *Histoire de l'economie politique*, publicada en 1837.

capítulo anterior hemos examinado cómo el núcleo del proceso industrializador es un conjunto estructurado de innovaciones tecnológicas derivadas de inventos que dieron lugar a cambios en la función de producción. Para que estas innovaciones se materializaran era necesaria la existencia de ciertas condiciones. Hacia mediados del siglo XVIII, antes de iniciarse la PRI, Europa occidental era la región económicamente más dinámica del planeta y el centro del sistema económico mundial desde su conformación en el siglo XVI. Dentro de esta región privilegiada, Inglaterra era una nación unificada y dotada de un vasto imperio. España poseía también un imperio colonial, pero tanto éste como la metrópoli estaban integrados por regiones empobrecidas por una decadencia secular que apenas comenzaba a superar; Alemania no existía como país, sino que era una simple expresión geográfica, una región integrada por innumerables reinos y señoríos, el más fuerte de los cuales, Prusia, apenas había sido elevado a la categoría de reino unas décadas atrás; Austria era un país híbrido constituido por muchas nacionalidades, con una parte dentro de Alemania y otra fuera, con unas regiones en Europa occidental y otras en la oriental; Portugal y su imperio semejaban a España pero en una escala reducida; Italia era como Alemania, otra expresión geográfica integrada por un conjunto de pequeños Estados soberanos, y Holanda era rica pero pequeña y estaba agotada por sus duras luchas para sobrevivir. Francia era la única potencia capaz de rivalizar con Inglaterra, pero víctima de un gobierno autocrático e inepto había sido derrotada repetidamente por los ingleses, especialmente en la desastrosa Guerra de los Siete Años, que condujo a la destrucción del primer Imperio francés.[5]

Por otra parte, desarrollar una innovación implica inversiones, por lo que se requiere la preexistencia de riqueza. Inglaterra se convirtió hacia 1760 en la nación con mayor ingreso *per capita* al rebasar a los Países Bajos.[6] A partir de ese momento la economía inglesa era la mejor dotada del mundo para realizar la formación de capital. Esta potencialidad se

[5] Colin McEvedy, *The Penguin Atlas of Modern History (to 1815)*, Penguin Books, Harmondsworth, 1972, pp. 62- 65.
[6] *Ibid.*, p. 88.

CAMBIO ESTRUCTURAL GLOBAL 41

materializó en un incremento de la inversión, y así Feinstein nos informa que la proporción de la inversión bruta total en el PIB, que era de 8% en el periodo 1761-1770, se elevó hasta 14% en el de 1791-1800, y tras un descenso temporal entre 1801 y 1811 volvió a elevarse otra vez a 14%, nivel en que se mantuvo por medio siglo.[7] Posteriormente, Crafts ha critica- do dichas cifras calificándolas de excesivamente altas como resultado del uso de deflactores inadecuados para los precios, y las ha calculado en 5.7% en 1760 y 11.7% en 1830.[8] Pero in- cluso si aceptamos estas cifras revisadas tenemos que el por- centaje de la producción inglesa que se invierte se duplicó durante la PRI, lo cual explica la base económica de la estruc- tura de innovaciones. Como resultado de esa dinámica for- mación de capital la planta productiva inglesa se incrementó con rapidez, tanto cuantitativa como cualitativamente, según demuestran las cifras de los cuadros II.1 y II.2.

CUADRO II.1. *Transformación de la economía británica durante la* PRI

Año	Ingreso per capita (£)	Trabajadores (millones)	Capital total (millones de £)	Capital por trabajador
1780	11	3.93	670	170
1860	28	10.80	2 770	256

FUENTE: Donald McCloskey, "The Industrial Revolution 1780-1860: A Sur- vey", en J. Mokyr (Coord.), *The Economics of the Industrial Revolution*, George Allen & Unwin, Londres, 1985, p. 73.

Como puede apreciarse, el capital invertido, que era de 670 millones de libras en 1780 al iniciarse la PRI, se elevó hasta 2 770 millones un siglo más tarde, por lo que el capital inver- tido por trabajador se incrementó de 170 libras a 256 en ese periodo de casi un siglo, y esto pese a que la población econó-

[7] C. H. Feinstein, "Capital Formation in Great Britain", en P. Mathias y M. M. Postan (Coords.), *Cambridge Economic History of Europe*, Cambridge, 1978, VII, p. 91.
[8] Nicholas F. R. Crafts, "British Economic Growth, 1700-1831: A Review of the Evidence", en *Economic History Review*, XXXVI, 2, mayo de 1983.

micamente activa británica casi se triplicó en esos ochenta años. Importante como fue esta acumulación en términos cuantitativos, lo es aún más si consideramos el aspecto cualitativo. En él, una de las transformaciones de mayor impacto proviene del hecho de que el centro de gravedad de la inversión se trasladó del capital circulante al capital fijo. Esta tesis, presentada por Hicks, Ranis y Fei, ha sido comprobada por los cálculos de Feinstein, quien informa que el capital fijo se incrementó de 30% de la riqueza nacional en 1760 hasta alcanzar 50% en 1860, al mismo tiempo que la proporción correspondiente al capital circulante se mantenía casi estática, descendiendo ligeramente de 11 a 10% en esos cien años. Por otra parte, el cociente entre el capital circulante y el capital fijo, que era de 1.2 en 1760, descendió a 0.39 en 1830 y a sólo 0.30 en 1860.[9] Estas cifras revelan el tránsito de un capitalismo mercantil con una base dominada por el trabajo artesanal a uno industrial en el que la hegemonía corresponde al sistema fabril. La época de la gran industria había llegado.

Otro aspecto de esta profunda transformación es el surgimiento de lo que ha sido llamado el sector moderno de la economía.[10] La Revolución Industrial implica que los sectores modernos alcancen una posición rectora dentro de la estructura productiva.

Puede observarse en el cuadro II.2 que los seis primeros sectores que constituyen la parte moderna de la economía inglesa tienen un crecimiento anual de su productividad que va de 0.9% para los tejidos de lana y la industria del hierro hasta un notable 2.6% para los tejidos de algodón, que constituyen, como vimos en el capítulo anterior, el sector más vigoroso y dotado de un dinamismo verdaderamente espectacular. Este crecimiento de la productividad de los sectores modernos contrasta con el moderado desempeño de la agricultura y de otros sectores que configuran toda la parte tradicional de la estructura económica y cuya productividad crece a una tasa máxima de 0.65%, inferior a la de cualquiera de los seis primeros renglones. Es muy significativo que estos seis

[9] C. H. Feinstein, "Capital Formation...", op. cit., p. 88.
[10] Donald McCloskey, "The Industrial Revolution 1780-1860: A Survey", en J. Mokyr (Coord.), The Economics..., op. cit., p. 62.

CUADRO II.2. *Incremento de productividad por sectores en Inglaterra, 1780-1860*

Sector	Tasa anual aproximada
Algodón	2.6
Estambres	1.8
Lanas	0.9
Hierro	0.9
Canales y ferrocarriles	1.3
Navegación de cabotaje y extranjera	2.3
Agricultura	0.45
Otros sectores	0.65

FUENTE: Donald McCloskey, "The Industrial...", *op. cit.*, p. 73.

sectores sean aquellos en los que se concentran las innovaciones tecnológicas, las cuales son el principal factor que contribuye a su dinamismo. Esto refuerza la tesis de Hicks, Ranis y Fei: todo hace suponer que el más importante factor en el proceso de modernización no es la magnitud de la acumulación de capital, sino las directrices a lo largo de las cuales se desarrolla ésta.

La importancia que tienen las innovaciones y las directrices concretas del proceso de formación de capitales nos conduce a señalar el papel esencial que en ambas áreas tuvieron los empresarios ingleses durante la PRI. En algunas ocasiones los inventores y los empresarios eran las mismas personas, lo que facilitaba la labor tanto de invención como la de traducir ésta en resultados prácticos; tal es el caso de Abraham Darby, quien fue el primero en lograr la fundición de hierro con carbón mineral. Su calidad de maestro fundidor le facilitó la experimentación necesaria para tener éxito y posteriormente su aplicación al proceso productivo. Igualmente dignas de atención son las sociedades formadas por inventores y empresarios. Un buen ejemplo de éstas es el presentado por James Watt, cuyo éxito se debió a la sociedad que formó con Boulton, quien con su iniciativa, audacia y perseverancia garantizó su triunfo.[11]

[11] M. Daumas y P. Gille, "La machine...", *op. cit.*, p. 53.

Los empresarios tuvieron gran importancia al canalizar la inversión hacia los sectores modernos. En efecto, aun cuando Inglaterra marchaba a la vanguardia en la organización de un sistema de intermediación financiera, este proceso todavía no llegaba a su madurez: los bancos rara vez otorgaban financiamiento a largo plazo, limitándose a operaciones de corto plazo para atender actividades corrientes, por lo que el financiamiento de la inversión dependía del ahorro interno de las empresas y de préstamos otorgados por individuos generalmente vinculados con el prestatario por nexos personales.[12] En estas condiciones, el empresario tenía una importancia estratégica en la acumulación de capital. Las actividades de los empresarios incluían el logro de acuerdos para obtener mayores utilidades mediante la fijación de precios elevados. Así por ejemplo, al desarrollarse la fundición del hierro con carbón mineral, los Darby y los Wilkinson convinieron en los precios que deberían cobrar por fabricar piezas para máquinas de vapor, y ya antes de 1777 los grandes herreros de la región central se reunían para acordar los precios de barras, varillas y piezas fundidas.[13] La competencia perfecta nunca ha sido muy perfecta, y tampoco lo fue durante la PRI.

Si los hombres de empresa pudieron realizar la labor de movilizar la riqueza de la isla, convertir inventos en innovaciones y construir la base económica de la gran industria, fue porque formaban parte integral de una sociedad que les daba los medios de lograrlo. El empresario inglés no fue un lobo solitario. Por el contrario, las empresas no eran generalmente negocios individuales, sino consorcios en los cuales cada miembro aportaba sus dones particulares, ya fueran su habilidad técnica, su capital o su conocimiento del mercado. A su vez, los socios de una compañía estaban en frecuente contacto con los de otras sociedades a través de múltiples instituciones, como la Iglesia, donde se reunían en los oficios, la compañía de voluntarios donde eran oficiales o las juntas locales que se establecían con diversos fines.[14] Lo importante

---

[12] J. Mokyr, "The Industrial Revolution…", *op. cit.*, pp. 35-36.
[13] T. S. Ashton, *La Revolución…*, *op. cit.*, p. 154.
[14] *Ibid.*, pp. 151-152.

es que se trataba de hombres dotados de una ideología común y "hablaban el mismo idioma".

Lo examinado demuestra que en la segunda mitad del siglo XVIII la sociedad inglesa tenía una serie de características que la convertían en el agente apropiado para generar la Revolución Industrial. Aun cuando otros países poseían algunas de esas cualidades, o no las tenían todas o, por lo menos, no las poseían con igual grado de desarrollo. Esto nos conduce a la cuestión inicial: ¿por qué Inglaterra? La respuesta está en la evolución histórica de la nación inglesa.

Ya Paul Mantoux señala los orígenes lejanos de la industria inglesa, que hace remontar al siglo XIV, durante el reinado de Eduardo III, cuando se establecieron actividades industriales en varias ciudades y aldeas, en las que se convirtieron en fuentes de trabajo y de riqueza.[15] Durante el siglo XIV las naciones del Occidente europeo fueron víctimas de una crisis muy profunda y terriblemente dolorosa en su momento, pero extraordinariamente creativa en el largo plazo, pues generó las primeras naciones capitalistas de la historia.[16] La estructura productiva de Inglaterra experimentó las transformaciones inherentes del tránsito al capitalismo, y toda la sociedad inglesa tuvo profundas mutaciones a medida que el capital iba penetrando en ella para reordenarla de acuerdo con la lógica de su propia racionalidad. La crisis agrícola del siglo XIV implicó un proceso en que se advierte el derrumbe del feudalismo al desintegrarse las relaciones serviles obligando a los señores a utilizar mano de obra que ya no estaba sometida a servidumbre.[17] Esta afirmación, válida en distintos grados para diversos países de Europa occidental, parece serlo en mayor medida para Inglaterra. Al iniciarse la crisis, la agricultura funcionaba dentro del esquema económico y social del feudalismo, en el que los señores realizaban la explotación directa de sus dominios, pero ya en el segundo cuarto del siglo XIV comenzaron a rentar a corto plazo parte de sus tierras. Des-

[15] P. Mantoux, *The Industrial...*, *op. cit.*, pp. 47-48.
[16] M. Cazadero, *Desarrollo, crisis...*, *op. cit.*, caps. VI y VII.
[17] Ruggiero Romano y Alberto Tenenti, *Los fundamentos del mundo moderno, Edad Media Tardía, Reforma, Renacimiento*, Trad. de Marcial Suárez, Siglo XXI, México, 1977, p. 20.

pués de la terrible epidemia conocida como la Peste Negra, se inicia la renta a largo plazo de heredades completas, hasta que el proceso alcanza su culminación en el siglo XV con los señores transformados en rentistas.[18]

Los cambios experimentados por la producción industrial fueron igualmente significativos, y las investigaciones más recientes avalan la opinión de Mantoux de que los orígenes de la industrialización inglesa se remontan al siglo XIV. En el país se habían producido textiles desde la antigüedad, pero eran telas burdas que no satisfacían las exigencias de los sectores sociales altos. En los primeros siglos de la Baja Edad Media Inglaterra se convirtió en un gran productor de lana, y una parte importante de esa producción comenzó a exportarse a Flandes y a otros centros industriales como Florencia. En el siglo XIV la producción lanera inglesa alcanzó sus límites, con lo cual la oferta perdió elasticidad, hecho que fue aprovechado por los exportadores que monopolizaban el comercio exterior para aumentar sus ganancias elevando los precios externos mientras mantenían bajos los pagados a los productores. Las grandes utilidades así obtenidas impulsaron a los reyes a captar parte de ellas mediante impuestos, por lo que el gobierno inglés adquirió un interés directo en el mantenimiento del fuerte diferencial entre los precios internos y los externos.[19] Esta gran diferencia entre lo que el fabricante extranjero pagaba por su materia prima y el precio que ésta tenía en Inglaterra proporcionó un enérgico incentivo para el desarrollo de la industria inglesa. Esta situación se acentuó por factores extraeconómicos, como la política de la Corona de utilizar la dependencia que tenía Flandes de la lana inglesa con fines estratégicos. Al estallar la Guerra de los Cien Años, Eduardo III formó una alianza con Castilla, el otro productor importante de lana, y declaró un embargo combinado de las exportaciones laneras a Flandes al mismo tiempo que alentaba a los fabricantes extranjeros de tejidos a establecerse en

[18] R. A. Lomas, "The Priory of Durham and its Demesnes in the Fourteenth and Fifteenth Centuries", en *The Economic History Review*, vol. XXXI, núm. 3, agosto de 1978, p. 339.

[19] M. M. Postan, *The Medieval Economy and Society*, Penguin Books, Harmondsworth, 1975, pp. 213-215.

Inglaterra. Los productores flamencos intentaron defenderse, pero la lucha era demasiado desigual y su industria entró en decadencia al mismo tiempo que se inició el desarrollo de la producción textil inglesa. Inglaterra, dice Miskimin, mediante el ejercicio de su poderío nacional y su control de la materia prima, triunfó en su intento de dañar la industria flamenca y trasladar parte de ella a su territorio.[20]

Este temprano proceso de industrialización de Inglaterra en el siglo XIV se vio reforzado, tanto en ese siglo como en los siguientes, por una serie de acontecimientos que dieron a la evolución histórica del país una trayectoria favorable al desarrollo económico. La Guerra de los Cien Años, que empezó como una lucha dinástica, se transformó paulatinamente en un enfrentamiento entre dos naciones. Al iniciarse el conflicto Inglaterra era una sociedad dividida: como consecuencia de la conquista normanda, la clase gobernante poseía una cultura de origen francés que la distanciaba de la mayoría de la población, constituida por los despreciados anglosajones. Durante tres siglos después de la conquista, los reyes y la aristocracia no tuvieron interés en aprender la lengua inglesa, idioma de los vencidos, que consideraban una jerga de siervos y campesinos ignorantes. Fue hasta el siglo XIV que ese estado de cosas comenzó a cambiar. Como resultado de la guerra, el francés empezó a ser visto como la lengua del enemigo. El Parlamento emitió una ley ordenando que los tribunales utilizaran el inglés como instrumento de trabajo y, aun cuando los abogados mostraron renuencia a obedecer, la tendencia hacia la adopción del idioma popular por la clase gobernante era clara y las escuelas comenzaron a enseñarlo.[21]

El doble proceso descrito de decadencia del feudalismo y unificación nacional se fortaleció en los siglos siguientes, de manera que en el XVI, cuando se integró el sistema económico mundial, Inglaterra era la potencia más homogénea de Europa. Varios fueron los factores que contribuyeron a este resultado. La Guerra de las Dos Rosas, que provocó la ruina de la

[20] Harry A. Miskimin, *The Economy of Early Renaissance Europe, 1300-1460*, Cambridge University Press, Cambridge, 1975, pp. 92-96.
[21] George Macaulay Trevelyan, *A Shortened History of England*, Penguin Books, Harmondsworth, 1959, pp. 117, 189 y 190.

antigua aristocracia surgida de la conquista normanda para ser remplazada por una nueva clase, cuyos integrantes más destacados fueron elevados a la categoría de pares por los monarcas Tudor, fue uno de esos factores. En efecto, es muy significativo que los nombres de los nuevos nobles fueran ingleses —Cecil, Dudley, Russell, Sidney, Sackville, Wentworth, Paget, Cavendish—, en contraste con los nombres de la antigua nobleza que habían sobrevivido: Bourchier, Courtenay, Devereux o De Vere.[22] La vieja división entre anglosajones y normandos, entre conquistados y conquistadores, por fin se desvanecía, y la homogeneidad resultante facilitaría la lucha del país isleño por ocupar un lugar de privilegio en la nueva economía mundial.

III

La Reforma, que arrancó a Inglaterra de la órbita de la Iglesia de Roma para convertirla en un país protestante, tuvo un sesgo profundamente nacionalista e insular. La Iglesia había sido una fuente de riqueza y poder para los gobiernos de potencias como Francia y España. Los gobernantes que rompieron con Roma en el siglo XVI correspondían a países de la periferia del catolicismo que no tenían una posición privilegiada en sus relaciones con el Papa. Tal fue el caso de Suecia, Dinamarca, Suiza, Escocia y ciertamente de Inglaterra, de manera que se ha dicho que la Ley de Supremacía de 1534 fue "la Declaración de Independencia de Enrique VIII".[23]

La transformación de Inglaterra en una nación protestante tiene aspectos económicos, sociales, políticos e ideológicos. La hacienda real se benefició de la reorientación que tuvieron en su favor los ingresos del fisco papal, y lo mismo sucedió con el producto de propiedades eclesiásticas. Los individuos y clases sociales que adquirieron esas propiedades aumentaron su riqueza, al mismo tiempo que se convirtieron en defensores a ultranza del protestantismo, hasta hacer irreversible su triunfo. Éste tomó un carácter de marcado nacionalismo, el

[22] Christopher Morris, *The Tudors*, Fontana, 1979, pp. 45-46.
[23] Christopher Hill, *Reformation to Industrial Revolution*, Penguin Books, Harmondsworth, 1969, p. 34.

cual hizo que muchos ingleses pertenecientes a las emergentes clases medias experimentaran un crudo sentimiento antiextranjero y una violenta xenofobia que se asociarían con el protestantismo.[24] La creciente prosperidad de que gozaban los beneficiarios del desarrollo de la economía inglesa veían, en su riqueza, una verificación masiva del mensaje calvinista de la Predestinación a la gracia y la salvación eterna que se revelaba en este mundo a través de los éxitos y la buena marcha de las empresas materiales.[25]

En ningún sector se manifestaba el desarrollo económico inglés con mayor dinamismo que en la industria textil. En los siglos XV y XVI, East Anglia, con Norwich como capital, se enriqueció con el auge de los textiles, de lo cual dan testimonio el número y calidad de sus iglesias. Este ejemplo fue seguido por Taunton y los Cotswolds occidentales, Kendal y Yorkshire y varios sitios en Hants, Berkshire y Sussex. Por todos los rumbos del país surgían colonias de tejedores, tanto en las poblaciones como en las áreas rurales. Casas de piedra equipadas con buenos muebles de roble aún perduran como recuerdo de aquella prosperidad. La industrialización reforzaba la tendencia unificadora del país. Largas caravanas de caballos cargados con sacos de lana o con paños se movían en todas direcciones vinculando los intereses de agricultores, ganaderos, artesanos, mercaderes, navieros y marinos en un mercado nacional cada vez más sólidamente establecido y en un sistema de comercio exterior que iba extendiendo sus mallas hasta nuevos mercados ultramarinos en el Oriente, el Báltico, el Caribe y, más tarde, Virginia y Nueva Inglaterra.[26]

En el siglo siguiente, el XVII, la Revolución Inglesa, otra transformación igualmente profunda de la sociedad, continuó su adecuación para el proceso industrializador. Como todos los grandes acontecimientos, esta Revolución, también conocida como la Guerra Civil, tiene múltiples aspectos de los cuales el más importante para este análisis es el desfasamiento que existía entre una estructura política anticuada, cuyo centro

[24] Ch. Hill, *Reformation...*, *op. cit.*, pp. 35 y 38.
[25] Giorgio Mori, *La Revolución Industrial*, Trad. de Carlos Elordi, Crítica, Barcelona, 1983, p. 21.
[26] G. M. Trevelyan, *A Shortened...*, *op. cit.*, pp. 207-208.

era el poder absoluto del rey, y la nueva correlación de fuerzas sociales generada por el desarrollo económico de Inglaterra. La evolución de la agricultura había roto la homogeneidad de la clase campesina al generar amplios estratos de agricultores relativamente prósperos, cuyos intereses coincidían más con los de los terratenientes (gentry) que con los de los campesinos pobres. Esta transformación aumentó la capacidad de maniobra de los propietarios rurales en el terreno político, que resultará de vital importancia al estallar la Revolución. La oposición al sistema político fue igualmente aguda entre los sectores sociales urbanos que emergían como resultado del auge del comercio y de la industria, de manera que, como afirmaba un obispo contemporáneo, "no hay ninguna clase de gente tan inclinada a los actos sediciosos como el sector mercantil de una nación..."[27] Dado que las clases y sectores sociales opositores al poder establecido encontraron en el Parlamento el principal instrumento de su lucha, ésta tomó la forma de un enfrentamiento entre dicho órgano y el rey.

La victoria del Parlamento en la Guerra Civil se debió principalmente a la superior capacidad económica de sus partidarios en contraste con la relativa pobreza de los realistas, que se ubicaban, en general, en las partes menos evolucionadas del país. El apoyo de Londres y de la Marina, que se alinearon con los revolucionarios, resultó decisivo para el triunfo de éstos.

Las transformaciones provocadas por la Revolución en toda la estructura inglesa fueron muy importantes. Las décadas de 1640 y 1650 marcaron la desaparición tanto de la Inglaterra medieval como de los reyes Tudor. La Restauración monárquica únicamente reconstituyó las formas externas del sistema político, mientras que se mantuvo la soberanía del Parlamento y su control sobre el sistema fiscal y, en consecuencia, sobre la acción del Estado. El sistema feudal de relaciones en la agricultura fue liquidado en 1646, y el Parlamento, que acordó el retorno de Carlos II, se cuidó de confirmarlo, con lo que los terratenientes adquirieron derechos de propiedad plenos sobre sus fincas. Al mismo tiempo se mantuvo el carácter

---

[27] Ch. Hill, *Reformation...*, *op. cit.*, pp. 119, 120 y 132.

precario de los derechos de los campesinos, con lo que se dejó abierto el camino para el gran proceso de cercamientos. Las políticas mercantil, colonial y exterior tradicionales fueron liquidadas por el gobierno revolucionario. La Ley de Navegación de 1651 sometió las colonias a la autoridad del Parlamento, permitiendo con ello una actividad imperial coherente, al mismo tiempo que establecía el monopolio del comercio del Imperio en favor de los barcos ingleses. Las guerras resultantes con Holanda, principal víctima de estas medidas, destruyeron el dominio holandés del comercio marítimo para dar paso a la hegemonía inglesa en todos los océanos. El desarrollo tradicional de la industria y el comercio también se transformó a partir de 1641, al terminar el poder del gobierno de otorgar monopolios, con lo que los grandes comerciantes de Londres extendieron sin restricciones sus actividades a todo el país en un clima de libertad económica sin paralelo en el mundo contemporáneo.[28]

Estos grandes cambios en la estructura del poder político tuvieron importantes repercusiones en la construcción del Imperio en ese siglo y en el siguiente. En efecto, los últimos reyes de la casa Estuardo seguían una política exterior de subordinación a Francia, pero paulatinamente se había abierto paso en la conciencia nacional la convicción de que el creciente poderío francés y el expansionismo que generaba eran contrarios a los intereses de Inglaterra y debían ser combatidos. La confrontación interna terminó con la invitación a Guillermo de Orange para que invadiera la isla y se apoderara del trono inglés. Logrado esto en 1689, Inglaterra se va a lanzar a una serie de guerras contra Francia: Guerra de la Liga de Augsburgo, Guerra de Sucesión Española, Guerra de Sucesión Austriaca, para culminar en la Guerra de los Siete Años. Durante este prolongado periodo los franceses, pese a la continua superioridad naval inglesa, fueron construyendo un gran imperio que incluía India y un enorme territorio en Norteamérica que se extendía desde Canadá hasta el Golfo de México y que confinaba las colonias inglesas a una franja relativamente estrecha a lo largo del litoral atlántico. Todo ter-

---

[28] Ch. Hill, *Reformation...*, *op. cit.*, pp. 135, 146, 147, 155, 156 y 169.

minó con la aplastante victoria inglesa en la Guerra de los Siete Años, que dejó a Inglaterra en posesión de India y Norteamérica, dotándola de un vasto mercado para la época en que se va a iniciar la PRI.

Durante el siglo XVIII también prosiguieron las transformaciones internas de la estructura socioeconómica inglesa. Entre los cambios más importantes están los operados en la agricultura, los cuales incluyeron la consolidación de grandes unidades productivas, la incorporación al cultivo de tierras antes improductivas y comunales, la transformación de campesinos de subsistencia en obreros agrícolas y un gran incremento de la productividad vinculado al uso de nuevas técnicas de producción, entre las que se cuentan avances en los métodos de labranza, empleo de nuevas herramientas, formas novedosas de rotación de cultivos y una asociación más eficiente entre la agricultura y la ganadería.[29] Esta revolución en el sector agrícola ha sido reconocida como un factor importante en el desarrollo del proceso industrializador inglés por autores tan distantes en el tiempo como Mantoux y Deane, según los cuales permitió a la industria disponer de más alimentos destinados a las masas de obreros urbanos que crecían sin cesar, incrementar las potencialidades del mercado interno y proporcionar el capital de inversión requerido por los industriales.[30]

Al mismo tiempo que se operaban estos cambios en los niveles materiales de la sociedad inglesa, se producían otros no menos importantes en el nivel ideológico. Ya hemos mencionado la gran receptividad que los sectores sociales más avanzados económicamente mostraron hacia el mensaje calvinista de la Predestinación a la gracia y la salvación eterna que se revelaba en esta tierra a través de los éxitos y la buena marcha de las empresas materiales. En el siglo XX, varios especialistas, entre quienes destacan los nombres de Weber y Tawney, señalaron los nexos entre el protestantismo, principalmente en sus versiones más radicales como la doctrina

[29] Phyllis Deane, *The First Industrial Revolution*, Cambridge University Press, Cambridge, 1979, pp. 37-39.
[30] *Cfr.* P. Mantoux, *The Industrial...*, *op. cit.*, p. 184, y P. Deane, *The First...*, *op. cit.*, p. 52.

calvinista, y el progreso del capitalismo.[31] En la perspectiva de la fe reformada, el trabajo dejó de ser considerado como un castigo divino al pecado, que debe ser soportado únicamente en la medida en que ello sea necesario para producir los satisfactores indispensables para la existencia terrenal, y se convierte en la actividad resultante de la respuesta del hombre al llamado de Dios. Más aún, la riqueza obtenida de la actividad productiva es el signo visible de la gracia del Altísimo hacia los hombres que responden a su vocación *(calling)*. Sin duda, una visión de esta naturaleza fue bienvenida por aquellos sectores sociales directamente vinculados con el progreso del comercio y de la industria, y posteriormente, al ser adoptada por ellos, debió reforzar su eficacia para generar riqueza.

En el siglo XVIII, al darse el proceso industrializador, la fe religiosa había sido desplazada de su sitio de privilegio como directriz principal en la interpretación del mundo, para dar paso a una actitud racionalista que tiene sus expresiones más elaboradas en el Enciclopedismo francés y, lo que tiene una gran importancia para este análisis, en la Escuela Clásica de Economía inglesa, lo cual hizo que las explicaciones del desarrollo económico centradas en el mecanismo religioso parecieran débiles. Esto, sin embargo, es sólo aparente. Examinemos primero el ámbito del racionalismo en ese siglo y el papel que desempeñó en adecuar a la sociedad inglesa para la PRI.

En Inglaterra aparecieron diversos pensadores que se ocuparon de analizar el funcionamiento económico desde una perspectiva inmanente y racionalista, y cuyo pensamiento tiene como común denominador la demanda de libertad para los agentes económicos. En 1714 Mandeville afirma, como enseñanza de una fábula, que los egoísmos individuales producen al combinarse una mayor utilidad social.[32] David Hume, en su *Economic Essay*, publicado en 1752, rechaza la tesis de que la riqueza la generan los metales preciosos y aconseja políticas que impulsen el comercio exterior, ya que éste pro-

---

[31] Max Weber, *La ética protestante y el espíritu del capitalismo*, Premiá, Tlahuapan, Puebla, 1979; y R. H. Tawney, *Religion and the Rise of Capitalism*, West Drayton, Middlesex, 1948.
[32] Bernard Mandeville, "La fábula de las abejas", en G. Mori, *La Revolución...*, *op. cit.* (doc. núm. 1), pp. 165-167.

porciona materias primas a través de sus importaciones al mismo tiempo que dinamiza la industria mediante la exportación.[33] Una generación más tarde el esfuerzo analítico enfocado hacia los mecanismos generadores de la riqueza de las naciones produce la obra clásica de Adam Smith, publicada justamente al iniciarse la Revolución Industrial, donde éste hace la defensa de la libertad económica argumentando que la situación que maximiza el beneficio económico es aquella en que cada individuo realiza las operaciones que más le convienen. Esto, agrega, redunda en el mayor bien posible para la sociedad en su conjunto, pues se genera una autorregulación de la estructura económica que ningún gobierno puede mejorar.[34] Es indudable que también se había producido en Inglaterra una evolución que condujo a una posición hegemónica una ideología que apoyaba el proceso industrializador.

Al llegar a este punto quisiéramos enriquecer el tratamiento tradicional del tema abordando el examen del inconsciente social. Los especialistas que han examinado la vinculación ya mencionada entre el pensamiento religioso y el desarrollo económico lo han hecho limitándose al terreno de la conciencia y la racionalidad. Por otra parte, como ya hemos visto, los sentimientos religiosos se habían debilitado en el siglo XVIII y en consecuencia la fuerza de las explicaciones centradas en ellos pareció disminuir en forma proporcional. Sin embargo, si trasladamos el análisis al nivel del inconsciente se puede apreciar que la revolución religiosa protestante operada en los siglos XVI y XVII no sólo propició el desarrollo capitalista de las sociedades donde se produjo durante ese periodo, sino que conservó su capacidad transformadora en el siglo XVIII durante el ascenso del racionalismo.

La doctrina de la Predestinación, según la cual las obras buenas o malas realizadas por los hombres son indiferentes para decidir su destino eterno, ya que éste depende exclusi-

[33] David Hume, "Essays in Economics", en E. Rotwein (Comp.), *Writings in Economics*, University of Wisconsin Press, Madison, 1955, p. 13, cit. en Michel Beaud, *A History of Capitalism, 1500-1980*, Trad. de Tom Dickman y Anny Lefebvre, Montly Review Press, Nueva York, 1983, p. 68.

[34] Adam Smith, *The Wealth of Nations*, Modern Library, Nueva York, 1937, p. 651.

vamente de una decisión tomada desde toda la eternidad por la mente de Dios, quien seleccionó a su arbitrio a los destinados a la salvación o a la perdición, encierra tal carga de terror que su impacto debió de desbordar las fronteras de la conciencia para penetrar las profundidades del inconsciente, transformándolo. Los seres humanos deben conducir sus vidas dentro de un esquema de intenso trabajo y gran austeridad, y esto no porque estas virtudes los hagan merecedores de la recompensa divina o les eviten su castigo, ya que su futuro ultraterreno está predeterminado desde antes de su nacimiento. Deben hacerlo porque es el tributo que como criaturas les exige su todopoderoso Creador, independientemente de cuál sea el destino que les ha asignado y el cual desconocen. Sobre ese destino Dios no informa pero sí da señales, y la riqueza y el éxito económico son signos de que una criatura humana tiene la gracia divina y por consiguiente está destinada a la salvación. Esta terrible doctrina debió de impactar el inconsciente de individuos lo suficientemente numerosos para modificar los patrones de funcionamiento de las sociedades donde tuvo influencia. Ahora bien, el trabajo intenso, la frugalidad y el ahorro son excelentes recetas para el progreso económico, y si, además, la riqueza resultante ya no es considerada un obstáculo pecaminoso para la salvación, sino, por el contrario, el signo de que se está predestinado a ella, estamos en presencia de un mecanismo admirablemente conformado para garantizar el desarrollo material de una sociedad. Su influencia se da a través del oscuro conjunto de procesos dinámicos que actúan sobre la conducta pero escapan a la conciencia, incluso cuando ésta ya se encuentra dominada por el racionalismo, como paulatinamente ocurrió a partir del siglo XVIII.

El funcionamiento del inconsciente social no ha sido estudiado adecuadamente, por lo que debemos esperar que se realicen investigaciones sobre este campo antes de poder hacer una evaluación más precisa de la contribución que las doctrinas radicales de la fe reformada hicieron a la Revolución Industrial. Sin embargo, ya existen elementos que parecen confirmar la importancia de esa contribución y, así, T. S. Ashton afirma que se ha observado que el crecimiento de la industria está ligado, históricamente, al nacimiento de grupos que en

materia religiosa adoptan posiciones radicales. En el siglo
XVII, la comunidad puritana que se agrupó alrededor de Richard Baxter incluía a los Foleys, los Crowleys y los Hanburys,
destinados a fundar empresas importantes en lugares tan ale-
jados como Staffordshire, Durham y Gales del Sur. Durante
el siglo siguiente, miembros de la Sociedad de Amigos desempeñaron importante papel en el desarrollo de molinos de gra-
no, en la fabricación de cerveza, en la farmacéutica y en empresas bancarias. En el progreso de la industria siderúrgica
tuvieron importancia los Darbys, Reynolds, Lloyds y Hunts-
mans, que eran cuáqueros, así como John Roebuck y Joseph
Dawson, independentistas. Pero la influencia de las posturas
religiosas sectarias no se limitaba al terreno de los empresarios, y entre los hombres que produjeron las innovaciones tecnológicas que formaron el núcleo de la PRI encontramos que
Tomás Newcomen era bautista, James Watt presbiteriano y
Samuel Crompton, el más grande de los inventores, fue discí-
pulo de Emmanuel Swedenborg, quien, a su vez, era especia-
lista en metalurgia y minería.[35]

Por otra parte, el movimiento religioso disidente también
influyó en la conformación de una fuerza de trabajo más eficiente. Las enseñanzas de John Wesley, que se dirigían a los
pobres y a los desposeídos, resultaron una fuerza muy eficaz
para el surgimiento de trabajadores con una mayor sobrie-
dad, diligencia y disciplina.[36] Si esta influencia de las doctrinas religiosas radicales y disidentes en la generación de numerosos empresarios, inventores y obreros dotados de las
características que resultaban funcionales para el éxito del
proceso industrializador operaba no únicamente en el nivel
de la conciencia, sino también en el del inconsciente, es indudable que en éste se desarrollaron impulsos que no tienen
una importancia menor a todos los demás que condujeron a
la PRI.

[35] T. S. Ashton, *La Revolución...*, *op. cit.*, p. 26.
[36] *Ibid.*

IV

Se puede sintetizar lo examinado afirmando que el proceso industrializador que transformó la sociedad inglesa a partir de la segunda mitad del siglo XVIII es en realidad la prolongación de un proceso mucho más largo, que se extiende por más de cuatro siglos y el cual operó cambios profundos en las relaciones de esa sociedad con el entorno natural, en su estructura económica y social, en la naturaleza del poder político y en las ideas y sentimientos que dominaban en ella.

Este gigantesco proceso se refleja cuantitativamente en el incremento de la riqueza de Inglaterra, tanto en términos globales como considerada por habitante. En efecto, dicho ingreso ha sido estimado entre 12 y 13 libras anuales *per capita* en la década de 1750, cuando estaba por comenzar la PRI. Este dato, que está dado en precios corrientes, debe ser transformado en otro calculado en precios de un año base más cercano a nuestro tiempo para ser más significativo. Esta transformación es un problema complicado, pues el cálculo de los deflactores depende de las mercancías que se consideren, así como de su importancia relativa dentro del conjunto. Tomando en consideración tales dificultades, se puede estar de acuerdo con Deane en que las 12 libras del ingreso anual por habitante que tenía Inglaterra en vísperas del proceso industrializador equivalen a unas 90 libras a precios de 1960. Es interesante señalar que dicha cantidad es parecida a las correspondientes a países latinoamericanos importantes como Brasil y México en 1961, cuando estaban empeñados en un proceso industrializador, y que fue calculada en 95 y 105 libras anuales por habitante, respectivamente, y resulta muy superior a la de muchos países asiáticos y africanos en esa fecha.[37]

Habiéndonos ocupado hasta aquí de la gran transformación de la sociedad inglesa, que fue el antecedente de su industrialización, corresponde ahora analizar el proceso transformador durante ésta. Desde la óptica de nuestro análisis, el hecho más interesante de la trayectoria de la evolución nacional inglesa después de 1780 es el estancamiento del des-

[37] P. Deane, *The First...*, *op. cit.*, pp. 8-9.

arrollo político del país en los 40 años que van de 1792 a 1832. Este periodo corresponde a la primera fase de la Revolución Industrial y, en consecuencia, durante él emergieron con gran importancia cuantitativa y cualitativa estratos sociales antes pequeños y débiles. Era indispensable que la estructura política inglesa se transformara para reflejar la nueva correlación de fuerzas económicas y sociales que se conformaba, pero esta adecuación, cuyo principal elemento era la reforma electoral, no se produjo debido a la influencia de un factor exógeno: la Revolución Francesa.

Ésta configuró un panorama internacional que resulta familiar a quienes han vivido en las décadas posteriores a la segunda Guerra Mundial: dos grandes potencias, superiores en riqueza y poderío militar a todas las demás naciones, se enfrentan en una rivalidad muy aguda. Pero además, esta confrontación entre dos grandes potencias se complica por el hecho de que poseen sistemas sociales distintos, cada uno de los cuales resulta tan peligroso como repulsivo para la otra parte.

A partir de 1793, la Gran Bretaña estará en guerra casi continua con Francia hasta 1815. Se trata de una lucha titánica que despierta grandes pasiones, entre las que sobresale por su importancia el miedo. Miedo a que la Francia revolucionaria dominara el continente europeo. Miedo al contagio de las ideas revolucionarias en Inglaterra misma. Hasta ese momento la actitud de la clase dominante inglesa hacia las clases bajas era ambivalente. Por un lado había indiferencia ante el sufrimiento de los pobres y una invencible incapacidad para entender su realidad y, por el otro, sentimientos humanitarios típicos del siglo XVIII. El enfrentamiento con Francia cambió esta actitud en un temor terrible hacia la "violencia de la muchedumbre", miedo cuya intensidad era un fenómeno sin precedente en la historia de Inglaterra.[38]

Ya incluso desde 1792, antes del estallido de la guerra, una reacción ultraconservadora se produjo en la isla a medida que llegaban noticias del desarrollo del movimiento revolucionario y sus excesos. En el otoño e invierno de ese año, dice

---

[38] E. L. Woodward, *The Age of Reform, 1815-1870*, Oxford University Press, Londres, 1939, p. 18.

Trevelyan, "el movimiento democrático fue derrotado en cada ciudad y aldea de Inglaterra".[39] En todas partes se formaron asociaciones de Leales para organizar a la opinión pública en apoyo al gobierno y en demanda de la represión a la disidencia doméstica y la resistencia a Francia. Al sobrevenir la guerra se intensificó la política represiva contra toda pretensión reformista, así como un endurecimiento hacia las víctimas de la Revolución Industrial, a quienes se consideraba como potenciales "jacobinos". William Pitt, el joven, quien había sido partidario de reformar el sistema político, abandonó toda inclinación en tal sentido y al frente del gobierno implementó una política fuertemente represiva que implicaba una persecución sistemática de editores, predicadores y en general de toda persona que se aventurara a argumentar en favor de dicha reforma. La *Corresponding Society*, fundada por Thomas Hardy, el principal propagandista del cambio constitucional entre los trabajadores, fue prohibida, y su dirigente acusado de alta traición. Derechos como el de *habeas corpus* fueron suspendidos y muchas personas fueron encarceladas sin pruebas en su contra, mientras el Parlamento aprobaba las Leyes contra las Combinaciones, que proscribían los sindicatos y todas las combinaciones de trabajadores. El partido Whig, que representaba la oposición, se dividió en una facción que apoyaba al gobierno y su política y otra, encabezada por Charles James Fox, que abogaba por una política moderada tanto interna como externa. Esta última facción quedó reducida a la impotencia bajo la doble acusación de falta de patriotismo en la guerra extranjera y de simpatía por la subversión interna, y se limitó a ser testigo de los acontecimientos, esperando la hora en que sus ideas acerca de la reforma del sistema político salvaran a Inglaterra de una catástrofe social una generación más tarde.[40]

Cuando la guerra terminó, 22 años después, el miedo no terminó. El rezago del sistema político en relación con las nuevas realidades sociales y económicas era cada vez más patente e insoportable. Un acontecimiento reflejó las peli-

[39] G. M. Trevelyan, *A Shortened...*, *op. cit.*, p. 411.
[40] *Ibid.*, pp. 411-415.

grosas tensiones que se generaban en el seno de la sociedad inglesa: la masacre de Peterloo. Éste es el nombre, poco conocido fuera de Inglaterra, que se da a la sangrienta represión que sufrió en 1819 una manifestación de trabajadores de Manchester a manos de fuerzas militares, pese al orden y la paz con que se estaba realizando. "Realmente fue una masacre... La presencia de tantas mujeres y niños es un testimonio del carácter pacífico del mitin que (los reformistas sabían) toda Inglaterra estaba observando. El ataque fue hecho contra la multitud con el veneno del pánico."[41] La sociedad se conmovió profundamente con este episodio, que tiene en la conciencia inglesa el sitio que ocupan las Vísperas Sicilianas, la Noche de San Bartolomé o Buchenwald en la de otros países.[42] Pese a todo, el estancamiento político de Inglaterra, cada vez más peligroso, continuó.

Un factor que explica esta prolongación del estancamiento fue la pasividad de la clase media, que por unos años se limitó a acumular los frutos del progreso industrial. Los trabajadores fabriles, aislados y carentes de organizaciones, no estaban en condiciones de cambiar el orden político establecido pese a su número siempre creciente. Parecida impotencia afectaba a numerosos campesinos desposeídos por los cercamientos y convertidos en jornaleros.

Por fin, en 1830, la convergencia de varios fenómenos hizo de la reforma electoral una posibilidad: la depresión económica, la violencia de los trabajadores tanto urbanos como rurales exasperados por la miseria, el desgaste del partido en el poder después de décadas de monopolizarlo y particularmente la movilización de la clase media en favor de un cambio que se antojaba ya inevitable. La reforma del sistema electoral era vista en todos los estratos sociales como la clave para adecuar el poder político a la realidad nacional, convirtiendo el Parlamento en un reflejo más fiel de la nación. Una alianza general de clases apoyó la medida en la seguridad de que habría nuevas posibilidades para la sociedad inglesa. El

[41] E. P. Thompson, *The Making of the English Working Class*, Penguin Books, Harmondsworth, 1968, pp. 752-753.
[42] Robert Walmsley, *Peterloo: The Case Reopened*, Manchester University Press, Manchester, 1969, p. 22.

partido Whig, comprendiendo que su hora por fin había llegado, se puso al frente del movimiento. La inevitable resistencia a la reforma, que incluyó varias ejecuciones y centenares de exilios de reformistas, generó una violenta agitación que amenazó a Inglaterra con la guerra civil. Por fin, en 1832 la presión se volvió irresistible y el sistema electoral fue reformado. Fue un verdadero vuelco en la historia inglesa.[43]

En efecto, a partir de entonces fue más fácil ir adecuando la estructura política y jurídica a las cambiantes realidades de la nación. Estas estructuras fueron sometidas a una severa prueba poco después de su reforma. Los años que siguieron a 1832 resultaron prósperos, pero después del *boom* de 1836 siguió una crisis entre 1837 y 1842. Las crisis, como mencionamos en el capítulo I, van a ser un fenómeno recurrente, tal como observara Juglar, de la sociedad industrial, pero ésta fue tan terrible por su profundidad, que redujo a los trabajadores y a los pobres en general a un nivel de miseria que no volvería a repetirse en la historia de Inglaterra. El costo social de la crisis se incrementó aún más debido a que coincidió con la difusión de los telares mecánicos, los cuales arruinaron definitivamente a los tejedores artesanales, quienes no pudieron resistir la competencia de la industria, al mismo tiempo que cambiaba la composición de la fuerza de trabajo, ya que los empresarios preferían emplear mujeres y niños en sus fábricas y no a los tejedores varones desplazados, con la consiguiente perturbación de los hogares.[44]

La profunda crisis tuvo su reflejo en el nivel ideológico. Los sufrimientos de los trabajadores y otros sectores pobres y el contraste que ofrecían con la continua expansión de las fuerzas productivas y la idea de progreso que generaba, conmovieron a varios políticos e intelectuales ingleses, como Benjamin Disraeli y Thomas Carlyle, e incluso llegaron a provocar entre ellos una idealización del pasado que consideraba al catolicismo y la Edad Media como correspondientes a una sociedad mejor equilibrada.[45]

[43] E. L. Woodward, *The Age...*, *op. cit.*, pp. 75-83.
[44] Derek Beales, *From Castlereagh to Gladstone, 1815-1885*, Nelson, Londres, 1969, pp. 106 y 110-112.
[45] *Ibid.*, pp. 112-113.

Por otra parte, es necesario tener presentes elementos que matizaban el proceso en la sociedad inglesa, que aun en los peores momentos encontró recursos para moderar el costo de las contradicciones que la inmensa transformación imponía. Así, por ejemplo, cuando en 1794, en medio de la reacción ultraconservadora provocada por la guerra con la Francia revolucionaria, el gobierno pidió la pena de muerte para Thomas Hardy y otros opositores, el jurado se negó a imponerla.

Pero, como ya se ha dicho, el gran viraje vino con la reforma del sistema político en 1832, cuando Inglaterra se encontró ante una disyuntiva brutal: el cambio o la catástrofe. Y los sectores sociales generados por la industrialización se dispusieron a resistir la posibilidad de un gobierno opuesto al cambio y sostenido por la fuerza contra la voluntad de la mayoría de la nación. A partir de su triunfo prosiguió el largo proceso que había hecho de Inglaterra la primera nación industrial de la historia. Un ejemplo de la adecuación que había resultado entre el poder político y las fuerzas económicas y sociales fue el rechazo de las Leyes Cerealeras, que habían sido aprobadas en 1815 para proteger los intereses de los terratenientes y que prohibían la importación de trigo si su precio descendía por debajo de un límite, pese a la crítica que David Ricardo había hecho de ellas. Durante la terrible crisis de 1837, se desató una campaña contra esas leyes, que las denunciaba abiertamente como contrarias a los intereses tanto de los trabajadores, para quienes significaban pan caro, como los de los industriales, para los que la importación de cereales abría nuevos mercados para sus productos en el exterior.[46] La abolición de las Leyes Cerealeras en 1846 significó el triunfo de la Inglaterra industrial sobre la Inglaterra agrícola.

---

[46] E. L. Woodward, *The Age...*, *op. cit.*, pp. 58-59 y 113.

III. LA REVOLUCIÓN INDUSTRIAL COMO METAMORFOSIS DE LA ECONOMÍA MUNDIAL

> La Revolución Industrial es la transformación más fundamental de la vida humana en la historia... toda una economía mundial fue construida en torno a Inglaterra.
>
> ERIC HOBSBAWM[1]

I

PARA completar este análisis de la Revolución Industrial es necesario hacer un examen de sus efectos en el ámbito mundial. La necesidad de ello se deriva del hecho, ya mencionado, de que una revolución industrial es un fenómeno de dimensiones planetarias y sólo es plenamente inteligible considerándolo como tal.

Paulatinamente, las diversas innovaciones tecnológicas orientadas hacia la producción de bienes de consumo que impulsaban la Primera Revolución Industrial en Inglaterra fueron perdiendo su capacidad dinamizadora, y el empuje fundamental fue suministrado en forma creciente por innovaciones vinculadas con la producción de bienes de capital. La primera fase de la industrialización, la textil, dio paso a la segunda, la ferroviaria.

Esta segunda etapa del proceso industrializador inglés comienza, como ya hemos visto, hacia 1830, cuando se inicia la construcción de la red de ferrocarriles británicos; tiene un primer auge de inversión acelerada entre 1835 y 1837 y alcanza su apogeo con la gigantesca "manía ferroviaria" que tiene lugar entre 1845 y 1847, de manera que para 1850 la red ya

---

[1] Eric J. Hobsbawm, *Industry and Empire, From 1750 to the Present Day*, Penguin Books, Harmondsworth, 1969, p. 13.

estaba tendida en sus aspectos principales.[2] Después de esta
fecha se siguieron construyendo líneas ferroviarias, y para
1870 el sistema estaba integrado y contaba con una extensión
de 15 540 millas, como se aprecia en el cuadro III.1. Posteriormente se continuó ampliando el sistema, pero a un ritmo
mucho más lento; así, en la década de 1870 sólo se añadieron
unas 2 400 millas de vías contra casi 6 000 durante la década
del gran auge de 1840. Podemos, pues, estimar que la fase ferroviaria de la PRI en Inglaterra terminó prácticamente en
1870.

CUADRO III.1. *Desarrollo ferroviario de varios países,*
1840-1900 (millas)

Año	Reino Unido	Francia	Alemania	Estados Unidos
1840	838	360	341	2 820
1850	6 620	1 890	3 640	9 020
1860	10 430	5 880	6 980	30 630
1870	15 540	9 770	11 730	53 400
1880	17 935	14 500	20 690	84 393
1890	20 073	22 700	26 750	161 397
1900	21 855	25 000	32 330	194 262

FUENTE: G. D. H. Cole, *Introducción a la historia económica, 1750-1950*, FCE,
México, 1963.

Los datos del cuadro III.1 demuestran la necesidad de considerar la PRI como una transformación de la economía mundial y no sólo de la inglesa. En efecto, a lo largo del siglo XIX
Francia, Alemania y Estados Unidos generaron procesos que
los transformaron en sociedades industriales dotadas de
sistemas ferroviarios aún mayores que el inglés y cuyo vigoroso crecimiento después de 1870 contrasta con el relativo
estancamiento de éste. Así, mientras el sistema ferroviario
británico creció de 15 540 millas en 1870 hasta 21 855 en
1900, lo que representa un incremento de 40% en esos treinta

[2] E. J. Hobsbawm, *Industry...*, *op. cit.*, p. 110.

años, el sistema francés crecía de 9 770 millas a 25 000 en ese periodo, lo que equivale a 155% de aumento, mientras que, por su parte, el alemán pasó de 11 730 a 32 330, esto es, un crecimiento de 175%; por último, el estadunidense creció de 53 400 hasta convertirse en una enorme red ferroviaria de 194 262 millas, lo que representa un gigantesco incremento de 263% en esos 30 años.

El proceso de industrialización de Francia, Alemania y Estados Unidos, al que se sumaron algunos otros países, así como la construcción de los sistemas ferroviarios que tan importante papel desempeñaban en esa transformación, repercutieron en Inglaterra al generar una demanda de bienes de capital que las industrias domésticas de aquellas naciones no podían satisfacer. Durante estos años la delantera que la industria inglesa poseía tanto en capacidad productiva como en desarrollo tecnológico convirtieron a Inglaterra en el "taller del mundo". La información del cuadro III.2 hace ver la importancia creciente de los bienes de capital en el comercio exterior británico. Este tipo de bienes, que en una fecha tan tardía como 1840 apenas representaban poco más de la décima parte de las exportaciones manufactureras, crecieron hasta representar más de un quinto en 1857 y continuaron incrementándose hasta constituir más de un cuarto hacia 1880. Inglaterra no sólo se había industrializado, sino que ahora estaba industrializando a otros países que serían pronto sus rivales.

CUADRO III.2. *Exportaciones británicas de bienes de capital, 1840-1884*

Periodo	Porcentaje de los bienes de capital en la exportación de manufacturas
1840-1842	11
1857-1859	22
1882-1884	27

FUENTE: E. J. Hobsbawm, *Industry....*, *op. cit.*, p. 109.

La expansión de la PRI a Francia, Alemania y Estados Unidos hizo que las necesidades energéticas de estos países crecieran en forma acelerada. Al igual que en el caso inglés, la demanda de energía de esas naciones fue satisfecha potenciando la producción carbonífera. En el cuadro III.3 se aprecia cómo entre 1860 y 1900, esto es, en el periodo en que el proceso industrializador de estas sociedades alcanzó su plenitud, la producción del energético creció en forma muy dinámica. La producción francesa se incrementó de 9.8 millones de toneladas anuales hasta 31.8 millones, lo que equivale a 224% de aumento en esos 40 años. Alemania, por su parte, incrementaba su producción en un astronómico 618%, mientras que Estados Unidos lo hacía en una proporción todavía mayor, equivalente a 1 581% en dicho periodo.

CUADRO III.3. *Producción carbonífera en varios países,*
1860-1900 (millones de t)

Periodo	Reino Unido	Francia	Alemania	Estados Unidos
1860-1864	84.9	9.8	15.4	16.7
1880-1884	156.4	19.3	51.3	88.7
1900-1904	226.8	31.8	110.7	281.0

FUENTE: William Ashworth, *A Short History of the International Economy 1850-1950*, Longmans, Green and Co., Londres, 1952, p. 34.

Estos datos hacen resaltar una realidad que se había hecho patente desde los inicios del proceso industrializador en Inglaterra: la Revolución Industrial requiere en forma indispensable el establecimiento de una nueva base energética con una capacidad extraordinariamente superior a la que servía a la sociedad tradicional. La Revolución Industrial es, además de otras cosas, una revolución energética.

II

Únicamente unos cuantos países pudieron seguir la ruta de Francia, Alemania y Estados Unidos, implementando procesos que los convirtieran en sociedades industriales desarrolladas. La inmensa mayoría de los pueblos del mundo se integraron a la PRI, como ya hemos dicho, pero formando un conjunto de regiones subdesarrolladas pobladas por hombres y mujeres víctimas de enfermedades y hambre crónicas y soportando una vida miserable; fueron "aquellos pueblos que aumentan su número sin pasar a través de una revolución industrial".[3] Debemos analizar los obstáculos estructurales que Francia, Alemania y Estados Unidos vencieron para escapar a ese destino.

Los primeros intentos de introducir las innovaciones tecnológicas de la PRI en la estructura productiva francesa datan del siglo XVIII, pero el proceso resultó excesivamente lento y en pequeña escala. Así, por ejemplo, la máquina de vapor de Newcomen fue introducida 15 años después de su aparición y sólo unas cuantas fueron instaladas, y algo similar ocurrió con el modelo de Watt. El periodo de la Revolución y el Imperio fue de estancamiento para el débil proceso de industrialización, y al terminar dicha etapa en 1815, se habían fabricado pocas máquinas y éstas eran de modelos obsoletos que sufrían de un rezago tecnológico de 30 años en relación con Inglaterra.[4] La situación en que se encontraban otras innovaciones no era mejor, y puede decirse que cuando terminaron las guerras napoleónicas Francia todavía no se había incorporado a la Primera Revolución Industrial.

El rezago del proceso industrializador en Francia resulta inexplicable si se examinan los recursos de que disponía el país en comparación con Inglaterra (véase el cuadro III.4). Como puede apreciarse, hacia 1780 la población de Francia, de 25.6 millones de habitantes, era casi tres veces superior a la de la Gran Bretaña, de 9 millones. Tal vez más significativa sea la población urbana, la cual también era superior en más

---

[3] T. S. Ashton, *La Revolución...*, *op. cit.*, p. 190.
[4] M. Daumas y P. Gille, "La machine...", *op. cit.*, pp. 68-73.

del doble a la británica, ya que es de suponerse que se trataba de individuos que vivían dentro de una economía monetaria. El comercio exterior era prácticamente igual en ambos países, mientras que la producción de hierro, que puede tomarse como un indicador del avance industrial, era muy superior en Francia.

CUADRO III.4. *Demografía y producción en Francia y Gran Bretaña, 1700-1780*

	Francia		Gran Bretaña	
	1700	*1780*	*1700*	*1780*
Población (millones de hab.)	19.2	25.6	6.9	9.0
Población urbana (millones de hab.)	3.3	5.7	1.2	2.2
Comercio exterior (millones de £)	9	22	13	23
Producción de hierro (miles de t)	22	135	15	60
Consumo de algodón (millones de libras)	0.5	11	1.1	7.4
Producción agrícola (1700=100)	100	155	100	126
Producción industrial (1700=100)	100	454	100	197
Producción total (1700=100)	100	169	100	167
Ingreso *per capita* (1700=100)	100	127	100	129

FUENTE: Nicholas F. R. Crafts, "Industrial Revolution in England and France: Some Thoughts on the Cuestion Why was England First", *apud* W. W. Rostow, *How it All Began*, Nueva York, 1975, en J. Mokyr (Coord.), *The Economics of the Industrial Revolution*, George Allen & Unwin, Londres, 1985, p. 128.

Los gobiernos de la Revolución y el Imperio realizaron un esfuerzo muy grande para modernizar las estructuras de la sociedad francesa, bajo el criterio de racionalidad heredado del Siglo de las Luces. El proceso se inició en la famosa noche

del 4 de agosto de 1789, cuando los representantes de la nobleza y el clero renunciaron a los privilegios feudales que
poseían, incluyendo la exención de impuestos y los derechos
al trabajo servil, y continuó con la Declaración de los Derechos del Hombre y del Ciudadano, que consagraban la igual-
dad ante la ley y el derecho de propiedad. Las reformas insti-
tucionales incluyeron una nueva administración homogénea
basada en la división en comunas y departamentos, el inicio
de una educación superior con orientación tecnológica mediante la fundación de la Escuela Politécnica y la creación de
un sistema bancario, incluyendo el Banco de Francia, un sistema fiscal centralizado y el Código Napoleón, basado en el
Derecho romano y las tesis de los revolucionarios, dotando a
Francia de una legislación uniforme.[5]

Esta enorme labor modernizadora debió preparar a la sociedad francesa para un dinámico proceso de industrialización y auge del capitalismo; sin embargo, esto no fue así, ya
que tanto el progreso de la industria como del capitalismo
siguieron siendo anémicos. Kemp explica esta atonía en la
estructura económica con base en el carácter arcaico de las
relaciones prevalecientes en la producción agraria antes y
después de las reformas. Antes de la Revolución, la nobleza
extraía un excedente en obligaciones laborales obligatorias,
en dinero y en especie, pero se desentendía de la explotación
de las propiedades y de las posibilidades de introducir mejoras en ellas, mientras que, por su parte, los campesinos, cuya
vida generalmente se mantenía en el nivel de subsistencia,
carecían de medios que los convirtieran en agentes del progreso técnico. Por otra parte, el campesino era en muchos casos y para los efectos prácticos el dueño de la tierra, sujeto
tan sólo a las exacciones feudales citadas pero protegido por
la vitalidad de la comunidad y el derecho consuetudinario
contra cualquier abuso del señor similar a los cercamientos
ingleses. La nobleza tendía a utilizar el excedente económico
en consumo suntuario y servicios, mientras que el campesi-
nado tenía una economía de autoconsumo que sólo parcial-

[5] David Thompson, *Europe since Napoleon*, Penguin Books, Harmondsworth,
1966, pp. 29-32 y 56-58.

mente penetraba en el mercado. En estas condiciones, ambas clases tendían a dificultar transformaciones cualitativas de la estructura económica.[6] Los esfuerzos que se realizaron para que los nobles emularan a los prósperos terratenientes ingleses resultaron intermitentes, inconexos y, en consecuencia, poco eficaces. El tradicionalismo del sector agrario se extendía a otros, de los que el financiero puede servir de ejemplo. En la Francia prerrevolucionaria se desconocía el sistema bancario y crediticio al estilo inglés; los financieros se dedicaban a especular, a financiar los gastos del Estado o el comercio internacional y marginaban el apoyo a las actividades productivas. Charles Morazé considera que, efectivamente, uno de los obstáculos más formidables a la industrialización era la ausencia de un sistema funcional de crédito, y esta carencia no era culpa de un rey tonto y débil o de una reina frívola y derrochadora o siquiera de la Corte. Morazé es terminante: la verdadera culpable era la sociedad francesa en su conjunto. Víctimas de los excesos especulativos de años atrás, los franceses desconfiaban profundamente del papel moneda y de los bancos. El recelo hacia los bancos era tal, que el término mismo no se utilizaba durante el Antiguo Régimen y los poseedores de activos líquidos fomentaban una continua fuga de capitales hacia el oro, que convirtió a los franceses, en 1785, en vísperas de la Gran Revolución, en propietarios de la mayor reserva de oro del mundo.[7] Las grandes instituciones creadas por los revolucionarios y sus sucesores imperiales representaban medidas correctas, pero no eran capaces de crear algo que no puede improvisarse: una clase empresarial eficiente. Una clase así, como lo atestigua el ejemplo inglés, es el resultado de la acción creativa de varias generaciones.

Por su parte, Kemp, para explicar la falta de dinamismo del proceso industrializador después de la modernización hecha por el régimen revolucionario y su sucesor imperial, afirma que esta transformación proporcionó una base jurídica extremadamente favorable al desarrollo pleno y libre del capitalis-

[6] Tom Kemp, *La Revolución Industrial en la Europa del siglo XIX*, Trad. de Ramón Ribé, Fontanella, Barcelona, 1976, pp. 81-84.
[7] Charles Morazé, *Les bourgois conquérants*, Armand Colin, París, 1957, pp. 120-121.

mo y un contexto en el que la industria podía disponer de un
amplio campo de acción para la empresa privada. Sin embargo, añade, a pesar de crear estas condiciones favorables al
desarrollo industrial, éste no se materializó. Además de las
perturbaciones generadas por la Revolución y la guerra, el
obstáculo principal se encontraba en la supervivencia de una
sociedad agraria conservadora. Los campesinos fueron convertidos por la acción revolucionaria en dueños de la tierra,
que pasó a ser propiedad legal suya, y surgieron como una
fuerza política que los demás sectores sociales no pudieron ya
ignorar nunca. Pero esta revolución hecha desde abajo constituyó una estructura refractaria al cambio y poco propicia a
la industrialización.[8] En estas condiciones, la industria francesa no llegó a representar desafío alguno para la inglesa en
el ámbito mundial, e incluso se sentía amenazada por ésta
en su mercado interno.

Otros analistas señalan diferentes debilidades de la estructura económico-social francesa. François Caron hace un verdadero catálogo de ellas, donde se vuelve a referir a la debilidad de las instituciones para movilizar los capitales y añade
las deficiencias de los transportes, la importancia del autoconsumo campesino, la falta de penetración de la economía
monetaria, etc. Algunos autores hacen énfasis en una mentalidad anticapitalista prevaleciente en el país.[9] Estamos de
acuerdo en que ninguna explicación monocausal es aceptable. Eran muchos los factores que frenaban los impulsos
hacia la industrialización que se generaban en el interior de
la sociedad francesa, pero queremos añadir que lo más importante era que impedían la formación de una estructura
totalizadora favorable al proceso industrializador. La industrialización inglesa, ya lo hemos examinado, es el resultado
de la evolución a través de siglos de *muchos* factores que cu-
bren un amplio espectro, que se extiende desde las relaciones
con el entorno geográfico hasta los mecanismos más sutiles
del funcionamiento del inconsciente.

---

[8] T. Kemp, *La Revolución...*, *op. cit.*, pp. 86-91.
[9] François Caron, "Los 'países seguidores': Francia y Bélgica", en Louis Bergeron (Coord.), *Inercias y revoluciones*, Trad. de René Palacios More, Ediciones Encuentro, Madrid, 1980, p. 468.

Durante décadas, e incluso después del gran esfuerzo modernizador de la Revolución y el Imperio, la industria francesa lucha contra una inclinación de los empresarios a mantener pequeños los negocios a fin de conservar su control. Se siente aversión a introducir a extraños en lo que se consideraba un dominio exclusivo de la familia. Los inversionistas, en contrapartida, no gustaban de arriesgar su capital, y hacia 1840, si bien ya había bancos, éstos no representaban el mecanismo de intermediación financiera que tenían en Inglaterra, al grado de que en su *Traité théorique des opérationes de banque*, Courcelle-Seneuil escribía: "En Francia, los hombres arriesgan fácilmente sus vidas y difícilmente sus fortunas; los hombres abundan, pero los capitales son raros".[10] Las inversiones en bienes inmuebles fueron preferidas por los inversionistas hasta una fecha tan tardía como 1870.

Pese a tan formidables obstáculos, la modernización de la economía francesa, principalmente la industrialización, tomó fuerza a partir de 1850. Esto aparece con claridad en el crecimiento del sistema ferroviario: en esa fecha la red sólo tenía, como se aprecia en el cuadro III.1, una extensión de 1 890 millas, cifra claramente inferior no únicamente a la inglesa, sino también a la alemana. Es sólo después de 1850 cuando el sistema crece a un ritmo adecuado que le permite rebasar al inglés en la penúltima década del siglo. Esto conlleva un efecto multiplicador ya que supone, por una parte, grandes inversiones, creación de empleos, demanda a la industria pesada y, por la otra, la integración de un mercado interno, todo lo cual permite que Francia se industrialice.

Otros indicadores también señalan la segunda mitad del siglo XIX como la del despegue industrial francés. Los textiles de algodón, que contaban únicamente con 5 mil telares mecánicos en 1834, disponían de 31 mil en 1846 y de 85 mil en 1875, con lo que comenzó la desaparición de los equipos manuales. En la metalurgia se lograron avances espectaculares gracias al progreso tecnológico y especialmente a las nuevas disponibilidades energéticas: la capacidad de un alto horno

---

[10] Fernand Braudel y Ernest Labrousse (Coords.), *Histoire economique et sociale de la France*, PUF, París, 1976, III, 520.

alimentado con madera era de 300 o 400 toneladas anuales, mientras que en los modelos utilizados hacia 1856, en los que se empleaba carbón mineral, la producción alcanzaba 3 300 toneladas anuales. En el dominio más amplio del suministro energético a la producción general tenemos el mismo fenómeno. En 1816, Francia sólo disponía de 150 a 200 máquinas de vapor, cifra que creció hasta alcanzar de 5 a 6 mil unidades en 1850.[11] La Revolución Industrial en Francia fue, lo mismo que en Inglaterra, una revolución en las disponibilidades de energía.

El avance del proceso industrializador reflejaba cambios en todos los niveles de la actividad social: hacia 1850 disminuyeron los prejuicios contra la gran empresa y el miedo a las innovaciones tecnológicas, comenzaron a utilizarse nuevas formas para movilizar grandes capitales, como la sociedad anónima, y el capital bancario dio un apoyo decidido a la expansión de las empresas industriales.[12] Sin lugar a duda, en la segunda mitad del siglo las estructuras francesas consiguieron superar los obstáculos que impedían su modernización, con lo que se dio un empuje decidido al proceso industrializador. El largo periodo de 60 años de esfuerzos de modernización, que se extiende desde la Gran Revolución de 1789 hasta 1850, demuestra la magnitud de la resistencia al cambio y es una prueba más de las dificultades para implantar una dinámica industrializadora que lleve a un país a conseguir el desarrollo autosustentado.

La experiencia francesa indica que la modernización supone la salida de un círculo vicioso mediante una trayectoria en espiral, en la que millares de pequeñas victorias de los agentes del cambio van modelando una nueva sociedad cualitativamente distinta de la antigua y capaz de asimilar la estructura de innovaciones tecnológicas que forma el núcleo de una revolución industrial.

[11] F. Braudel y E. Labrousse, *Histoire...*, *op. cit.*, III, 496-498.
[12] *Ibid.*, III, 522-528.

III

La industrialización de Alemania presenta características especiales que dan lugar a reflexiones muy interesantes para este análisis. Hacia finales del siglo XVIII, la sociedad alemana también poseía muchos rasgos arcaicos y vestigios feudales que representaban barreras para el proceso industrializador. Sin embargo, el principal obstáculo era la fragmentación política del pueblo alemán, que en 1789 estaba esparcido en 314 territorios independientes y más de 1 400 feudos de caballeros imperiales. En estas condiciones, el comercio interior se veía obstaculizado por innumerables barreras aduanales, diferentes monedas, leyes heterogéneas, monopolios comerciales, etc.[13] La Revolución Francesa fue un acontecimiento casi tan importante en la historia alemana como lo fue en la francesa, e implicó significativos progresos en la eliminación de los obstáculos para la modernización de Alemania.

Los ejércitos franceses, dotados de un notable dinamismo, se desbordaron allende sus fronteras convertidos en una curiosa e indefinible mezcla de conquistadores y libertadores. Como resultado de este avance, los territorios occidentales de Alemania pasaron a formar parte de Francia por toda una generación, mientras que otros fueron reorganizados bajo la tutela francesa, con lo que absorbieron las ideas e instituciones revolucionarias y modernizantes de los conquistadores y debilitaron o destruyeron los vestigios del viejo orden tradicional. En el oriente de Alemania, principalmente en Prusia, no hubo una influencia directa de Francia, pero los gobernantes tomaron conciencia de la necesidad de modernizar las estructuras sociales para poder resistir con eficacia el expansionismo francés. Esta necesidad se hizo más evidente después de la derrota sufrida por el ejército prusiano en Jena en 1806 y, al año siguiente, se empezaron las reformas de Stein-Hardenberg con la abolición de la servidumbre personal, que se hizo efectiva en 1810. A esta reforma siguieron otras en 1811, 1816 y 1821 transformando las relaciones sociales en el

---

[13] Knut Borchardt, "La revolución industrial en Alemania 1700-1914", en Carlo M. Cipolla, *Historia económica de Europa*, v. 4, *El nacimiento de las sociedades industriales*, Trad. de Rubén Mattini, Ariel, Barcelona, 1982, p. 87.

campo, de manera que los colonos retenían una parte de las tierras que habían usufructuado de acuerdo con el derecho feudal a cambio de ceder otra parte al señor. Esta reforma realizada desde arriba tuvo por ello resultados muy diferentes a la realizada en Francia desde abajo, ya que preservó las grandes propiedades de los *Junkers,* lo que permitió mejoras considerables en la eficiencia de la agricultura.[14]

Por otra parte, en esa misma época comenzó a manifestarse con vigor el nacionalismo alemán. El patriota Friedrich von Stein sintetizaba ese sentimiento en 1812 al afirmar: "Tengo una sola patria y ésa es Alemania... Sólo a Alemania y no a una parte de ella soy leal con toda mi alma. En este punto crucial de la historia las dinastías me son totalmente indiferentes. Es mi deseo que Alemania sea grande y fuerte..."[15] Sin embargo, para materializar estos anhelos de una nación unificada había que superar formidables barreras.

El Congreso de Viena, que reconstruyó el mapa de Europa en 1815, tuvo como principios rectores en su obra la legitimidad de los derechos dinásticos, el rechazo de cualquier pretensión de alterar la estructura social y lograr la seguridad en contra de cualquier resurgimiento del expansionismo francés o de otra potencia mediante el establecimiento de un sistema de equilibrio de fuerzas. Las aspiraciones y deseos de los habitantes de los diversos territorios fueron sencillamente ignorados. La aplicación de estos principios en Alemania estableció una situación que parecía formar una barrera infranqueable a la industrialización. El mosaico de reinos y señoríos de la geografía prebélica alemana no pudo restaurarse, y fue sustituido por un conjunto de 39 Estados independientes agrupados en una Confederación carente de autoridad efectiva. A dichos Estados retornaron los antiguos monarcas y príncipes rodeados de sus cortesanos y reclamando sus viejos privilegios, incluido el poder absoluto.[16] Los gobernantes de estos pequeños Estados tenían como principal objetivo conservar

---

[14] T. Kemp, *La Revolución...*, *op. cit.*, pp. 122-127.
[15] G. Barraclough, *Origins of Modern Germany,* Basil Blackwell, Oxford, 1946, p. 406.
[16] D. Thompson, *Europe since...*, *op. cit.*, p. 102; y G. Barraclough, *Origins of Modern...*, *op. cit.*, p. 413.

el poder y resultaban por tanto enemigos de cualquier proyecto de unificación nacional.

Prusia, uno de los Estados más fuertes, era un ejemplo de la grotesca geografía alemana. Con el objeto de servir de barrera a una posible agresión francesa se le adjudicó una provincia en el Rin, con lo que se constituyó un país con dos porciones separadas y diferentes. La occidental tenía una sociedad más evolucionada y contrastaba con la oriental, dominada económica, política y socialmente por los *Junkers* y sus grandes latifundios. Ambas porciones tenían fronteras muy recortadas y para colmo existían aduanas interiores, incluyendo peajes en los ríos. Las dificultades de administrar esta extraña creación dieron el primer impulso a un proceso que culminaría con la unidad alemana. En 1816 todas las líneas aduaneras fueron trasladadas a las fronteras del Estado prusiano y todas las aduanas interiores fueron abolidas. Casi inmediatamente después, en 1818, se instauró para toda Prusia un arancel único, y el primero de enero de 1819 todo el sistema aduanal quedó definitivamente unificado.[17]

La política prusiana provocó la hostilidad de los gobernantes de la mayoría de los otros Estados alemanes, cuyos diplomáticos intentaron crear una unión económica para oponerse. El fracaso de estos esfuerzos llevó a que, entre 1819 y 1823, cuatro pequeños principados ingresaran al sistema aduanero de Prusia. La lucha por la superación del localismo resultaba difícil pese a los esfuerzos y anhelos de hombres como Friedrich List, joven economista que realizaba una propaganda continua en favor de una Alemania integrada. Paulatinamente se fueron venciendo las resistencias y, en 1834, se proclamó el *Zollverein*, que era la unión aduanera de Prusia, los dos Hesse, Wurtemberg, Baviera y Sajonia, al cual poco después se adhirieron los Estados de Turingia y Francfort.[18] Fue el momento histórico en que se dio el paso decisivo en la unificación alemana, con lo cual quedaba derrumbado el principal obstáculo para el proceso industrializador.

El desarrollo del sistema ferroviario es el mejor testimonio

---

[17] François G. Dreyfus, "La Europa germánica", en L. Bergeron (Coord.), *Inercias y revoluciones, op. cit.*, p. 520.
[18] *Ibid.*, pp. 520-522.

del auge de la industrialización que siguió. Como se aprecia en el cuadro III.1, en 1840 la red alemana era la más pequeña de los cuatro países listados; para 1850 era ya superior a la francesa y en 1880 sobrepasó a la británica con 20 690 millas de vías. El establecimiento de los ferrocarriles tuvo el consabido efecto multiplicador: unificó el mercado interno, complementando la obra del *Zollverein*, creó una demanda masiva para la industria, generó industrias secundarias, etc. Además, en este caso tuvo un valor adicional que no poseía en ningún otro país dada la posición en el centro de Europa, con lo que convirtió a Alemania en el gran vínculo entre las porciones occidental y oriental del continente. El proceso industrializador se caracterizó a partir de la década de 1850 por su extraordinario vigor, que convertiría a este país en la mayor potencia industrial europea.

Varios factores específicos de la industrialización alemana explican su notable dinamismo. Uno de estos elementos fue la participación de los bancos en la expansión de la industria. El sistema bancario suministró los grandes capitales necesarios para un rápido desarrollo industrial, estableciendo una verdadera simbiosis entre banqueros y empresarios industriales. La continua renovación de los préstamos dio a éstos el carácter de financiamiento a largo plazo que se requería para las grandes inversiones, e incluso en muchos casos los bancos mismos tomaban la iniciativa en la fundación de empresas productivas. Esto contrastaba con la banca inglesa, que, como ya hemos visto, limitaba sus operaciones al corto plazo, y la francesa, donde su participación era aún más limitada.[19] La estrecha relación entre banca y producción dio a ésta los recursos para lograr un desarrollo muy acelerado de la industria pesada, que se convirtió en la avanzada del proceso industrializador.

Otros factores que ayudan a explicar el dinamismo de la industrialización alemana fueron la concentración de los capitales y el progreso técnico. La sociedad anónima fue utilizada extensamente como marco para la organización de las empresas industriales, y permitió a éstas disponer de mayores recursos que sus congéneres francesas, cuyos propietarios daban

---

[19] T. Kemp, *La Revolución...*, *op. cit.*, pp. 142-143.

preferencia a la empresa familiar, al mismo tiempo que tropezaban con la renuencia gubernamental al uso de las sociedades capaces de congregar muchos capitales. Esto y el apoyo de los bancos dieron un gran vigor al progreso industrial.

El avance tecnológico fue igualmente decisivo en el dinamismo de la industria. Un caso ejemplifica la tendencia alemana a adoptar la tecnología más avanzada. En 1840, 90% del hierro prusiano era fabricado con carbón de madera; apenas 20 años después, en 1860, 88% se producía con carbón mineral. El retraso de la industrialización alemana, que parecía una seria desventaja, se convirtió en un elemento muy favorable, pues le permitió disponer de la tecnología más avanzada, importada en la primera etapa y posteriormente desarrollada en sus propias fábricas y laboratorios.[20]

El avance industrial alemán hubiera sido imposible sin el crecimiento de las disponibilidades energéticas, incluso en la primera etapa del proceso industrializador antes del gran despegue a partir de 1850. En el cuadro III.5 puede verse que la producción carbonífera alemana, que en 1800 era únicamente de 300 mil toneladas anuales, para 1850 era ya de 6.7 millones de toneladas, y posteriormente el incremento del abasto energético continuó hasta alcanzar 37.9 millones de toneladas en 1871, esto es, se había multiplicado más de 100 veces.

En el mismo cuadro III.5 aparece el desarrollo de la producción de hierro, que es generalmente considerada como un buen indicador del crecimiento industrial, la cual se eleva de 40 mil toneladas en 1800 a 1.5 millones en 1871. En ese año se proclamó la unificación política de Alemania. Esta unificación se logró después de tres guerras victoriosas, y a menudo los libros de historia atribuyen la unión a esas victorias, pero en realidad tales conflictos sólo fueron auditorías hechas por la vía militar que demostraron el desarrollo económico alemán y en especial el elevado nivel alcanzado por su industrialización. Sobre este punto Keynes afirmó: "El Imperio alemán fue construido más, ciertamente, con carbón y hierro que con sangre y hierro".[21] En 1871 se cosechó lo sem-

---

[20] Ch. Morazé, *Les bourgois...*, *op. cit.*, pp. 244-246.
[21] John Maynard Keynes, *Economic Consecuences of the Peace*, Harcourt Brace, Londres, 1920, p. 75.

CUADRO III.5. *Producción alemana de carbón y hierro, 1800-1913 (miles de t)*

Año	Carbón	Hierro
1800	300	40
1820	1 500	90
1840	3 400	190
1850	6 700	220
1871	37 900	1 500
1900	89 300	4 700
1913	279 000	14 800

FUENTE: Para 1800-1850, J. Kuczynski, *Darstellung der Lage der Arbeiter in Deutschland*, vol. I, *Von 1789 bis 1849*, Berlín oriental, 1961, en F. G. Dreyfus, "La Europa...", *op. cit.*, p. 523, y para 1871-1913, D. Thompson, *Europe since...*, *op. cit.*, pp. 379-380.

brado en 1834 con el establecimiento del *Zollverein*, la fecha crucial en la transformación de una colección de pequeños Estados atrasados y con gobiernos integrados por cortesanos de visión provincial en una nación desarrollada. La unidad política, desde luego, dio un mayor impulso al proceso industrializador, como lo muestran las cifras correspondientes a 1900 y a 1913. Vale la pena señalar que el crecimiento de la oferta energética prueba, como en los casos de Inglaterra y de Francia, que una revolución industrial es también una revolución energética.

La unificación política de 1871 aportó nuevos elementos para el desarrollo que no habían podido generarse en el marco del *Zollverein*. Entre éstos se cuentan la homogeneización de las leyes sobre comercio complementada por el establecimiento de una completa libertad de movimientos tanto para los individuos como para las mercancías, la emisión de una moneda única con base en el patrón oro.[22] Esta medida fue de la máxima importancia, pues proporcionó a los alemanes una moneda confiable capaz de fomentar el ahorro y por tanto el auge de las diversas actividades económicas, todo lo cual

[22] Gustav Stolper, *Historia económica de Alemania*, Trad. de Raúl Martínez Ostos, FCE, México, 1942, pp. 34-39.

hizo que la industrialización continuara con gran dinamismo hasta el periodo de problemas en el siglo XX, que examinaremos más adelante.

Por último, es preciso referirse al hecho de que el éxito del proceso industrializador habría sido imposible sin el extraordinario impulso que Alemania dio a la educación y al cultivo de la ciencia. Una de las características más importantes del sistema educativo fue el empeño en cuidar su calidad en todos los niveles. Así, los presupuestos destinados a educar a la niñez no sólo crecieron a medida que lo hacía la economía, sino que representaban un porcentaje siempre creciente de la riqueza nacional. Los gastos destinados a la educación de cada niño de 6 a 14 años pasaron de 16 marcos en 1860-1864 a 72 marcos en 1900-1904 y a 109 en 1910-1913, representando en el primer periodo 1.1% del producto social neto, 2.2% en el segundo y 2.6% en el tercero. Por último, en los niveles más altos de la educación, según afirma François Caron, de la Universidad de París,

> la sociedad alemana demostró una capacidad de adaptación a las necesidades educativas de la civilización industrial muy superior a la de la sociedad francesa, y sobre todo a la de la inglesa, tanto en lo concerniente a la formación de cuadros técnicos medios y superiores como en el desarrollo de una enseñanza superior orientada hacia la investigación.[23]

Este esfuerzo de Alemania para fomentar la educación y la ciencia resultó una inversión que dio magníficos rendimientos. La formación de técnicos y cuadros medios proporcionó a la industria un personal bien calificado para dirigir los procesos productivos. Las universidades fueron ampliadas con departamentos técnicos donde los investigadores disponían de laboratorios bien equipados. Los resultados fueron excelentes. Un ejemplo es el de J. von Liebig, quien fue no sólo un gran científico, sino que se preocupó por la enseñanza de la ciencia. La mayoría de los grandes químicos europeos del

---

[23] François Caron, "Factores y mecanismos de la industrialización", en Gilbert Garrier (Coord.), *La dominación del capitalismo*, Trad. de Mario A. Valotta y Marta E. Ayala, Ediciones Encuentro, Madrid, 1978, pp. 191-192.

siglo XIX fueron sus discípulos y crearon en diversas ciudades de Alemania laboratorios que hicieron progresar rápidamente la industria química del país hasta dar a ésta casi un monopolio en ramas tan importantes como la industria de colorantes.[24] El conjunto de elementos con los que Alemania propició su industrialización fue tan eficiente que no sólo le otorgó un lugar de privilegio entre las naciones que hicieron la Primera Revolución Industrial, sino que la convirtieron en un país pionero de la Segunda con sus avances en las industrias química, eléctrica, automotriz, etcétera.

Los Estados Unidos, otra de las naciones que se industrializaron en el siglo XIX, tuvo unos orígenes modestos en la colonización inglesa de la costa atlántica de Norteamérica, en el siglo XVII. La sencillez de ese inicio no debe ocultar el hecho de que en él se hallaban presentes algunos de los elementos que harían posible el futuro proceso industrializador. La colonización de la Nueva Inglaterra, nombre que se aplicó a las colonias septentrionales, tuvo su principal impulso en las luchas religiosas y sociales que agitaron a la sociedad inglesa durante el reinado de los primeros Estuardo. El empeño de la Corona de imponer el anglicanismo hizo que muchos seguidores de las sectas protestantes radicales decidieran emigrar a un territorio virgen, donde podrían organizarse según sus inclinaciones. Ya hemos tenido ocasión de examinar el importante papel que esas minorías disidentes desempeñarían en la futura industrialización de Inglaterra. Se trataba de individuos que, a través de siglos de evolución social, se hallaban mejor preparados que los integrantes de otras comunidades para realizar la gran transformación implicada en el proceso industrializador.

Otros factores también resultaron favorables al proceso. La mayoría de los colonos procedían del sureste inglés y de las tierras medias de la isla, que se caracterizaban por sus poblados relativamente grandes, forma de organización que obviamente los inmigrantes utilizaron al asentarse en el Nuevo Mundo. Esto hizo posible que desde el primer momento pudiese haber un desarrollo del comercio y las artesanías, que se

[24] F. Caron, "Factores…", *op. cit.*, pp. 192-193.

habría dificultado si hubiesen establecido granjas aisladas. Su principal deseo era tener tierra propia para trabajarla ellos mismos, recurso que desde luego había en abundancia, aun cuando el suelo era de pobre calidad y exigía un trabajo intenso para rendir sus frutos.[25] El clima era extremoso, con largos y fríos inviernos, pero sano, lo que, combinado con los puertos naturales que ofrecía la costa y la abundancia de bosques que llegaban hasta ella, propiciaron el desarrollo de las actividades marítimas. Las luchas políticas que se daban en la Madre Patria en aquella primera etapa motivaron que los colonos tuvieran un grado de autogobierno que se aproximaba a la independencia, lo cual les dio una experiencia política desconocida en otras colonias europeas.

El principal defecto que mostraba la joven y dinámica comunidad novoinglesa era su intolerancia. Paradójicamente, ellos, que habían atravesado el océano huyendo de la represión política y religiosa de su gobierno, impusieron en su propia sociedad una aún más rígida y que equivalía a una auténtica teocracia. Ésta fue tan estricta que provocó la antipatía incluso de muchos puritanos que emigraron para fundar otra colonia donde, sin abandonar sus principios religiosos, hubiera más tolerancia.

Las colonias intermedias que se extendieron al sur de la Nueva Inglaterra tuvieron un carácter muy distinto. Estaban integradas por individuos con diversos antecedentes nacionales y religiosos. En ellas convivían ingleses, holandeses, suecos, alemanes, franceses y escoceses de Irlanda, lo que significaba la coexistencia en materia religiosa de anglicanos, puritanos, calvinistas, luteranos, católicos, cuáqueros y presbiterianos, e incluso vinieron a agregarse hugonotes franceses.[26] Esta extraordinaria mezcla tiene su origen en la diferencia de políticas entre la Corona inglesa y los gobiernos de otras potencias colonizadoras. La persecución religiosa que caracterizaba esta época tenía un origen en parte ideológico, combatir falsas religiones que representaban un peligro para las almas, y en parte político, unificar la población en una forma similar

[25] G. M. Trevelyan, *A Shortened...*, *op. cit.*, p. 318.
[26] *Ibid.*, p. 325.

a como lo hace hoy el nacionalismo. Pero mientras gobiernos como el francés o el español ponían su énfasis en el aspecto teológico y prohibían la emigración de miembros de minorías religiosas a sus colonias, el gobierno inglés enfatizaba la cuestión política y veía con buenos ojos que esas minorías disidentes y subversivas se autoexiliaran en el otro lado del océano.

Por último, las colonias sureñas recibieron desde los primeros años esclavos negros traídos de África. Esto, unido a su clima más cálido, les va a conferir un papel muy especial en la historia norteamericana y en la industrialización.

Las colonias inglesas en Norteamérica, que en el siglo XVIII llegaron a ser 13, ocupaban un territorio amplio para los criterios europeos, pero que representaba tan sólo una pequeña porción de la inmensa masa continental norteamericana. Se alineaban a lo largo de la costa atlántica y para penetrar al interior del continente debían vencer dos barreras, una natural y otra humana. La barrera natural estaba representada por la cordillera de los Apalaches, que con más de dos mil kilómetros de longitud corre paralela a la costa. No siendo ni alta ni escarpada no representaba un obstáculo infranqueable al avance de los angloamericanos hacia el Oeste. La barrera humana era más formidable y estaba constituida por la colonización francesa del interior, que cubría un territorio de enormes dimensiones. Penetrando por el río San Lorenzo, los franceses llegaron a los Grandes Lagos y a partir de éstos descendieron por el centro de Norteamérica, incluyendo los valles de los grandes ríos, el Ohio, el Illinois, el Misuri y el Misisipí, hasta llegar a la desembocadura del último en el Golfo de México. Para controlar este vastísimo imperio fundaron ciudades como Quebec o fuertes militares hoy convertidos en ciudades, algunas de las cuales, como Detroit, Mobile, Nueva Orleáns y San Luis, conservan sus nombres originales.[27] Sin embargo, este inmenso dominio adolecía de varias debilidades comparado con las colonias inglesas. La primera era su escasa población, que a mediados del siglo XVIII, cuando se produjo la lucha decisiva, era de únicamente 50 000 colonos fran-

[27] Joel Garreau, *The Nine Nations of North America*, Avon Books, Nueva York, 1982, pp. 367-368.

coamericanos contra 1 610 000 angloamericanos.[28] La segunda era el dominio del mar por los ingleses, que les hacía fácil llevar tropas europeas a América, mientras que a los franceses les resultaba difícil reforzar sus efectivos en ultramar. La última era que Francia constituía una potencia continental preocupada principalmente por la guerra en territorio europeo, mientras que Inglaterra era una potencia oceánica que, protegida por su Marina, podía concentrar sus esfuerzos en una estrategia mundial que implicaba la conquista de territorios en otros continentes. El conflicto, conocido como la Guerra de los Siete Años[29] y al cual ya hemos tenido ocasión de referirnos, culminó en una total victoria inglesa que destruyó el imperio francés en Norteamérica y con ello abrió el inmenso interior del continente a la colonización angloamericana, limitando a los francoamericanos a la actual provincia canadiense de Quebec, donde han continuado defendiendo tesoneramente su cultura.

La ruptura del cerco francés a las colonias inglesas —paradójicamente— resultó sólo unos años más tarde en el rompimiento de los nexos de las colonias con Inglaterra y su independencia tras una guerra en la que contaron con la ayuda de Francia, la cual esta vez, libre de combates en Europa, tuvo un brillante desempeño en la lucha marítima.

Es interesante señalar que aun antes de alcanzar la independencia, ya las colonias angloamericanas habían puesto los cimientos del futuro proceso industrializador. En una época tan temprana como el siglo XVII, la industria textil inglesa pidió protección al gobierno contra la competencia de los productos coloniales, y en 1699 el Parlamento respondió con la Ley de Lanas, que prohibía a las colonias la exportación de productos de esta fibra. Desde luego esta postura era similar a la de otros gobiernos de potencias colonizadoras, que veían a las colonias como simples servidoras de los intereses de la metrópoli; lo que hace especial a este caso es que no se pro-

---

[28] Gilbert C. Fite y Jim E. Reese, *An Economic History of the United States*, Houghton Mifflin, Boston, 1973, p. 37.

[29] Éste es el nombre que recibe en la historiografía europea; en la estadunidense se le conoce como la Guerra Francoindia, esto es, contra los franceses y los indios americanos, quienes fueron aliados de aquéllos.

híbe la fabricación de textiles, sino su exportación, lo cual significa que ya existía una industria colonial con la madurez para competir con la industria inglesa. La producción industrial en las colonias siguió creciendo en el siglo siguiente, y para 1775, en vísperas de la independencia, la producción de hierro de una sola colonia, Maryland, equivalía a la séptima parte de toda la inglesa.[30] Otros testimonios confirman el avance de las manufacturas coloniales. Así, en 1774, un escritor inglés afirmaba que "los habitantes de las colonias [...] fabrican muchas cosas y exportan varias manufacturas".[31]

Posiblemente el factor que más contribuyó tanto al desarrollo económico de las colonias angloamericanas como a su posterior industrialización fue el progreso del comercio marítimo y de la industria naval. Al mismo tiempo que se establecieron en el siglo XVII las colonias continentales que hemos venido examinando, Inglaterra abrió otras en las Antillas, dedicadas principalmente a la agricultura especializada en productos tropicales y las cuales nunca tuvieron el avance industrial de aquéllas. Durante la Guerra Civil inglesa y las guerras con Francia que siguieron, estas colonias antillanas, incapaces de obtener productos manufacturados de Europa, se volcaron hacia la Nueva Inglaterra y las colonias centrales para proveerse. Esto desarrolló una marina mercante que por otra parte contaba con varios activos a su favor que ya hemos mencionado: abundantes bosques que llegaban hasta la costa, que era de clima salubre y dotada de buenos puertos. Este conjunto de factores hizo que las colonias angloamericanas contaran ya a principios del siglo XVIII con una flota mercante poderosa. Posteriormente, a lo largo de ese siglo, la actividad comercial de las colonias siguió prosperando e incluía viajes tanto a la Gran Bretaña, el Mediterráneo y África, como a su primera zona de interés en el mundo antillano.[32] Otra función

[30] C. Fite y J. E. Reese, *An Economic...*, *op. cit.*, p. 83.
[31] *Interest of the Merchants and Manufacturers of Great Britain in the Present Contest with the Colonies Stated and Considered*, Londres, 1774, p. 12, cit. en Harold Underwood Faulkner, *Historia económica de los Estados Unidos*, Trad. de Aída Aisenson, Ed. Nova, Buenos Aires, 1956, p. 111.
[32] Paul Butel, "Las Américas y Europa", en L. Bergeron (Coord.), *Inercias y revoluciones*, *op. cit.*, pp. 86-87.

de gran importancia para la marina colonial era comunicar a las colonias entre sí en una navegación de cabotaje que no se limitaba a las trece colonias que formarían los Estados Unidos, sino también las colonias que permanecieron dentro del Imperio británico, como Nueva Escocia, Quebec y Terranova.

Otros elementos que es importante subrayar son las características cuantitativas y cualitativas de la flota colonial angloamericana. En el cuadro III.6 se presenta el volumen de construcción de barcos en las colonias medido en tonelajes medios anuales durante los últimos años antes de la Guerra de Independencia.

CUADRO III.6. *Construcciones navales en las colonias angloamericanas, 1769-1771*

Colonia	Tonelaje medio anual de navíos construidos
Massachusetts	7 664
New Hampshire	3 675
Rhode Island	1 870
Connecticut	1 516
Nueva York	1 204
Pensilvania y Delaware	1 710
Maryland	1 511
Virginia	1 531
Carolina del Norte	324
Carolina del Sur	487
Georgia	217

FUENTE: *Atlas of Early American History*, Princeton, 1976, en P. Butel, "Las Américas y Europa", *op. cit.*, p. 88.

Se aprecia la amplia ventaja que tiene la Nueva Inglaterra, y Massachusetts en particular, en la industria de construcciones navales, la importancia intermedia de las colonias centrales y el rezago de las sureñas. Mientras Massachusetts producía un promedio de 7 664 toneladas anuales de barcos, las colonias sureñas en conjunto apenas alcanzaban un poco más de 4 000. Este hecho es de particular interés para la tesis que hemos venido sosteniendo de que el desarrollo industrial no depende de un factor, sino de una estructura de ellos. En efecto, las colonias sureñas contaban con abundantes materiales para esta actividad, al grado de que una de sus exportaciones eran las *naval stores*, nombre que se daba a los materiales para reparar y construir barcos, pero indudablemente en la Nueva Inglaterra el resto del conjunto de factores era más favorable al progreso de la navegación.

La industria naviera colonial operaba, además, con buenos niveles de calidad y precio, al grado de que uno de sus clientes era la propia Inglaterra, en donde, incluso, la competencia provocó en 1724 la queja de los constructores del Támesis. Los armadores bordeleses apreciaban la calidad y el buen precio de los buques de la Nueva Inglaterra, que superaban, según ellos, a los de la "vieja Inglaterra". La competencia continuó, y para 1774 se estimaba que nada menos que un tercio de los buques de la flota británica, esto es, 2 342 de un total de 7 694, eran de construcción americana.[33] Una industria capaz de construir más de 2 000 barcos difícilmente podría considerarse pequeña o incipiente. Este examen de las condiciones del comercio y la industria angloamericanos en la época colonial pone en evidencia que, ya antes de independizarse, los habitantes de las colonias contaban con una buena base para su desarrollo industrial posterior.

Siempre existió la posibilidad de la independencia de las colonias de Inglaterra. El hecho se precipitó, como ya hemos dicho, por la conquista de la América francesa. Ésta dejó al gobierno inglés en posesión de grandes y heterogéneos territorios que debían gobernarse y defenderse. Se planteó, pues, una reorganización del Imperio británico con un mayor control de Londres que incluía impuestos a las colonias para sufragar los gastos de la defensa común. Si este planteamiento se hubiese hecho a los angloamericanos cuando la amenaza francesa estaba vigente, es posible que hubiese sido aceptado. Pero después de desaparecido dicho peligro, los colonos lo encontraron inadmisible, especialmente en lo tocante a impuestos legislados por un Parlamento en que ellos no estaban

---

[33] P. Butel, "Las Américas...", *op. cit.*, p. 89.

representados. Los intentos de la Corona de imponer su criterio provocaron una serie de fricciones que en 1775 condujeron a la guerra.

Las colonias siempre habían sido entidades independientes entre sí. Sin embargo, ante el conflicto con Inglaterra, se reconoció la necesidad de una acción conjunta y se convocó a un Congreso Continental para coordinar la resistencia ante la metrópoli. Con el estallido de las hostilidades, un Segundo Congreso Continental comenzó a adoptar la forma de un gobierno y a hablar de romper los vínculos con Londres. Como es bien sabido, la independencia fue proclamada el 4 de julio de 1776. Esto fue indudablemente de gran importancia histórica; pero a largo plazo, y muy especialmente para el análisis que realizamos, fue aún más importante el hecho de que las colonias, ahora transformadas en estados, se fusionaran en una sola nación, los Estados Unidos de América, en lugar de constituirse en trece pequeños países independientes. Esto abrió posibilidades mucho más amplias a la nueva nación. Sin embargo, como en el caso de Alemania, esta unión no se logró ni rápida ni fácilmente y tardó muchos años en consolidarse.

El primer gobierno constituido por el propio Segundo Congreso Continental tenía poderes muy limitados. No había Poder Ejecutivo, ni capacidad para recaudar impuestos. Esta última limitación hizo que se emitiera papel moneda sin respaldo que se devaluó rápidamente hasta perder de hecho todo valor. Si las colonias en rebelión pudieron proseguir la guerra contra Inglaterra fue por la ayuda económica que recibieron de Francia, España y Holanda. Posteriormente estas tres potencias le declararon la guerra a la Gran Bretaña, que se vio obligada a sostener combates en muchos frentes. El esfuerzo bélico de la alianza incluyó el envío de tropas regulares francesas a luchar junto a los estadunidenses y la temible campaña que llevó a cabo el almirante Suffren en el océano Índico, amenazando a India, la más preciada posesión del Imperio.[34] Por fin, la multiplicidad de los enemigos y sus ataques, así como la tenaz resistencia de los angloamericanos

---

[34] Fletcher Pratt, *The Battles that Changed History*, Doubleday, Nueva York, 1956, pp. 248-249.

pese a la penuria de sus recursos, decidieron al gobierno inglés a conceder a éstos la independencia en 1783.

Muchas de las dificultades sufridas por los estadunidenses durante el conflicto se debieron, como ya se ha afirmado, a la debilidad de su gobierno; primero del propio Congreso Continental, y después, cuando se aprobaron los artículos de la Confederación para darle un marco jurídico al gobierno revolucionario, éstos no concedieron al gobierno central poderes adecuados para hacer efectiva la unidad de los Estados Unidos, que lo eran únicamente de nombre. Después del tratado de paz las dificultades continuaron; se fue haciendo cada vez más obvio que el gobierno de la nueva nación no podía responder a sus obligaciones y que era imperativo lograr una reorganización que tuviera como directriz principal crear un gobierno eficaz. Se propuso entonces elaborar una Constitución para lograrlo. Fue en ese espíritu de reforma que la Convención se reunió en mayo de 1787. Uno de sus líderes, James Madison, quien personificaba el deseo de muchos, había dedicado los meses precedentes a examinar "los vicios del sistema político de Estados Unidos" y había llegado al convencimiento de que la realidad exigía una unión fuerte.[35] Los convencionistas reunidos en Filadelfia tuvieron intensos debates, ya que había que conciliar muchos intereses divergentes, entre los que destacaban los de los estados grandes en contraposición con los de los pequeños. Luego de redactada la Constitución hubo que dar nuevas batallas, esta vez estado por estado, para conseguir su ratificación.[36]

La Constitución, aprobada en 1788 y que continúa vigente hasta hoy, creó un gobierno lo suficientemente fuerte para hacer de los Estados Unidos una nación efectivamente unificada. Pese a esto, consolidar dicha unión fue un proceso que continuaría, como ya hemos dicho, por largo tiempo. Para entender mejor ese proceso, así como el de industrialización, es aconsejable examinar otro tema: los efectos de la PRI en todo el mundo.

[35] Ralph Ketcham, *From Colony to Country, The Revolution in American Thought, 1750-1820*, Macmillan, Nueva York, 1974, p. 109.
[36] H. Carey Hockett y A. Meir Scheleslinger, *Evolución política y social de los Estados Unidos*, 2 vols., Trad. de J. A. Brusol, Ed. Guillermo Kraft, Buenos Aires, 1954, I, 238-257.

IV

La inmensa mayoría de las naciones no pudieron implementar procesos industrializadores que las convirtieran en países desarrollados. En las décadas que siguieron a la segunda Guerra Mundial aparecieron abundantes estudios sobre el hecho cada vez más notorio de la división del mundo en dos porciones asimétricas tanto cuantitativa como cualitativamente. Por una parte existe una minoría de países con niveles elevados de ingreso por habitante y cuyos ciudadanos tienen generalmente acceso a satisfactores suficientes en cantidad y calidad, y por la otra una abrumadora mayoría de países de bajos ingresos y en los que la mayor parte de la población no cuenta con satisfactores adecuados ni desde el punto de vista cuantitativo ni del cualitativo. Existe un consenso en el sentido de que la industrialización o la ausencia de ella es un elemento fundamental para explicar la ubicación de cada país en uno de estos dos polos en que está dividida la humanidad.

Creemos que lo examinado hasta aquí explica en términos generales la causa fundamental de esta división. Los procesos industrializadores implican la integración de complejas estructuras de innovaciones tecnológicas, las cuales a su vez, para poder ser producidas y asimiladas, requieren de una multitud de factores favorables en la sociedad, que incluyen las relaciones con el entorno natural, los nexos sociales, la naturaleza del poder político, la ideología prevaleciente e incluso oscuros mecanismos del inconsciente operando en la colectividad. Todo ello equivale a armar un gigantesco rompecabezas histórico en que un complejo conjunto de elementos deben integrar una totalidad funcional. Los países que consiguieron armar esos rompecabezas con un mínimo de operatividad se industrializaron; el resto no pudo hacerlo.

Las causas de la incapacidad para integrar las condiciones de un proceso industrializador varían mucho de un país a otro. Así, la mayor parte del África subsahariana estaba poblada por comunidades primitivas, mientras que China era un vasto imperio heredero de una antiquísima y rica civilización, pero que resultó incapaz de asimilar la matriz de factores que constituían el proceso industrializador. En contraste, Japón, una nación cuya cultura se derivaba en gran medida de la china y con un territorio pobre, tuvo un gran éxito para incorporarse rápidamente a la PRI. Bastan estos pocos ejemplos para indicar la necesidad de ser muy cuidadosos al hacer generalizaciones acerca del fracaso de la mayoría de las naciones para industrializarse, y nosotros nos limitamos a afirmar que éstas no pudieron integrar la compleja matriz de elementos necesarios y suficientes para el proceso industrializador.

De esta compleja problemática, para los propósitos de nuestro análisis interesa enfocar la atención en un hecho fundamental, de la máxima importancia para entender las sucesivas revoluciones industriales y al cual ya nos hemos referido: las naciones que no pudieron lograr procesos industrializadores no se limitaron a permanecer en su estado previo, sino que también se incorporaron a la PRI, aun cuando de una manera esencialmente distinta a la de los países industrializados. Es por eso que la PRI no debe entenderse como un fenómeno limitado a Inglaterra o cuando más al pequeño número de naciones que se industrializaron, sino como un fenómeno planetario que afectó a todos los países y regiones. Esto es lo que afirma Supple cuando escribe: "En la amplia perspectiva de la historia, la Revolución Industrial es un fenómeno *internacional* que abarca, en sus procesos y consecuencias, el mundo entero".[37] Es más, ni siquiera puede decirse que existe un adelanto en el tiempo en los cambios experimentados por Inglaterra y otros países industrializados en relación con las transformaciones que experimentó el resto del mundo. En multitud de casos las transformaciones fueron simultáneas, y esto no como una simple coincidencia, sino que dicha simultaneidad se desprende de la naturaleza misma de las revoluciones industriales.

Si retomamos el análisis del desarrollo de Estados Unidos después de su establecimiento como nación independiente y unificada entenderemos mejor ese desarrollo, así como el significado de la idea de que la PRI es un fenómeno de metamorfosis mundial.

---

[37] Barry Supple, "The State and the Industrial Revolution 1700-1914", en C. M. Cipolla (Coord.), *The Industrial...*, *op. cit.*, p. 301.

El algodón es una fibra textil utilizada desde tiempos muy remotos en el Viejo Continente, mientras que en el Nuevo fue empleada antes de la llegada de los europeos por las grandes civilizaciones incaica y mesoamericana, e incluso por culturas menos avanzadas, como las antillanas. En las colonias angloamericanas del continente, durante el siglo XVIII se cultivaba el algodón pero en cantidades ínfimas. Las colonias sureñas, únicas adecuadas por su clima para su cultivo, basaron su economía en el tabaco, que era el principal producto de Maryland, Virginia y Carolina del Norte; en Carolina del Sur y en Georgia al tabaco se agregaba el arroz. En cambio el algodón sólo se cultivaba en pequeñas cantidades en la parte meridional de la costa atlántica y en las islas ubicadas frente a Georgia.[38] En suma, el algodón tenía muy poca importancia económica en las colonias angloamericanas.

Inglaterra, por su parte, utilizó el algodón en su industria desde el siglo XVII y, como no se producía en su territorio, se importaba. En el decenio 1695-1704 se importó algodón con un peso promedio anual de 1.14 millones de libras, y a lo largo del siglo XVIII la cantidad importada creció, aun cuando lentamente, a medida que se desarrollaba la economía inglesa, hasta alcanzar 4.2 millones de libras de promedio en el periodo 1772-1774. Después, como ya hemos visto, se inició la PRI y la producción de tejidos de algodón se multiplicó extraordinariamente, lo que hizo que las importaciones se dispararan hasta alcanzar un promedio de 41.8 millones de libras en el periodo de 1798 a 1800, y por último un gigantesco volumen de 141 millones de promedio entre 1819 y 1821.[39] Los tejidos de algodón eran un elemento clave en la industrialización inglesa.

Este inmenso incremento de la demanda generada por el proceso industrializador de Inglaterra tuvo un formidable impacto en las antiguas colonias sureñas, para entonces convertidas en estados de la Unión Americana ya independiente. El cultivo del algodón pasó de ser una actividad marginal para convertirse en el centro de la economía del Sur de Estados

---

[38] Susan Previant Lee y Peter Passell, *A New Economic View of American History*, W. W. Norton, Nueva York, 1979, pp. 154-155.
[39] Véase el cuadro I.4.

Unidos. La exportación, que había sido de 189 mil libras en 1791, alcanzó la extraordinaria cifra de 21 millones de libras en 1801 y siguió creciendo dinámicamente. El vertiginoso crecimiento de la producción algodonera únicamente se pudo lograr mediante grandes transformaciones en todo el Sur estadunidense. En primer lugar, la aparición de una innovación tecnológica: en 1793 Eli Whitney inventó su despepitadora de algodón, que procesaba mil libras por día en contraste con sólo seis libras diarias cuando se utilizaba el método tradicional. La despepitadora de Whitney pasó a ser un elemento más de la estructura de innovaciones que formaron el núcleo de la PRI. En segundo lugar, el cultivo del algodón se extendió por todo el Sur de Estados Unidos, desde Virginia y Kentucky hasta el Golfo de México, para luego atravesar el Misisipí e invadir Luisiana, Arkansas y Texas.[40]

Lo anterior implicó formidables cambios sociales, políticos, ideológicos, etc., todos ellos vinculados con la esclavitud. En efecto, muchos agricultores, tanto del Norte como del Sur, tenían espíritu empresarial y deseaban trascender los estrechos límites de la granja familiar para explotar grandes propiedades con eficiencia y la consiguiente rentabilidad. El obstáculo para lograrlo era, paradójicamente, la abundancia de tierra, que permitía a los hombres de la época lograr su deseo de poseer su propia granja y esquivar el trabajo asalariado. La única salida a esta dificultad era la utilización de esclavos, hombres propiedad de los terratenientes y por lo tanto obligados a trabajar para ellos. Sin embargo, esta solución tenía una seria limitante: los esclavos eran caros. En los estados norteños cultivadores de cereales esta barrera no pudo superarse y la esclavitud terminó por extinguirse. En el Sur el tabaco primero y el algodón después tenían una rentabilidad superior, que hacía económicamente factible la esclavitud. El algodón en particular tiene ciertas ventajas que explican su extraordinario auge. Se trataba de una mercancía tan valiosa que era rentable producirla incluso lejos de los ríos, principales vías de transporte antes de los ferrocarriles; en segundo lugar, a diferencia del tabaco, cuyo cultivo agota rápidamente

[40] S. P. Lee y P. Passell, *A New...*, *op. cit.*, p. 155.

las tierras, el del algodón, si se entierra el rastrojo incluyendo la semilla, como se acostumbraba, no cambia la composición química del suelo, que puede seguir produciendo; una tercera ventaja es que su cultivo utiliza gran cantidad de fuerza de trabajo únicamente durante la cosecha y el resto del año sólo se emplea una octava parte de ella; así, el resto podía utilizarse para producir alimentos, lo cual tenía la ventaja de volver prácticamente autosuficientes a las plantaciones, nombre con el que se conocía a estas propiedades, y las protegía de las oscilaciones del mercado.[41]

El resultado fue que el Sur se transformó en una región con características muy especiales, dominada política y socialmente por una elite rica y culta dueña de vastas plantaciones trabajadas por esclavos y especializada en producir una materia prima, el algodón, destinada a alimentar la industria inglesa, pero sin poseer industria propia. En otras palabras, el Sur estadunidense se había convertido en el complemento económico o periferia de Inglaterra. La PRI había transformado a esa región tan profundamente como a la propia Inglaterra.

Pues bien, lo que le sucedió al Sur estadunidense fue, en términos generales y con las especificidades que imponían las condiciones históricas, lo que le pasó a la inmensa mayoría de los países del mundo a lo largo del siglo XIX: se convirtieron en la periferia de la minoría de naciones industrializadas. Antes de continuar examinando este importantísimo tema debemos concluir el análisis de la industrialización de Estados Unidos.

Utilizando como base la industria heredada del periodo colonial, la nación ya independiente y unificada continuó su proceso industrializador. Éste, sin embargo, no fue rápido, y todavía en 1820 la mayoría de los bienes de consumo se producían en los hogares. Para 1830 la producción doméstica comenzó a decaer con la aparición de la industria y el desarrollo de los transportes, primero mediante canales y caminos y después con los ferrocarriles. En esa primitiva organización industrial se utilizaban, según conviniera, el sistema de trabajo domiciliario controlado por el empresario (*putting out sys-*

---

[41] S. P. Lee y P. Passell, *A New...*, *op. cit.*, pp. 155-156, 160 y 162.

tem) para productos como telas baratas y el trabajo fabril para mercancías más finas como textiles de calidad.[42] Al igual que en los países cuya industrialización ya hemos examinado, los ferrocarriles tuvieron un papel estratégico creando un mercado interno unificado, generando demanda a muchas industrias, produciendo empleos, etc., pero en Estados Unidos la función de los ferrocarriles fue particularmente importante dadas las dimensiones del país, lo que explica el hecho de que para el año clave de 1860 ya tuvieran una extensión superior a las redes ferroviarias británica, francesa y alemana combinadas.[43] Estos ejemplos hacen evidente el carácter esencial de los ferrocarriles en la PRI.

Debido al nivel relativamente alto de los salarios, los empresarios estadunidenses mostraron una tendencia desde esa época a utilizar la maquinaria más automática disponible. Es en este contexto que los industriales de ese país contribuyeron con dos innovaciones tecnológicas de gran importancia en los procesos productivos: la fabricación de partes estandarizadas, y por lo tanto intercambiables, y el proceso de producción continua. La producción de partes estandarizadas ya había sido ensayada en Europa, pero la primera aplicación realmente exitosa la hicieron los estadunidenses en la industria de armamentos. Ya en 1807 se la empleó para la fabricación de pistolas, en 1827 se introdujo el procedimiento de forjado con dados y, para 1855, Samuel Colt producía sus famosas pistolas con mucha precisión mediante máquinas herramienta que hicieron que la lima de mano perdiera importancia en el acabado de partes lo suficientemente precisas para hacerlas intercambiables. Para lograr esto, la industria estadunidense comenzó importando máquinas herramienta inglesas, en una segunda etapa produjo copias de ellas y hacia el año crucial de 1860 ya existían firmas nacionales que fabricaban esas máquinas con buena calidad. Para dicho año también la industria textil había sido mecanizada.[44] Al obtener partes estandarizadas con un alto nivel de precisión se hizo

---

[42] Gary M. Walton y Ross M. Robertson, *History of the American Economy*, Harcourt Brace Jovanovich, Nueva York, 1983, pp. 240-241.

[43] Véase el cuadro III.1.

[44] G. M. Walton y R. M. Robertson, *History...*, *op. cit.*, pp. 242-244.

posible, a su vez, introducir la segunda gran innovación, la producción continua de productos terminados, que tuvo gran importancia en la productividad de las industrias en que se aplicó, fabricantes de armas, de relojes, etc., y constituye un antecedente muy significativo de uno de los elementos fundamentales de los procesos industriales en la Segunda Revolución Industrial: el uso de las cadenas semiautomáticas de producción.

Sin duda el periodo entre 1840 y 1860 fue crucial para convertir a Estados Unidos en una potencia industrial. Este desarrollo de la industria, sin embargo, no se distribuyó homogéneamente en los diversos estados, como lo demuestran las cifras del cuadro III.7.

CUADRO III.7. *Capacidad manufacturera estadunidense por regiones en 1860*

Región	Capital invertido (dólares)	Trabajadores Hombres	Trabajadores Mujeres	Valor de la producción (dólares)
Nueva Inglaterra	257 477 783	262 834	129 002	468 599 287
Atlántico Central	435 061 964	432 424	113 819	802 338 392
Medio Oeste	194 212 543	194 081	15 828	384 606 530
Sur	95 975 185	98 583	12 138	155 531 281

FUENTE: *Eight Census of the United States: Manufactures, 1860*, en G. M. Walton y R. M. Robertson, *History...*, *op. cit.*, p. 254.

Esta información mide el desarrollo de la industria manufacturera mediante tres indicadores: el capital invertido en ella, el número de trabajadores que emplea y el valor de la producción. Se advierte inmediatamente que existe una correlación entre los tres indicadores y que, de acuerdo con ellos, los estados de la costa atlántica central eran los que habían avanzado más en el proceso industrializador; la segunda región en importancia industrial era la Nueva Inglaterra y la tercera era el Oeste Medio, es decir, los estados que habían surgido al norte del río Ohio como resultado de la colonización más allá de la cordillera de los Apalaches y cuya industria tenía la peculiaridad de emplear pocos trabajadores femeninos en comparación con las dos primeras. Por último, el Sur era la región menos industrializada de acuerdo con los tres indicadores y también empleaba pocas mujeres.

La constitución del Sur en una región periférica y el desarrollo industrial de los estados norteños nos ayuda a explicar muchas de las especificidades que tuvo su evolución en los niveles social, político e ideológico. Paulatinamente los estados norteños y los sureños se fueron convirtiendo en sociedades diferentes: esquematizando podemos describir el Norte como una región de granjas explotadas por el dueño y su familia y de ciudades cada vez más industrializadas, donde la esclavitud quedó abolida en todos los estados desde 1804, y el Sur como lugar de grandes plantaciones trabajadas por esclavos, dependiente de un producto primario y con débil industrialización. Al principio del siglo estas diferencias no parecían muy importantes, y así cuando Luisiana, en cuyo territorio la esclavitud había existido desde la época del dominio francés, fue aceptado en la Unión en 1812 como estado esclavista, el hecho no provocó mayores problemas. En los años siguientes la situación cambió. En el Norte fue fortaleciéndose una ideología antiesclavista al mismo tiempo que su población crecía más rápidamente que la sureña, por lo cual la Cámara de Representantes fue dominada por diputados de los estados libres. El Sur comenzó a experimentar un temor cada vez mayor a que se aprobaran leyes contra la esclavitud, que ellos consideraban vital para sus intereses, por lo que veían el Senado, donde los estados tenían igual representación sin importar el número de sus habitantes, como un factor esencial en su defensa. El ingreso de Alabama en 1819 como estado esclavista estableció el equilibrio entre ambas regiones en el Senado. Cuando poco después Misuri solicitó su admisión también como estado esclavista, provocó una tormenta política que se resolvió en 1820, al ser aceptado simultáneamente con Maine como estado libre para conservar el equilibrio. Este arreglo fue, sin embargo, una simple tregua; comenzó una carrera de ambas regiones hacia el Oeste para incorporar estados libres y esclavistas a la Unión. La conquista de todo el norte de México hasta California llevó las tensiones a un nivel explosivo. El Sur se sentía una sociedad sitiada y en desventaja por la hostilidad del Norte contra la esclavitud y la creciente superioridad de éste en población, industria y riqueza.[45] La realidad era que en Estados Unidos se habían formado dos naciones diferentes que coexistían bajo un mismo gobierno, aun cuando pocos se percataban de ello.

En 1860, año que hemos mencionado como crucial, la tensión entre ambas regiones hizo crisis con la victoria electoral del Partido Republicano. En el Sur muchos consideraban que sus intereses eran ya incompatibles con su pertenencia a la Unión Americana, y plantearon su retiro. La postura de los sureños era que los Estados Unidos se habían formado por la unión voluntaria de estados libres y soberanos y que éstos conservaban el derecho de abandonarla si así lo decidían.[46] Con este principio como base, once estados esclavistas se separaron y se constituyeron como una nación independiente con el nombre de Estados Confederados. El gobierno estadunidense, obviamente, no aceptó la independencia sureña y en 1861 estalló la guerra, que duraría cuatro años. Pese a la calidad militar tanto de los generales como de las tropas del Sur, el Norte triunfó aplastando a la Confederación con su enorme superioridad en recursos humanos y sobre todo industriales. La abolición de la esclavitud y la terrible devastación del Sur por los ejércitos norteños invasores hicieron que la victoria de éstos consolidara la Unión Americana en forma irreversible. El proceso de unificación había por fin terminado.

La guerra dio un formidable impulso a la industrialización de los estados norteños, que convirtió al país en la segunda potencia industrial después de la Gran Bretaña, como se aprecia en el cuadro III.8. Después de la victoria, la inmensidad de los recursos naturales contenidos en el vasto territorio nacional, la demanda generada por una población creciente, el apoyo de gobiernos casi siempre partidarios del capital, la ausencia de amenazas externas que obligaran a canalizar

[45] Rebecca Brooks Gruver, *An American History*, Addison-Wesley, Reading, Mass., 1976, pp. 303-308.
[46] *Ibid.*, p. 477.

recursos a la defensa del país, y la modernización de la agricultura, que incluyó rotación y variedad de cultivos, introducción de forrajes y maíz en la alimentación del ganado, etc.,
hicieron que el proceso industrializador continuara con gran
dinamismo en las décadas siguientes, y para 1913 la industria
estadunidense era la mayor del mundo, como lo indican las
cifras del mismo cuadro.

CUADRO III.8. *Producción industrial de las grandes potencias,*
1870 y 1913 (porcentajes en el total mundial)

País	1870	1913
Estados Unidos	23.3	35.8
Alemania	13.2	15.7
Gran Bretaña	31.8	14.0
Francia	10.3	6.4

FUENTE: *Industrialisation et commerce extérieur*, S. D. N., 1945, en François
Caron, "El crecimiento económico", en Gilbert Garrier (Coord.), *La dominación del capitalismo*, Trad. de Mario A. Valotta y Marta Ayala, Ed. Encuentro, Madrid, 1978, p. 116.

Pero el crecimiento industrial no fue únicamente cuantitativo. Los avances en las innovaciones tecnológicas ya examinadas de producción de partes estandarizadas e intercambiables y los procesos productivos continuos hicieron que los
Estados Unidos fueran, al lado de Alemania, cuyas innovaciones en las industrias química, eléctrica y automotriz ya han
sido mencionadas, no sólo las principales potencias industriales que emergieron de la Primera Revolución Industrial,
sino las mejor preparadas para iniciar la Segunda.

Ya hemos mencionado el hecho de que la mayoría de los
países y regiones del mundo no reunieron la matriz de factores que les permitiera generar un proceso industrializador,
y que no por ello la PRI los dejó al margen de su acción, sino
que operó en ellos transformaciones tan profundas como las
correspondientes a las naciones que se industrializaron, convirtiéndose en la periferia de éstas, y hemos presentado el Sur
estadunidense como un ejemplo de este proceso de *sateliza-
ción* económica.

El sistema económico mundial se formó durante el siglo XVI, cuando los europeos desarrollaron una tecnología de navegación oceánica que, formando un conjunto con varias innovaciones, permitieron su integración.[47] Durante una primera etapa este sistema produjo, entre otras cosas, vastos imperios. A principios del siglo XIX muchas de las colonias se habían independizado, como las angloamericanas que formaron Estados Unidos, o estaban a punto de hacerlo, como las iberoamericanas. Como resultado de este proceso histórico, hacia 1830 los imperios europeos habían quedado reducidos a su mínima expresión. Únicamente en el Asia meridional y en Indonesia subsistían colonias importantes, a las cuales se agregaban posesiones menores en las costas de África, en Australasia y el Pacífico.[48]

A partir de 1850 tiene lugar una segunda etapa de expansión de Europa en el mundo que construye nuevos imperios o amplía los restos de los antiguos. Esta segunda ampliación del dominio europeo es sumamente dinámica, como lo revela el hecho de que en 1800 únicamente 35% de la superficie terrestre estuviese controlada por los europeos o sus descendientes, y que para 1914 ese porcentaje hubiese ascendido hasta 84.4%. Por otra parte, los imperios de las dos etapas fueron muy diferentes. Los de la primera crearon colonias de "asentamiento", donde los inmigrantes que afluyeron de Europa formaron sociedades cuasi-europeas; en contraste, los imperios de la segunda fase se integraron con colonias de "ocupación" formadas en países poco promisorios como zonas de colonización, por lo que las sociedades nativas conservaron su raza y cultura y únicamente eran controladas por un pequeño número de europeos.[49] Todas las pruebas indican que esta formidable expansión de Europa estuvo estrechamente vinculada con la PRI, que generaba un gran apetito por mercados para vender productos manufacturados y adquirir materias primas para la industria, así como oportunidades de inver-

[47] M. Cazadero, *Desarrollo, crisis...*, *op. cit.*, cap. VIII.
[48] David K. Fieldhouse, *Economía e imperio. La expansión de Europa 1830-1914*, Pról. de Charles Wilson, Trad. de Juan A. Ruiz de Elvira Prieto, Siglo XXI, México, 1978, p. 7.
[49] *Ibid.*, pp. 7-8.

sión para capitales excedentes que no encontraban colocación satisfactoria en los países industriales.

El sistema económico mundial que surgió como resultado de la PRI no se limitó a subordinar a las regiones coloniales a las necesidades de los centros industriales, sino también *satelizó* a muchas naciones nominalmente soberanas, que quedaron integradas a un orden neocolonial. Tanto las colonias como los países sometidos al neocolonialismo tienen un denominador común: sus economías son el complemento de las industriales y en ellas el proceso industrializador no se produce o bien lo hace en una forma muy imperfecta. En cambio, la principal diferencia entre ambos tipos de países es que en las colonias el poder económico y político lo ejerce un pequeño grupo de administradores y colonos venidos de los centros industrializados, mientras que en los países neocoloniales esos poderes se ejercen en asociación con elites nativas.

Dentro de estos patrones generales se dan muchas variantes según las condiciones históricas concretas. Inglaterra fue particularmente fértil para encontrar fórmulas originales de dominación. Así, en India los administradores británicos ejercían el poder en muchas regiones mediante príncipes nativos, mientras en Sudán establecieron un condominio angloegipcio, situación difícil de entender por el hecho de que Egipto era otra colonia británica. Todos estos países estaban destinados a convertirse en naciones subdesarrolladas.

El principal mecanismo integrador que daba una cohesión siempre creciente al sistema económico mundial era el comercio internacional, cuyo dinámico crecimiento no tenía precedente en la historia. En el cuadro III.9 puede apreciarse que dicho crecimiento atravesó por tres periodos entre 1830 y 1913, siendo el primero y el tercero los que mostraron mayor dinamismo. El vigor de los flujos comerciales que envolvieron progresivamente el planeta generó fuerzas centrípetas que obligaron a un país tras otro a integrarse al centro o a la periferia del sistema, aun cuando desde luego cada país se integró con el ritmo y las modalidades que imponían sus circunstancias específicas.

Esta división del mundo en dos polos asimétricos tanto en sus dimensiones como en su desarrollo tuvo, entre sus múlti-

CUADRO III.9. *Crecimiento del comercio mundial en la Primera Revolución Industrial, 1830-1913*

Periodo	Crecimiento anual (porcentaje)
De 1830-1840 a 1870-1880	4.6
De 1876-1880 a 1896-1900	2.9
De 1896-1900 a 1911-1913	4.2

FUENTE: François Caron, "Factores y mecanismos...", *op. cit.*, p. 174.

ples consecuencias, una creciente disparidad en el ingreso de los habitantes de ambas regiones. Así, Estados Unidos alcanzó un ingreso por habitante de 200 dólares anuales en 1832;[50] el Reino Unido alcanzaría esa cifra en 1837, Francia en 1852 y Alemania en 1886. Por otra parte, hacia 1850 los actuales países subdesarrollados tenían una renta anual típica de 100 dólares por habitante.[51] Podemos, pues, decir que hacia mediados del periodo que ocupa la PRI ésta ya había establecido un diferencial de dos a uno en la riqueza de los seres humanos. La diferencia entre los países industriales y los periféricos seguiría creciendo hasta alcanzar las lamentables proporciones que conoce el mundo actual.

Dentro de esta evolución del sistema económico mundial provocada por las revoluciones industriales, América Latina tiene un doble interés. Por una parte, es la región a la que pertenece el país del autor de este análisis, y por otra, es la única región del mundo que tiene la dudosa distinción de pertenecer simultáneamente a la civilización occidental y al mundo subdesarrollado.

La primera cuestión que se plantea es si las naciones latinoamericanas no surgieron a la vida independiente demasiado tarde. La respuesta parece ser una enfática negativa. México y Centroamérica lograron su independencia en 1821, y el

[50] Dólares de 1952-1954.
[51] Osvaldo Sunkel y Pedro Paz, *El subdesarrollo latinoamericano y la teoría del desarrollo*, Siglo XXI, México, 1970, pp. 43-45, *apud* Simon Kuznets, *Six Lectures on Economic Growth*, Free Press, Glencoe, 1959, p. 27.

dominio español en Sudamérica terminó en 1824 con la derrota total del ejército virreinal. Brasil, por su parte, logró su propia independencia en 1822 a través de la emigración de la familia real portuguesa a su gran colonia americana, huyendo de la invasión napoleónica de Portugal. Si tenemos en cuenta que, como hemos visto, en Francia apenas en 1815 se inició débilmente el proceso industrializador y que éste no mostraría verdadero dinamismo sino hasta 1850, que en Alemania el *Zollverein*, pieza fundamental de la industrialización, fue proclamado en 1834, etc., difícilmente puede decirse que a Latinoamérica le faltó tiempo para incorporarse a la PRI. Sin embargo, el ejemplo más contundente en contra de cualquier argumentación centrada en un rezago cronológico lo ofrece Japón.

El sistema económico, político y social que tenía ese país a mediados del siglo XIX surgió como resultado de las feroces luchas que se dieron en el XVI entre las grandes familias feudales y de las cuales emergió victoriosa la Casa de Tokugawa. El jefe de ésta se convirtió en shogún, quien en la práctica era el verdadero gobernante del país, aun cuando se conservó al emperador confinado con su corte en Kioto y sin poder efectivo. El shogunato era una dictadura militar que dominaba a una sociedad de tipo feudal. La gran mayoría de la población era de campesinos con una economía no monetaria cuyos excedentes servían para el sostenimiento de los señores feudales *(daimyo)* y de una casta de guerreros *(samurai)*. El país fue prácticamente cerrado a los contactos con los extranjeros y sólo se toleraban restringidas relaciones con los chinos en el puerto de Nagasaki y con los holandeses en la cercana factoría de Deshima.[52] Este sistema, que perduraba cuando ya varios países estaban implementando los procesos industrializadores de la PRI, puede esquematizarse describiendo a Japón como una sociedad feudal y casi cerrada a todo contacto con el mundo exterior.

Dicha estructura, que perduró por más de 200 años, fue destruida como resultado de la convergencia de dos fuerzas.

[52] G. C. Allen, *A Short Economic History of Modern Japan*, George Allen & Unwin, Londres, 1972, pp. 14-20.

Por un lado, la gran expansión de los países industrializados durante la segunda mitad del siglo XIX, que ya hemos mencionado, y, por otro, la decadencia interna del shogunato de Tokugawa. La presión del sistema económico mundial se presentó materializada en una flotilla estadunidense al mando del comodoro Perry, que entró en la bahía de Surawa en 1854 y se negó a marcharse mientras el gobierno japonés no aceptara terminar con la reclusión del país. Los japoneses, convencidos de que la superioridad técnica de los visitantes hacía inútil la resistencia, cedieron. Los estadunidenses fueron los primeros en llegar porque la conquista del norte de México seis años atrás los había convertido en una potencia en el océano Pacífico, pero esa primera brecha fue rápidamente ampliada mediante derechos comerciales concedidos a británicos, franceses y otros extranjeros en los años siguientes, por medio de lo que los japoneses llamaron con resentimiento "tratados desiguales". Cuando algunos señores quisieron resistir estos cambios impuestos por los extranjeros, la superioridad militar de los países industriales quedó plenamente demostrada mediante el bombardeo de Kagoshima y Shimonoseki en 1863 y 1864.[53] El descontento japonés se canalizó hacia el shogún y, en 1868, un movimiento revolucionario que los japoneses llaman la Restauración Meiji destruyó el shogunato y estableció un nuevo gobierno. Éste se fijó como objetivo fundamental modernizar a Japón como única alternativa a su incorporación al sistema económico mundial dentro del patrón colonial o del neocolonial. El éxito de la sociedad japonesa en este esfuerzo constituye uno de los "prodigios" de la historia: Japón se incorporó exitosamente a la Primera Revolución Industrial, posteriormente lo haría a la Segunda y actualmente es un país líder en el tránsito hacia la Tercera.

En la historia no hay milagros. Si Japón pudo lograr esa metamorfosis es porque existían factores que la hicieron posible. Lo que nos interesa es enfatizar el factor cronológico. La construcción del Japón moderno empezó más de 40 años después de la independencia de Latinoamérica en la década de 1820. Es, pues, evidente que el subdesarrollo de los países

---

[53] G. C. Allen, *A Short...*, *op. cit.*, pp. 21-28.

latinoamericanos no se debe a un rezago en su nacimiento como naciones independientes o a las presiones externas, sino a que en sus sociedades existían obstáculos estructurales que les impidieron convertirse en países modernos e industrializados, por lo que, incapaces de resistir las fuerzas centrípetas del polo industrializado del sistema económico mundial, se integraron a su periferia. Retomaremos este tema más adelante, y ahora centraremos la atención en el análisis de la Segunda Revolución Industrial.

IV. CAPITAL Y SEGUNDA REVOLUCIÓN INDUSTRIAL

Acepto las grandes empresas como parte de la grande e irresistible corriente de la historia.

JOHN KENNETH GALBRAITH[1]

I

LA SEGUNDA REVOLUCIÓN INDUSTRIAL es un proceso que tiene los tres grandes componentes de la Primera: es la formación de una estructura de innovaciones tecnológicas, un cambio estructural global de la sociedad y una metamorfosis del sistema económico mundial. El núcleo del nuevo enjambre de innovaciones se configura en torno de la máquina de combustión interna, el vehículo automotor que aplica aquélla al transporte en forma similar al uso que se dio anteriormente a la máquina de vapor en ferrocarriles y barcos, la electricidad en sus diversas aplicaciones y la química.

La restructuración social necesaria para asimilar la nueva base tecnológica implicó nuevas relaciones con el entorno natural, incluyendo formas novedosas de distribución geográfica de la población y de diversas actividades humanas, establecimiento de la empresa gigantesca como el elemento dominante de la estructura económica, crecimiento de nuevas ramas industriales y ocaso de otras, nuevas formas de operar para el sector financiero, alteración en los patrones de interdependencia económica entre las naciones, incremento exponencial de ciertos sectores sociales y disminución acelerada de otros, aparición de polos nuevos de poder político y eclipse de va-

---

[1] John Kenneth Galbraith, *Annals of an Abiding Liberal, Perspectives on the Twentieth Century and the Case for Coming to Terms with it,* Houghton Mifflin, Boston, 1979, p. 28.

rios de los antiguos, surgimiento de instituciones supranacionales de nuevo tipo, mutaciones rápidas de las ideologías dominantes y formación de complejos mecanismos inconscientes producto de vivencias extraordinarias, etc. Todo este gigantesco proceso transformador conllevó la mutación del sistema económico mundial, incluyendo la desintegración de imperios que habían existido por siglos, rápidos cambios en la correlación de fuerzas internacionales y, en general, una transformación profunda de la vida de toda la humanidad.

Para el análisis de la Segunda Revolución Industrial (SRI) utilizaremos una metodología diferente a la empleada para la Primera. Esta vez reduciremos al mínimo necesario el examen de las innovaciones tecnológicas y centraremos la atención en las características dominantes de las sociedades generadas por el proceso transformador. El objeto de este cambio de método es dirigir el esfuerzo principal a definir los elementos fundamentales que determinan el carácter de la sociedad al terminar la gran transformación. Examinaremos los que parecen ser los cuatro elementos más importantes de la sociedad conformada por la SRI y, a continuación, la nueva base energética que surgió para disponer de una oferta de energía capaz de responder cuantitativa y cualitativamente a las demandas generadas por ella. Esto nos permitirá comprender cuál es el mundo que hemos heredado y en dónde se está gestando la Tercera Revolución Industrial, a fin de analizar cuáles serían las mutaciones que las sociedades actuales deben lograr a fin de conseguir materializar ese tercer gran cambio. Los cuatro elementos fundamentales impuestos por la SRI al mundo son: la concentración del capital, su internacionalización, el cambio en el proceso de trabajo y la intervención masiva del Estado en prácticamente todos los aspectos de la vida social. A esto se añade, como ya se ha mencionado, la conformación de una nueva base energética.

Todo parece indicar que el surgimiento de la empresa gigantesca, como elemento dominante de la estructura económica durante la SRI, es la característica fundamental del proceso transformador y determina o matiza todas las demás. En efecto, la nueva sociedad industrial que surgió como resultado de la evolución histórica en el siglo XX está caracterizada por la división de la estructura económica en dos sectores asimétricos: uno tradicional, formado por millares de pequeñas empresas que compiten por sobrevivir en un mercado que determina, fuera de su control, sus condiciones de operación, y un sector moderno integrado por un número relativamente pequeño de grandes empresas cuyo dominio sobre las condiciones en que operan les permite controlar, por lo menos parcialmente, el mercado. Este sector es el que dinamiza y determina la totalidad de la economía.

La concentración económica es lo contrario del tipo de estructura industrial que presuponen la microeconomía clásica y neoclásica e incluso algunas teorías macroeconómicas. Las características principales de la estructura competitiva son la facilidad de entrada al mercado para nuevos oferentes, el gran número de éstos y, lo más importante, la ausencia de control sobre una porción significativa del mercado por cualquier oferente individual o grupo reducido de ellos.[2]

La gran concentración del capital que representa el surgimiento de la empresa gigantesca es un proceso objetivo independiente de la voluntad individual o social e incluso de la conciencia que se tenga de él. Esta extraordinaria concentración es resultado del efecto combinado de dos conjuntos de factores: los mecanismos de la competencia y las directrices de la evolución tecnológica que caracterizan el proceso industrializador.

La experiencia histórica demuestra que la competencia entre las empresas no es una lucha entre iguales. Debido a un conjunto de variables que incluyen factores tan diversos como pueden ser las relaciones personales de un empresario con los centros de decisión financieros, políticos, etc., hasta las economías de escala, la capacidad de cada empresa para resistir la presión generada por sus competidores es muy diferente. La consolidación de mercados cada vez más extensos como consecuencia del extraordinario avance de las comunicaciones y los transportes que caracteriza la sociedad industrial, hace que el aislamiento que antes permitía sobrevivir al productor

---

[2] John M. Blair, *Economic Concentration, Structure, Behavior and Public Policy*, Harcourt Brace Jovanovich, Nueva York, 1972, p. 3.

ineficiente haya tendido a reducirse cada vez más hasta desaparecer en la práctica. Los vencedores en estos combates por la supervivencia son empresas cada vez mayores, ya que absorben las ampliaciones del mercado producidas por el crecimiento económico así como las porciones del mismo que pertenecían a competidores vencidos en esta lucha. Los vencidos son empresas que perecen o, en el mejor de los casos, sobreviven como integrantes del sector tradicional.

Muchos de los mecanismos que propician la concentración del capital se derivan de la naturaleza de las tecnologías utilizadas en los procesos productivos, y tienen particular interés en el análisis de la industrialización. Tal es el caso de las economías de escala, que son uno de los mecanismos con mayor influencia en la concentración. Las condiciones tecnológicas de operación de una fábrica de grandes dimensiones generalmente han implicado que el costo de producción por unidad descienda a medida que el volumen producido aumenta. Un factor importante en lograr este resultado es la división técnica del trabajo, la cual a medida que avanza permite incrementar la productividad. En su forma más simple éste es el resultado de la especialización de cada trabajador en una sola tarea que, por lo tanto, domina mejor. En la realidad de la sociedad industrial, la división técnica del trabajo permite el uso de equipo especializado de gran eficiencia que provoca el descenso de los costos.[3] Es conveniente aclarar que términos como concentración de capital o concentración económica tienen diversas variantes. John M. Blair, uno de los especialistas que se han ocupado de este tema, distingue: la concentración de mercado, que se refiere a la proporción de éste que es abastecido por un número muy pequeño, generalmente cuatro, de las firmas más importantes; concentración en mercado regional, con las mismas consideraciones que en el caso anterior pero relacionadas con un mercado donde una mercancía determinada tiene una demanda concentrada; la concentración vertical, que existe cuando las firmas se vinculan con otras que son sus proveedoras; después la de conglomerado, que implica la centralización de empresas con

[3] Michael Utton, *Industrial Concentration*, Penguin Books, Harmondsworth, 1970, pp. 19-20.

diversos rubros, lo que lleva a un gran poder económico que puede utilizarse para que unas firmas subsidien a otras en detrimento de la competencia; y, por último, la concentración agregada, que se produce por la simple existencia de empresas de grandes dimensiones.[4] En general los economistas centran su atención en los tipos de concentración que generan obstáculos a la competencia; en este análisis, sin embargo, nos interesa sobre todo la concentración agregada. En efecto, la gran empresa en que se materializa la concentración del capital tiene dos funciones imprescindibles durante la SRI: permitir tanto la inversión de los extraordinarios excedentes económicos generados por las sociedades industrializadas como el uso de muchas de las innovaciones tecnológicas logradas en el siglo XX. Podemos decir que sin la empresa gigantesca no habría podido realizarse la SRI.

A lo largo del siglo XIX, las fuerzas concentradoras del capital no tuvieron el dinamismo suficiente para formar compañías gigantescas, y la estructura económica estuvo integrada por multitud de pequeñas empresas cuyas condiciones de operación semejaban el paradigma de competencia perfecta de la teoría económica. Fue en los ferrocarriles donde por razones técnicas evidentes se formaron las primeras grandes concentraciones de capital. Una empresa ferroviaria requiere de enormes inversiones para el tendido de vías y la construcción de edificios para terminales, bodegas y estaciones intermedias, además del material rodante, furgones, coches de pasajeros, locomotoras, etcétera.

Las primeras concentraciones de capital que se produjeron en las empresas ferroviarias tuvieron un papel importante en el desarrollo del proceso industrializador, no sólo en sí mismo, sino como regulador en el funcionamiento macroeconómico de las sociedades industriales. En efecto, ya se ha mencionado cómo desde la primera época de su existencia este tipo de sociedades comenzaron a sufrir de crisis que llamaron la atención de economistas como Juglar[5] y Marx.[6] El des-

---

[4] J. M. Blair, *Economic Concentration, op. cit.*, pp. 3-86.
[5] Clément Juglar, *Des crises commerciales et de leur retour périodique en France, en Anglaterre et aux États Unis*, Burt Franklin, Nueva York, 1966.
[6] Las ideas de Marx acerca de las crisis no están expuestas en un solo libro,

arrollo armónico y continuo de una economía requiere de un equilibrio entre diversos elementos macroeconómicos de carácter dinámico que, dada su naturaleza autónoma, sólo se consigue temporalmente. Entre estos elementos están el excedente económico y la inversión. Las empresas ferroviarias —por su magnitud— proporcionaron oportunidades de inversión que de no existir habrían precipitado a toda la sociedad industrial en una crisis destructiva. En una época tan temprana como la década de 1830, ya se habían acumulado en Inglaterra capitales que buscaban oportunidades para ser invertidos con la esperanza de tener ganancias superiores al modesto rendimiento prevaleciente. En la década de 1840 el excedente anual ascendía ya a 60 millones de libras, suma que equivalía al doble de todo el capital invertido en la industria textil de la época.[7] Existía, pues, una urgente necesidad de empleo para este capital acumulado. Las inversiones en el sistema ferroviario aliviaron parte de la presión, pero aun éstas fueron insuficientes, como lo revelan las exportaciones británicas de capital que caracterizan la vida económica del siglo XIX.

En la industrialización de otras naciones también las empresas ferroviarias desempeñaron esa misión estratégica de ofrecer oportunidades de inversión. En Estados Unidos, que nos interesa particularmente porque será el país más importante durante la SRI, tenemos que el Pennsylvania Railroad era ya en 1874 un ejemplo temprano de la empresa gigantesca, con activos de 400 millones de dólares.[8] Ninguna compañía manufacturera tenía en esa época tales dimensiones, y únicamente en la última década del siglo XIX comenzaron a surgir grandes empresas de magnitud comparable en esa rama. Así, tenemos que todavía en el periodo 1880-1900 la formación de capital durable neto en Estados Unidos se distribuía en 50.1% para las "industrias reguladas", constituidas

sino dispersas a través de toda su obra. Consúltese Pedro López Díaz, *Marx y la crisis del capitalismo*, Quinto Sol, México, 1986, pp. 12-13.

[7] E. J. Hobsbawm, *Industry and Empire, op. cit.*, pp. 112-113.

[8] Informe a la asamblea de accionistas en la Biblioteca de la Universidad de Harvard, cit. en Paul A. Baran y Paul M. Sweezy, *El capital monopolista*, Trad. de Arminda Chávez de Lláñez, Siglo XXI, México, 1986, p. 176.

entonces principalmente por los ferrocarriles, y 31.4% para la industria manufacturera.[9]

Puede afirmarse que durante la PRI únicamente en el campo de los ferrocarriles se formaron empresas gigantescas que sirvieron para invertir los grandes excedentes económicos de las sociedades industriales. Por el contrario, durante la SRI se desarrollaron compañías de magnitudes colosales en varios sectores, principalmente en la industria, convirtiéndose, como ya se ha dicho, en el factor decisivo del funcionamiento de la economía en su conjunto.

Esto nos permite abordar el examen de una cuestión interesante: ubicar el principio de la SRI. Aun cuando una conclusión definitiva la obtendremos hasta que hayamos analizado las grandes directrices de ésta, los elementos expuestos hasta aquí nos llevan a plantear la tesis de que el principio de la SRI se dio en el periodo de 1895 a 1914, que corresponde a la revolución organizativa de la estructura industrial estadunidense en corporaciones cuya propiedad estaba representada por valores cotizados en el mercado bursátil,[10] reorganización que tuvo una importancia clave en la formación de las empresas gigantescas. Esto significa que el principio de la Segunda Revolución Industrial coincide en términos generales con el fin de la Primera.

La estratégica industria siderúrgica ilustra bien el proceso concentrador. Hasta mediados de la década de 1890, la industria del hierro y del acero en Estados Unidos estaba constituida por un conjunto de empresas en fiera competencia por un mercado cuyo crecimiento era inferior al de su capacidad productiva.[11] La intensa lucha entre los productores provocó una concentración de capital en las firmas más eficientes, Illinois Steel, Carnegie, Jones and Laughlin y algunas otras. En 1898 se inició una etapa de centralización del capital mediante fusiones promovidas por financieros que tenían a su

[9] Simon Kuznets, *Capital in the American Economy: Its Formation and Financing*, Princeton, 1961, p. 198.
[10] Nathan Rosenberg y L. E. Birdzell, Jr., *How the West Grew Rich, The Economic Transformation of the Industrial World*, Basic Books, Nueva York, 1986, p. 191.
[11] William Hogan, *Economic History of the Iron and Steel Industry in United States*, Lexington Books, Lexington, 1971, pp. 236-237.

disposición los grandes recursos acumulados por los bancos y otros intermediarios. Finalmente, el imperio financiero de Morgan creó la gigantesca U. S. Steel Corporation mediante la fusión de 165 compañías que controlaban 60% del mercado total del acero. El de 1902 fue el primer año completo de operaciones de la colosal empresa.

Procesos semejantes se dieron en muchas ramas industriales entre fines del siglo XIX y la primera Guerra Mundial. La fusión de fabricantes de equipo eléctrico produjo la General Electric, que ya en 1900 compartía su mercado con un solo competidor, la Westinghouse. En 1904 varios productores de maquinaria agrícola se fusionaron para crear la International Harvester Company, que produjo 85% de las cosechadoras fabricadas en el país. La lista se prolonga e incluye a Standard Oil, American Telephone and Telegraph, Alcoa, General Motors y otros nombres ampliamente conocidos a partir de entonces y que se convirtieron en sinónimos de empresa gigantesca. En el cuadro IV.1 se presentan las cifras de algunos años cruciales en este proceso que dio vida a las grandes empresas que integran el sector directriz de la estructura industrial estadunidense.

CUADRO IV.1. *Concentración del capital industrial en Estados Unidos, 1897-1903 (millones de dólares)*

Año	Monto de las fusiones
1897	120
1898	651
1899	2 663
1900	442
1901	2 053
1902	911
1903	298
TOTAL	7 138

FUENTE: Ralph Nelson, *Merger Movements in American Industry, 1895-1956*, Princeton University Press, Princeton, 1959, p. 37.

La magnitud de las fusiones que se dieron entre 1897 y 1903 debe considerarse en el contexto de las dimensiones de la estructura industrial de la época. Se ha calculado que el monto de los activos de toda la industria oscilaba entre 10 000 y 15 000 millones de dólares. Las cifras de las fusiones sobrevalúan la realidad, pues involucran duplicaciones en los casos en que una firma se fusionase más de una vez, la sobrecapitalización que a menudo se emplea en las fusiones, etc. Estos datos deben tomarse únicamente como un indicador de la gran magnitud del proceso general de concentración y centralización del capital, que durante esos años cruciales afectó la estructura misma del capitalismo estadunidense y constituyó, como dice Rosenberg, una revolución dentro de ella.

Una vez constituido el sector concentrado de la economía de Estados Unidos, éste no sólo se mantendría como el elemento determinante del conjunto, sino que su importancia crecería a lo largo de todo el proceso de la SRI. El cuadro IV.2 revela que los activos de las 200 mayores empresas no financieras, que formaban 33.3% del total de activos de todo el sector no financiero en 1909, se incrementaron hasta llegar a 54.3% en 1930, al iniciarse la Gran Depresión. Dicho en otra forma, esas 200 empresas, que constituían el núcleo del sector concentrado de la industria, incrementaron su participación de un tercio a más de la mitad de los activos totales en las dos décadas que siguieron al periodo concentrador inicial.

Una segunda serie, que se refiere tan sólo a las 100 mayores empresas industriales, mineras y comerciales, esto es, el núcleo más íntimo del sector concentrado, confirma la tendencia concentradora del capital. En efecto, esas 100 empresas, que en el año inicial de 1909 tenían 17.7% de los activos, llegaron a 25.5% en 1929 y alcanzaron 29.8% en 1958, cuando la SRI llegaba a su plenitud, como lo revela el examen de las prósperas décadas de los años cincuenta y sesenta.

Por último, otra serie, que se extiende de 1929 hasta 1968 y se refiere a las 200 mayores empresas industriales, hace ver que la concentración del capital es un proceso dinámico desde la crisis de los años treinta, cuando esas firmas privilegiadas concentraban 45.8% de los activos, hasta llegar al apogeo de la SRI, en 1968, cuando abarcaban 60.4% de ellos.

CUADRO IV.2. *Tendencias a largo plazo de la concentración en la industria estadunidense, 1909-1968*

Participación de las grandes empresas en los activos totales de la industria (porcentajes)

1. Activos de las 200 mayores empresas no financieras (menos inversiones gravables):

1909: 33.3	1929: 47.9	1930: 54.3
1931: 55.5	1932: 54.8	1933: 54.8

FUENTE: National Resources Committee, *The Structure of the American Economy*, 1939, Pt. 1, p. 107, preparado bajo la dirección de Gardiner C. Means.

2. Activos de las 100 mayores empresas industriales, mineras y comerciales:

1909: 17.7	1919: 16.6	1929: 25.5
1935: 28.0	1948: 26.7	1958: 29.8

FUENTE: Norman R. Collins y Lee E. Preston, "The Size Structure of the Largest Industrial Firms", en *American Economic Review*, Dic. de 1961.

3. Activos industriales de las 200 mayores empresas industriales:

1929: 45.8	1933: 49.5	1939: 48.7
1947: 45.0	1950: 46.1	1955: 51.6
1960: 55.2	1965: 55.9	1968: 60.4

FUENTE: Federal Trade Commission Staff, *Economic Report on Corporate Mergers*, 1969, p. 173.

FUENTE GENERAL: John M. Blair, *Economic Concentration, Structure, Behavior and Public Policy*, Harcourt Brace Jovanovich, Nueva York, 1972, p. 64.

Estas tres series contienen información reunida en distintas épocas y por diversas entidades, y en conjunto no dejan duda acerca de que desde principios del siglo XX, cuando se integró el núcleo de grandes empresas en la estructura industrial de Estados Unidos, hasta fines de la década de los años sesenta, cuando la SRI llega a su cenit, la concentración de capital es un proceso dinámico que incrementa la importancia del sector concentrado dentro de la estructura económica. Éste, sin embargo, no fue un proceso de velocidad uniforme. Blair hace notar que durante la guerra el proceso concentrador se estancó, pero únicamente para recomenzar con renovado ímpetu en la posguerra, y explica este fenómeno en función de las grandes inversiones que se hicieron en el periodo posbélico de las utilidades acumuladas durante el conflicto.[12]

Al seleccionar esta información se ha privilegiado aquella que revela la concentración de activos, pues refleja el surgimiento de compañías gigantescas, cuya importancia radica en que sirven de recipiente de las nuevas tecnologías que integran el núcleo de la SRI. Galbraith señala cómo a finales del siglo XIX la mayoría de los productos industriales eran tecnológicamente simples, lo que tenía consecuencias para la organización industrial. En primer lugar, los conocimientos técnicos y científicos necesarios para el proceso productivo podían ser poseídos por una sola persona, muchas veces el propietario mismo. Segundo, la complejidad limitada de los productos hacía que su diseño fuese sencillo, rápido y fácilmente alterable. Tercero, los insumos utilizados, algodón, lámina de acero, pintura, etc., eran los que se encontraban en el mercado y podían ser adquiridos sin dificultad a medida que iban siendo requeridos en la producción. Posteriormente estas condiciones se alteraron en forma radical y una gran cantidad de productos se hicieron extraordinariamente complicados. En su fabricación intervenían conocimientos de química, electricidad, metalurgia, electrónica y otros que sólo podían ser proporcionados por equipos humanos integrados por muchos especialistas. Hoy día los productos se han hecho tan complejos que su diseño requiere a menudo de años de esfuerzo por parte de esos especialistas, y cualquier modificación demanda de mucho tiempo para ser implementada. Por otra parte, los materiales utilizados como insumos, plásticos, aleaciones especiales, circuitos electrónicos, etc., se han vuelto tan refinados que su abastecimiento no puede confiarse al mercado, sino planearse con años de anticipación, y se realiza cada vez más fuera de los mecanismos del mercado, sea autoabasteciéndose por medio de empresas controladas directamente o bien por compañías vinculadas por contratos a largo plazo que

[12] J. M. Blair, *Economic Concentration...*, *op. cit.*, p. 66.

las obligan a entregar los insumos requeridos con las especifi-
caciones del comprador. Estos factores han provocado la abolición del mercado libre en el sector moderno de la economía.[13]
Es indudable que únicamente la gran empresa puede llenar
las condiciones para realizar lo implicado en esta descripción: tener los equipos de especialistas para dirigir el proceso
productivo y asegurar los incontables contratos con proveedores que garanticen a largo plazo el abastecimiento de los
insumos especializados.

Por otra parte, la tecnología empleada en muchas industrias
requiere de equipos muy complejos o de grandes dimensiones
para ser rentable. Se ha estimado que una planta para producir
aceros planos en Inglaterra en 1964 debía tener una capacidad
de 3 millones de toneladas anuales para lograr una eficiencia
óptima, y esta cifra representa 50% de toda la capacidad del
Reino Unido.[14] En la refinación de petróleo, que tan estratégico papel tiene en la SRI, se presenta otro ejemplo de la necesidad de la existencia de la gran empresa impuesta por la evolución tecnológica del siglo XX: se estima que una refinería
debe contar con instalaciones de grandes dimensiones capaces de procesar de 100 a 150 mil barriles diarios para ser rentable.[15] La gran magnitud de las instalaciones industriales
requeridas por la tecnología es, sin duda, otra fuerza que im-
pone irresistiblemente a la compañía gigantesca como la unidad productiva fundamental durante la SRI.

II

Desde sus remotos orígenes, el capital siempre mostró una clara vocación internacionalista que lo llevó a operar ignorando
las fronteras.[16] Durante la PRI los excedentes acumulados por

[13] John Kenneth Galbraith, *The New Industrial State*, Penguin Books, Harmondsworth, 1969, pp. 31-36 y 44-49.
[14] C. F. Pratten y R. M. Dean, *The Economics of Large Scale Production in
British Industry*, Cambridge University Press, Cambridge, 1965, p. 105, en M.
Utton, *Industrial...*, *op. cit.*, p. 20.
[15] Ferdinand Banks, *The Political Economy of Oil*, Lexington Books, Lexington, 1980, p. 6.
[16] M. Cazadero, *Desarrollo, crisis...*, *op. cit.*, cap. III.

las sociedades que se industrializaban dieron un mayor ímpetu a este proceso. Pero es en el siglo XX cuando la internacionalización de las operaciones del capital en sus tres variantes, capital mercantil, capital de préstamo y capital productivo, alcanza un desarrollo tal que se constituye en uno de los grandes componentes de la SRI, restructurando el sistema económico mundial. Este proceso, sin embargo, no fue simple o lineal, y es preciso analizar sus principales especificidades.

En los años comprendidos entre 1896 y 1913, que como ya hemos visto fueron decisivos en la fase formativa del nuevo proceso industrializador, el comercio mundial tuvo un desempeño muy dinámico, ya que creció con una tasa anual de 4.2%, que contrasta con el estancamiento del periodo anterior.[17] Este vigoroso fluir del capital mercantil se dio en el marco de una reformulación de las relaciones entre las potencias económicas: la Gran Bretaña había perdido definitivamente la supremacía industrial ya que había sido rebasada por Estados Unidos y por Alemania, que en 1913 tenían 35.8% y 15.7%, respectivamente, de la producción de la industria mundial, frente a únicamente 14% de aquélla.[18] Evidentemente no fue coincidencia que precisamente Estados Unidos y Alemania se situaran como los dos países líderes, tanto cuantitativa como cualitativamente, durante la SRI. En efecto, la industria estadunidense mantenía una posición de vanguardia en la implementación de los nuevos procesos de fabricación masiva, mientras que la alemana, por su parte, se distinguía al elaborar productos químicos.

La situación de las grandes naciones industriales en el comercio internacional, sin embargo, no correspondía a la importancia de su industria. Como puede apreciarse en el cuadro IV.3, Inglaterra, pese a su creciente debilidad industrial, conservaba el primer puesto en los flujos mundiales del comercio con 15% del mismo, mientras que Alemania tenía 13% y el gigante industrial estadunidense apenas llegaba a 11%. Esta debilidad relativa del comercio internacional de los Estados Unidos, que contrasta con el gran tamaño de su planta indus-

[17] Véase el cuadro III.9.
[18] Véase el cuadro III.8.

trial, refleja el carácter semiautárquico que tenía su economía y que se fundamentaba en la magnitud y diversidad de su sector primario, dedicado a explotar las grandes riquezas contenidas en su inmenso territorio. Esta situación, como veremos, tiene gran importancia para definir la estructura económica mundial.

CUADRO IV.3. *Comercio exterior de las grandes potencias en 1913 (millones de dólares)* *

País	Exportaciones		Importaciones		Comercio exterior	
	Monto	%	monto	%	monto	%
Gran Bretaña	2 600	14	3 200	16	5 800	15
Alemania	2 400	13	2 600	13	5 000	13
Estados Unidos	2 400	13	1 800	9	4 200	11
Francia	1 300	7	1 600	8	3 000	8

* Las participaciones se refieren a un comercio mundial reseñado de 37 800 millones de dólares, que representaban aproximadamente 93% del comercio total.

FUENTE: Sociedad de Naciones, *Memorandum on Balances of Payments and Foreing Trade Balances 1910-1924*, Ginebra, 1925, I, p. 90, en Gerd Hardach, *La primera Guerra Mundial*, Trad. de Octavi Pellissa, Crítica, Barcelona, 1986, p. 13.

De acuerdo con lo anterior, se puede afirmar que en los albores de la SRI el sistema económico mundial tenía ya una gran cohesión, cuyo principal factor era una inmensa red de grandes flujos mercantiles que cruzando océanos, continentes y fronteras vinculaban a los diversos países con una fuerza sin precedente desde la integración de la economía mundial 400 años antes. De acuerdo con la información recabada por la Sociedad de Naciones (cuadro IV.3), el conjunto de las diversas corrientes del comercio internacional totalizaba hacia 1913 la enorme cifra de aproximadamente 40 000 millones de dólares.

Una característica muy importante del inmenso sistema constituido por la economía mundial era su equilibrio, que se lograba a través de una complicada estructura de triangulaciones, pago de servicios como fletes, seguros, así como otros mecanismos que compensaban los déficit comerciales. La Gran

Bretaña, que, como hemos señalado, pese a la creciente inferioridad de su industria continuaba siendo la nación más importante en el gran tablero del comercio internacional, tenía una balanza comercial fuertemente deficitaria, pues sus importaciones eran de 3 200 millones de dólares contra exportaciones de únicamente 2 600 millones, pero una serie de flujos invisibles de intereses, primas de seguro, etc. cubrían la brecha y hacían de la economía británica un factor de estabilidad, pues ni el país sufría una continua hemorragia de oro ni descapitalizaba a países acumulando saldos positivos.[19] Francia y Alemania, que también tenían un comercio externo deficitario —aunque en menor medida—, compensaban sus déficit en forma similar.

Todo esto hace resaltar el papel estratégico que en el equilibrio de la economía mundial tenían las inversiones que las sociedades industriales habían acumulado en el exterior. En el cuadro IV.4 aparecen los montos de los activos externos de las principales potencias y es fácil ver la mecánica que mantenía en equilibrio el conjunto del sistema. La Gran Bretaña, cuyo

CUADRO IV.4. *Inversiones extranjeras de las naciones industrializadas, 1913-1914 (millones de dólares)**

Acreedor	Monto	Deudor	Monto
Gran Bretaña	18 000	Europa	12 000
Francia	9 000	Estados Unidos	
Alemania	5 800	y Canadá	10 500
Estados Unidos	3 500	América Latina	8 500
Bélgica, Holanda		Asia	6 000
y Suiza	5 500	África	4 700
Otros	2 200	Australia	2 300
TOTALES	44 000		44 000

*En cada caso las cifras son en bruto. Estados Unidos, por ejemplo, era acreedor por 3 500 millones de dólares y deudor por 6 800 millones.
FUENTE: Naciones Unidas, *International Capital Movements in the Inter-War Period*, Lake Success, 1943, p. 2, en G. Hardach, *La primera...*, *op. cit.*, p. 14.

[19] Gerd Hardach, *La primera Guerra Mundial*, Trad. de Octavi Pellissa, Crítica, Barcelona, 1986, p. 10.

importante déficit comercial ascendía a 600 millones de dólares anuales, contaba con las inversiones totales más cuantiosas, con un valor de 18 000 millones, las cuales generaban flujos invisibles que contribuían a compensar la brecha de la balanza de mercancías. Francia, con un déficit que se elevaba a 300 millones, contaba con inversiones extranjeras de 9 000 millones, y Alemania, cuyo pequeño déficit era únicamente de 200 millones, tenía activos en el exterior por 5 800 millones.

Conviene insistir en que los ingresos provenientes de estas inversiones se combinaban con otros para producir el equilibrio general del sistema. Así, la Gran Bretaña obtiene los fletes provenientes de su gran marina mercante, comisiones por servicios financieros, primas de seguros, etc., mientras Alemania, por su parte, obtiene ingresos por el uso de su sistema ferroviario —al que su estratégica posición en el centro de Europa le confiere gran valor—, a los que se suman los rendimientos de sus bancos en el extranjero, fletes marítimos y venta de tecnología.

Es importante resaltar la singular posición de Estados Unidos como una nación en tránsito entre dos situaciones diferentes dentro del sistema. Por un lado, tiene un endeudamiento de 6 800 millones de dólares, lo que implica que en su proceso de desarrollo empleó el financiamiento externo para complementar la acumulación interna de capital, y, por otro, había ya acumulado activos en el extranjero por 3 500 millones, cifra inferior a la de otras potencias industriales pero que señalaba su marcha hacia un futuro como país acreedor dentro del sistema económico mundial.

El funcionamiento de todo este gigantesco pero delicado mecanismo que servía de base a la prosperidad, que caracterizó la época en que se gestaba la SRI, va a sufrir un grave deterioro a partir de 1914 para dar paso a un largo periodo de casi cuatro décadas, durante el cual la humanidad sufrió tres grandes calamidades: las dos guerras mundiales y la Gran Depresión de los años treinta.

La primera Guerra Mundial significó obviamente una gran perturbación para el sistema económico internacional. Los datos del cuadro IV.5 son testimonio elocuente del efecto negativo del conflicto. En 1920 la producción industrial del mundo era apenas 93.6% de la generada en 1913, mientras que la industria europea estaba en una situación todavía peor y producía únicamente 77.3% de su nivel de preguerra. Rusia, conducida por un gobierno inepto a una catastrófica derrota en la Guerra Mundial y víctima de la lucha civil que siguió a la Revolución de 1917, tenía su industria prácticamente paralizada, y ya transformada en la Unión Soviética producía un diminuto 12.8% del volumen de 1913. Entre las grandes naciones industriales, únicamente Estados Unidos había conseguido incrementar en ese periodo el producto de su industria.

CUADRO IV.5. *Índices de la producción industrial mundial, 1920, 1921 y 1925 (1913=100)*

Año	Mundo	Europa	URSS	Estados Unidos	Resto del mundo
1920	93.6	77.3	12.8	122.2	109.5
1921	81.4	70.0	23.3	97.9	103.7
1925	121.6	103.5	70.1	148.0	138.1

FUENTE: Ingvar Svennilson, *Growth and Stagnation in the European Economy*, Naciones Unidas, Ginebra, 1954, pp. 204-205.

La crisis económica de 1921 hizo descender aún más la producción de las principales naciones industrializadas, y únicamente la Unión Soviética, donde se inició la reconstrucción después del triunfo de los revolucionarios, escapa a esta tendencia general. Sería únicamente hasta el año de 1925 cuando, como se aprecia en el cuadro IV.5, la industria europea alcanzaría un nivel de producción similar al que tenía antes del conflicto mundial.

Es un lugar común hablar de la irracionalidad de la guerra y del terrible daño que causó a Europa, que como consecuencia perdió la hegemonía del mundo que había tenido desde el siglo XVI. Desde luego, ninguna mente racional puede evitar el rechazo hacia un conflicto en el que fue masacrada una generación de jóvenes europeos; sin embargo, es preciso neutra lizar la tremenda carga emocional vinculada al tema y hacer un análisis más profundo.

La estabilidad relativa pero real que prevaleció en el siglo comprendido entre 1815 y 1914 se perdió para siempre. El examen del periodo entre 1914 y 1929 indica que el crecimiento de la producción se desaceleró en comparación con las décadas anteriores. Algunas veces las tasas de crecimiento en la década de los años veinte son comparables a las de la preguerra, pero hay que tener en cuenta que se parte de niveles deprimidos. Es evidente que se había dañado la capacidad de Europa para crecer.[20] En efecto, a partir de 1925 los europeos comenzaron a olvidar la pesadilla de la guerra y a contemplar el futuro con mayor optimismo. La industria creció generando un periodo de prosperidad calificado como *boom*. Entre 1925 y 1929 la producción de la industria mundial aumentó en 20.7%, mientras que la estadunidense lo hacía en 23%. La industria europea, por su parte, incrementó su producto en 23.1%, esto es, en una proporción mayor que la general mundial y prácticamente igual a la de Estados Unidos, pero si tenemos presente que lo hacía desde un nivel similar al de la preguerra, el resultado es menos impresionante.[21] Es indudable que el comportamiento de la economía mundial en la década de 1920 tiene algo de enfermizo, incluso durante el *boom*, y, lo que es más importante, su trayectoria terminó en una catástrofe económica.

Aldcroft dice que el principal obstáculo que enfrentaban las naciones no era la destrucción causada por la guerra, sino la dislocación del sistema económico mundial.[22] Efectivamente, el colosal esfuerzo hecho por los beligerantes incluyó el uso de mecanismos destructivos para la estructura económica preexistente. Veamos dos ejemplos de dichos mecanismos, acompañados de las cifras que cuantifican las extraordinarias magnitudes que tuvieron y que les otorgaron su capacidad destructiva:

[20] Derek H. Aldcroft, *De Versalles a Wall Street*, Trad. de Jordi Beltrán, Crítica, Barcelona, 1985, pp. 236-237.

[21] *Ibid.*, *apud* Sociedad de Naciones, *World Production and Prices 1925-1932*, pp. 45 y 49, y para Estados Unidos: OECE, *Industrial Statistics 1900-1959*, 1960, p. 9.

[22] D. H. Aldcroft, *De Versalles...*, *op. cit.*, p. 63.

a) la gran emisión de bonos que con distintos nombres realizaron los gobiernos y que crearon una moneda paralela a la tradicional, aumentando el circulante en proporciones extraordinarias que han sido estimadas en 1 054% para la Gran Bretaña, 1 041% para Alemania y 432% para Francia, con los consiguientes efectos desestabilizadores para el sistema financiero, y *b)* el gigantesco endeudamiento que entre 1914 y 1919 aumentó las cargas de los países de 5 a 156 miles de millones de marcos en el caso de Alemania, de 650 a 7 400 millones de libras para la Gran Bretaña, de mil a 25 mil millones de dólares en Estados Unidos y de 33.5 a 219 miles de millones de francos para Francia.[23] Estos mecanismos, utilizados para financiar el esfuerzo bélico, implicaron desequilibrios corrosivos para la estabilidad económica tanto en el ámbito interno de los diversos países como en el sistema internacional.

Estamos de acuerdo en que la primera Guerra Mundial dañó de manera irreparable el delicado mecanismo del sistema económico mundial producido por la acción creativa del proceso industrializador a través de más de un siglo, el cual había reorganizado a las naciones de acuerdo con los dictados de su propia lógica. Pero creemos que el verdadero problema no residía en ese daño, sino en la incapacidad de la comunidad internacional para generar un nuevo sistema económico mundial capaz de remplazar el que había sido dañado irreversiblemente. Esta postura coincide con la idea de Ingvar Svennilson[24] en el sentido de que Europa enfrentaba obstáculos estructurales para su desarrollo, y que únicamente países como Suecia, que se transformaron adaptándose a las nuevas condiciones, tuvieron un buen desempeño, pero consideramos que el reordenamiento debía abarcar al sistema económico mundial como un todo.

A partir de 1929, el sistema económico mundial sufrió una gran crisis que hundió al mundo en una depresión muy severa, la cual en muchos aspectos se prolongaría hasta la segunda Guerra Mundial. La crisis fue anunciada por el crac de la Bolsa de Valores de Nueva York en octubre de 1929, que

[23] Morsel, "Guerra económica y economía de guerra", *op. cit.*, pp. 49-59.
[24] Ingvar Svennilson, *Growth and Stagnation in the European Economy*, Naciones Unidas, Ginebra, 1954, p. 44.

tuvo efectos de alcance planetario.[25] El desarrollo de todo el sombrío proceso, cuyo costo social fue extraordinariamente alto, puso de relieve, una vez más, tanto la insuficiencia de la estructura económica como la incapacidad de la comunidad internacional para superarla.

Los precios de los valores bursátiles se elevaron desde principios de 1928, en medio de lo que ha sido descrito como una orgía especulativa, una obsesión, una burbuja y otros términos que indican una pérdida de contacto con la realidad, todo ello acompañado de predicciones sobre aumentos indefinidos en los precios de los valores y de prosperidad ilimitada. Las advertencias de algunos observadores contra los excesos especulativos fueron ignoradas. Entre quienes se preocupaban por el sesgo de los acontecimientos se encontraban figuras tan prominentes como Owen D. Young y George Harrison, del Banco de la Reserva Federal. Young, director del Banco, insistía en la necesidad de que éste tomase el control del mercado y sugería la intervención del presidente Hoover y el Departamento del Tesoro.[26] La situación era tanto más delicada cuanto que el aumento de las cotizaciones bursátiles no correspondía a la situación de la economía real, que acusaba debilidades importantes tales como la acumulación de excedentes. Los ciclos económicos habían alcanzado su punto máximo en abril en Alemania, en junio en Estados Unidos y en julio en la Gran Bretaña, y para la segunda mitad de 1929 las economías de los diversos países declinaban.

La Bolsa de Nueva York, como es bien sabido, alcanzó su cima en septiembre, y en octubre comenzó a bajar; el día 24, el descenso dio paso al pánico. Los intentos de los principales banqueros de frenar el colapso movilizando recursos para comprar fracasaron, y una marejada de ventas de pánico, el 29 de octubre, conocido como el "martes negro", provocó el derrumbe.

Todavía se discuten las relaciones entre el crac bursátil y la crisis de la estructura económica. La realidad es que la caída

---

[25] Charles P. Kindleberger, *La crisis económica 1929-1939*, Trad. de Lluís Argemí D'Abadal, Crítica, Barcelona, 1985, p. 126.
[26] *Ibid.*, pp. 127-129, *apud* Archivos del Banco de la Reserva Federal de Nueva York, Owen D. Young a George Harrison, 12 de marzo de 1929.

del sistema productivo fue impresionante: el índice de la producción industrial, que era de 110 en octubre, bajó a 105 en noviembre y a 100 en diciembre. La industria automotriz, uno de los ejes de la SRI, se desplomó desde 440 mil unidades en agosto a 169 500 en noviembre y a sólo 92 500 en diciembre, mes en el que las ventas usualmente repuntaban al introducirse los nuevos modelos. En los meses y años siguientes, la economía estadunidense se hundió en una crisis muy aguda, como lo demuestran los indicadores del cuadro IV.6.

CUADRO IV.6. *Indicadores económicos*
de la crisis estadunidense, 1931 y 1932 (1923-1925=100)

Periodo	Producción industrial	Empleo industrial	Pago en salarios	Índice de precios	Importaciones (millones de dólares)
Marzo 1931	87	78	75	76	205.7
Agosto 1931	78	74	64	72	168.7
Junio 1932	59	60	43	64	112.5

FUENTE: *Federal Reserve Bulletin* (varios números), en Charles P. Kindleberger, *La crisis...*, *op. cit.*, p. 203.

Si se considera el promedio alcanzado en los años de 1923 a 1925 como base, la producción industrial descendió a 87% en marzo de 1931 y llegó a un ínfimo 59% en junio de 1932. Como resultado de la progresiva parálisis de la planta productiva, el empleo bajó a 60% mientras que los salarios de quienes lograron conservar su puesto descendían hasta llegar a 43% de su nivel previo. La economía estadunidense era víctima de una espiral contractiva que parecía no tener límites. La ciencia económica ortodoxa, por su parte, no estaba equipada para comprender el fenómeno, y a menudo las medidas que aconsejaban los economistas y otros expertos tendían a prolongar y agudizar la crisis en lugar de superarla.[27]

Si hemos examinado el triste comportamiento de las eco-

[27] John Kenneth Galbraith, *El crac del 29*, Trad. de Ángel Abad, Seix Barral, Barcelona, 1965, p. 226.

nomías de las naciones industrializadas en las décadas de los años de 1920 y 1930 es por la importancia que éste tuvo como obstáculo para el progreso de la SRI, y en especial para el avance de uno de sus componentes fundamentales: la internacionalización del capital. A partir de 1913, los flujos del comercio internacional sufrieron una marcada atonía que los hizo crecer a un ritmo más lento que el de la producción. En efecto, en el periodo de 1913 a 1929 el comercio internacional creció tan sólo a una tasa de 1.6% anual, que resultaba claramente inferior a la correspondiente a la producción, que era de 2.7%.[28] Este rezago en el desempeño del comercio mundial en relación con el producto contrasta con la situación en las décadas anteriores, cuando ambas variables crecían paralelamente.

Después de 1929 la situación se volvió todavía peor. El flujo del comercio exterior estadunidense se contrajo con gran rapidez, como se muestra en el cuadro IV.6, en donde se aprecia que las importaciones bajaron de 205.7 millones de dólares en marzo de 1931 a 112.5 millones en junio de 1932. El comercio mundial, por su parte, se contraía desde un nivel de prácticamente tres mil millones de dólares en enero de 1929, antes de estallar la crisis, a menos de mil millones en enero de 1933, cuando el mundo entero era víctima de la Gran Depresión, según se ve en el cuadro IV.7. En sólo cuatro años los flujos del comercio internacional habían caído a menos de un tercio de su nivel anterior.

CUADRO IV.7. *Contracción del comercio mundial en la crisis, 1929-1933 (millones de dólares oro)*

Periodo	Importaciones de 75 países
Enero de 1929	2 998
Enero de 1930	2 739
Enero de 1931	1 839
Enero de 1932	1 206
Enero de 1933	992

FUENTE: Sociedad de Naciones, *Monthly Bulletin of Statistics*, febrero de 1934, p. 51, en Ch. P. Kindleberger, *La crisis...*, op. cit., p. 208.

[28] D. H. Aldcroft, *De Versalles...*, op. cit., pp. 359-360.

La brutal contracción del comercio mundial aseguró que la crisis fuera de extensión planetaria y de larga duración. Uno tras otro los países vieron su economía hundirse en la depresión a medida que sus exportaciones se desplomaban obligándolos a disminuir sus compras en el exterior. La equivocada política económica con la que los gobiernos buscaron contener la crisis utilizando medidas proteccionistas, las cuales a su vez provocaban contramedidas similares de otros países, fue devastadora para el sistema económico mundial.

El resultado de las diversas dislocaciones que desestabilizaron la estructura de la economía mundial a partir de 1914 se refleja en el hecho de que los flujos del comercio internacional prácticamente no crecieron entre las vísperas de la primera Guerra Mundial y las de la segunda: en 1938 el comercio mundial era tan sólo 3% superior al de 25 años antes, según se aprecia en el cuadro IV.8. En todo ese periodo, la comunidad de naciones fue incapaz de crear un concierto económico internacional. Inglaterra, que había perdido ya la supremacía industrial, perdió también su liderazgo en las finanzas y el comercio mundiales sin que su puesto fuese llenado satisfactoriamente. Estados Unidos sólo cubrió parcialmente ese vacío, y después de 1929 falló a sí mismo y al mundo.[29]

La segunda Guerra Mundial resultó aún más larga y destructiva que la primera. Los beligerantes utilizaron toda clase de métodos para debilitar la economía del adversario, incluyendo el bombardeo masivo de las áreas urbanas, de los centros industriales y de los sistemas de comunicaciones. Como si esto fuese poco, del conflicto emergieron dos superpotencias dotadas de sistemas económicos, sociales y políticos diferentes y llenas de recelos recíprocos. El sistema económico mundial sufrió los daños inherentes a esta orgía de destrucción, y en 1948 la magnitud de los flujos internacionales del comercio eran iguales a los de 1913, como se ve en el cuadro IV.8. Los 35 años del periodo de 1914 a 1948 fueron perdidos desde el punto de vista del crecimiento del comercio

[29] Walt W. Rostow, *The World Economy, History and Prospect*, University of Texas Press, Austin, 1978, pp. 204-205.

mundial. La conclusión es que en ese periodo el proceso de internacionalización del capital, que es una de las metamorfosis que integran la SRI, sufrió un grave estancamiento.

El periodo que siguió a la segunda Guerra Mundial fue, sin embargo, muy diferente al de entreguerras. La larga tendencia depresiva que producía auges mediocres y recesiones y crisis graves, tocó a su fin. Se produjo un punto de inflexión que transformó la tendencia general depresiva en una expansiva.[30] Las fluctuaciones de los ciclos económicos fueron benignas en las décadas siguientes, y el sistema económico mundial comenzó a funcionar con un decidido sesgo hacia el crecimiento que favoreció tanto a los países con economías reguladas por la competencia como a los dotados de planificación central, que tuvieron durante las décadas de los años de 1950 y 1960 un crecimiento muy vigoroso y estable cuyo dinamismo no tiene precedente en la historia mundial y que superó al del periodo anterior a 1914, hasta ese momento añorado como una edad de oro de prosperidad para los países industriales.

El dinámico crecimiento de los países desarrollados alcanzó su mayor nivel en la década de 1960, de manera que, según el Banco Mundial, "el crecimiento fue especialmente veloz, y alcanzó un promedio de 5% anual durante el decenio anterior al aumento de los precios del petróleo en 1973".[31]

Esta rápida expansión de los países de la Organización de Cooperación y Desarrollo Económicos (OCDE) hizo posible un continuo progreso en la liberalización del comercio internacional, el cual creció más rápidamente que la producción, y cuyo dinamismo fue uno de los factores que impulsaron el desarrollo del sistema económico en su conjunto por un fenómeno de retroalimentación.

En el cuadro IV.8 aparece una serie larga de índices del comportamiento del comercio internacional que muestran las dos fases de la onda larga del sistema económico mundial desde 1913 hasta 1971. Puede apreciarse con toda claridad el con-

[30] Ernest Mandel, *El capitalismo tardío*, Trad. de Manuel Aguilar Mora, Era, México, 1979, p. 119.

[31] Banco Mundial, *Informe sobre el desarrollo mundial, 1978*, Washington, agosto de 1978, p. 9.

traste entre el estancamiento del comercio mundial entre 1913
y 1948 y el formidable dinamismo que muestra entre 1948 y
1971. Mientras que en el primer periodo, de 35 años de duración, el crecimiento de los flujos comerciales fue nulo, en el
segundo periodo, de únicamente 25 años, su magnitud se
quintuplicó.

CUADRO IV.8. *Índices del comportamiento del comercio
mundial, 1913-1971*

Fase depresiva		Fase expansiva	
1913	100	1948	100
1921-1925	82	1953	138
1926-1929	110	1958	182
1930	112	1963	261
1936-1938	107	1965	332
1938	103	1968	395
1948	100	1971	505

FUENTE: *United Nations Statistical Yearbook, 1972,* Nueva York, 1973, pp. 40-
43, y Folke Hilgerdt, *Industrialization and Foreign Trade,* Columbia University Press, Nueva York, 1945, pp. 157-167, en W. W. Rostow, *The World Economy...,* op. cit., pp. 663-665.

Si en la primera etapa el proceso de internacionalización
del capital no hizo progresos, en cambio en la segunda su vigoroso impulso reorganizó el mundo de acuerdo con los dictados de su propia lógica. Posteriormente abordaremos el
examen de los mecanismos que pueden explicar la inversión
de la tendencia dominante en la economía internacional. El
sistema mundial que surgió como resultado de esa metamorfosis es uno de los productos de la SRI.

III

La empresa transnacional representa la forma más acabada
de los dos factores que hemos venido analizando: el capital
concentrado y el capital internacionalizado. Ambos se mate-

rializan en gigantescas empresas que operan en muchos países, y dada la importancia que han adquirido en el funcionamiento de las estructuras económicas contemporáneas, tanto en el interior de las diversas naciones como en el ámbito mundial, estas entidades han sido objeto de numerosos estudios.

De acuerdo con Mira Wilkins, las empresas transnacionales modernas de origen estadunidense se conformaron en las décadas de los años 1880 y 1890, cuando algunas firmas empezaron a establecer instalaciones manufactureras en países extranjeros, y para 1914, Estados Unidos había hecho inversiones directas en el exterior con un valor de 2 650 millones de dólares.[32] Esto quiere decir que el nacimiento de las empresas transnacionales es contemporáneo de otros elementos que hemos asociado con el principio de la SRI, como la concentración de capital que se dio en la economía entre 1890 y 1914. En las décadas siguientes estas compañías continuaron sus operaciones, aun cuando su expansión se vio limitada por las adversas condiciones que prevalecieron entre 1914 y 1948 en el sistema económico mundial. Las otras naciones industriales tuvieron patrones de conducta semejantes, sus empresas comenzaron a extender sus actividades a países extranjeros y las inversiones resultantes formaban una porción importante de sus activos en el exterior, que aparecen en el cuadro IV.4, y, como hemos visto, tenían un papel estratégico en el mantenimiento del equilibrio y la funcionalidad de la economía mundial en los años anteriores a 1914.

Los motivos que impulsaron al capital concentrado a extender sus operaciones productivas a países extranjeros son múltiples y complejos, y han sido clasificados por Wertheimer en tres grandes categorías.[33] La primera está vinculada a la necesidad de abatir costos y en ella se comprenden el deseo de aprovechar los diferenciales existentes entre los diversos países

[32] Mira Wilkins, *The Maturing of Multinational Enterprise: American Business Abroad from 1914 to 1970*, Harvard University Press, Cambridge, 1974, pp. 3-4.

[33] H. N. Werthermer, "The International Firm and the International Aspects of Policies on Mergers", en J. B. Heath (Coord.), *International Conference on Monopolies, Mergers and Restrictive Practices*, HMSO, Londres, 1971, pp. 171-206.

en desarrollo tecnológico, en calificación, productividad y mentalidad de la fuerza de trabajo, en mercados de capital y en estructura fiscal; conseguir reducciones de gastos de transporte; poder esquivar barreras arancelarias y, por último, utilizar la capacidad local para la investigación. La segunda categoría se relaciona con el volumen de ventas y comprende una amplia lista: deseo de superar deficiencias de los intermediarios locales, obtener capacidad para adaptarse a cambios en los mercados, seguir a clientes importantes en sus propias incursiones en el extranjero, hacer igual cosa con los competidores, complacer los deseos de los gobiernos de los países receptores, obtener una mejor y más favorable división internacional del trabajo consiguiendo mayor volumen de producción y logrando economías de escala y, por último, escapar a reglamentos indeseables en su país de origen. La tercera categoría está relacionada con factores de riesgo e incluye el deseo de evitar quedar excluidos de áreas donde operan clientes y proveedores importantes, promover procesos de integración vertical u horizontal, evitar el efecto de recesiones locales y, finalmente, disminuir los riesgos derivados de dislocaciones sociales o políticas, distribuyendo las operaciones en varios países. Es preciso tener presente que en muchas ocasiones no es un solo mecanismo el que impulsa a una empresa a internacionalizar sus operaciones, sino una combinación de varios.

El examen de casos concretos ilustra la forma en que actúan estas motivaciones en la realidad. Así, encontramos que en ciertas ocasiones es la situación prevaleciente en el país de origen la que genera el impulso para establecer operaciones transnacionales. En tres países pequeños pero desarrollados, Bélgica, Suecia y Suiza, se organizaron empresas de este tipo desde época temprana por la necesidad de compensar la pequeñez de sus mercados internos complementándolos mediante la penetración de los exteriores, de manera que los datos revelan que las transnacionales de estos países establecieron un alto porcentaje de sus filiales antes de 1945.[34]

[34] Fernando Fajnzylber y Trinidad Martínez Tarragó, *Las empresas transnacionales. Expansión mundial y proyección en la industria mexicana*, FCE, México, 1976, pp. 29-30.

En otras ocasiones es el entorno natural el que regula el proceso. Éste es el caso de las compañías petroleras transnacionales, las cuales mostraron un dinámico expansionismo, incluso en los difíciles años del periodo de entreguerras, que las llevó a extender sus actividades en escala planetaria. Esto se explica por la importancia vital del petróleo en la estructura tecnológica de la SRI, pero también por el hecho de que los yacimientos petrolíferos se encuentran dispersos en muchos países y que entre las naciones industriales únicamente Estados Unidos y la Unión Soviética cuentan con yacimientos importantes dentro de su territorio. La Royal Dutch Shell es un ejemplo de esta dinámica: se trata de una empresa europea dedicada a la explotación del nuevo energético, que creció impulsada por él hasta convertirse en la firma industrial más importante de Europa.[35] La dispersión natural de los yacimientos petrolíferos impuso la transnacionalización de las empresas del ramo.

Pese a esos avances, hasta 1950 las grandes compañías de las principales potencias industriales no habían tenido una expansión internacional de gran envergadura. En las dos décadas siguientes la situación cambiaría profundamente.[36] Es, pues, en el periodo de 20 años en el que, como hemos visto, los flujos del comercio mundial crecieron con una rapidez sin precedente, cuando se dio con un dinamismo comparable el proceso de internacionalización de las estructuras productivas, que encuentra su forma más completa en la expansión de las empresas transnacionales. La expresión misma en su versión inglesa, *multinational corporations*, parece haber sido utilizada por primera vez por David Lilienthal en 1960 en un trabajo precursor, en donde define a estas empresas como "corporaciones que tienen su base en un país pero existen y operan bajo las leyes y costumbres de otros países".[37]

---

[35] Harvey O'Connor, *The Empire of Oil*, Monthly Review, Nueva York, 1962, pp. 251-252.

[36] M. J. Taylor y N. J. Thrift, *The Geography of Multinationals, Studies in the Special Development and Economic Consecuences of Multinationals Corporations*, St. Martin Press, Nueva York, 1982, p. 1.

[37] David Lilienthal, "Management of Multinational Corporations", en M. Anshen y G. L. Bach (Coords.), *Managements and Corporations*, McGraw Hill, Nueva York, 1960, p. 119.

Posteriormente, y a medida que crecía su importancia en el escenario mundial, los estudios sobre este tipo de empresas se han multiplicado al punto de que es posible hacer catálogos de ellos.[38] En el cuadro IV.9 puede apreciarse la dinámica expansión de los sistemas de filiales manufactureras que las grandes empresas transnacionales, tanto europeas como estadunidenses, integraron entre 1950 y 1970.

CUADRO IV.9. *Sistemas de filiales manufactureras de 316 grandes transnacionales, 1950 y 1970*

Número de países en que tienen filiales	Número de empresas			
	135 transnacionales europeas		181 transnacionales estadunidenses	
	1950	1970	1950	1970
Menos de 6	116	31	138	9
De 6 a 20	16	75	43	128
Más de 20	3	29	0	44

FUENTE: R. Vernon, "The Product Cycle Hypothesis in a New International Environment", en *Oxford Bulletin of Economic and Statistics*, 41, p. 258, en M. J. Taylor y N. J. Thrift, *The Geography..., op. cit.*, p. 1.

En 1950, al terminar la época de estancamiento, de 135 empresas transnacionales europeas una gran mayoría (116) operaba filiales manufactureras en menos de seis países extranjeros, y únicamente tres de ellas tenían filiales en más de 20 países. En notorio contraste, en 1970, al culminar el gran proceso de internacionalización del capital productivo, ya sólo una minoría de 31 empresas seguía limitando sus operaciones a menos de seis países, mientras que la mayoría actuaba en un número mayor y 29 compañías operaban en más de 20 naciones. La expansión de las empresas estadunidenses en el escenario económico internacional fue aún más dinámica. En

[38] Helga Hernes, *The Multinational Corporation, A Guide to Information Sources*, Gale Research, Detroit, 1977.

1950, de 181 firmas, 138 operaban en menos de seis países y ninguna tenía filiales en más de 20; en 1970 la situación era radicalmente distinta: sólo nueve empresas continuaban operando en menos de seis países y 44 lo hacían en más de 20.

El extraordinario dinamismo del proceso de expansión internacional del capital productivo hizo que las empresas en que se materializa éste adquirieran dimensiones colosales que las llevaron a rivalizar en el terreno económico con los Estados nacionales. Después de las dos décadas de rápida expansión en el escenario mundial, las mayores empresas transnacionales tenían magnitudes superiores a muchas naciones soberanas. Alma Chapoy informa que, en 1971, la General Motors tenía un volumen de ventas de 28 300 millones de dólares, cifra superior al producto nacional bruto (PNB) de países como Suiza, que era de 24 500 millones; la Standard Oil de Nueva Jersey, por su parte, tenía ventas por 18 700 millones, superando el PNB de Dinamarca, que era de 17 500 millones. En una lista en que se intercalaron empresas transnacionales y países con economía de mercado ordenados de acuerdo con sus ventas y su PNB, respectivamente, ambos correspondientes al año de 1969, se observa que la General Motors tenía la decimoquinta economía del mundo capitalista, y sus ventas de 24 300 millones de dólares se aproximaban al PNB de México, que ascendía a 29 400 millones. Tal vez el dato más ilustrativo sea que de las cien entidades económicas que aparecen en la lista, 54 son empresas y 46 son países.[39] No hay duda de que en sólo dos décadas la estructura misma del sistema económico mundial cambió como resultado de la explosiva internacionalización del capital productivo representado por las empresas transnacionales, que hacia 1970 ya compartían con los Estados nacionales el papel de principales fuentes de decisión en el ámbito económico.

El extraordinario dinamismo de la expansión internacional de las grandes empresas estadunidenses se refleja ampliamente en el cuadro IV.10, en que se ve que el monto de la inversión directa en el extranjero de Estados Unidos en 1971 era ya superior al del conjunto de todos los demás países.

[39] Alma Chapoy Bonifaz, *Empresas multinacionales*, Ed. El Caballito, México, 1975, pp. 22-25.

CUADRO IV.10. *Inversión directa en el extranjero
en 1971 (millones de dólares)*

País	Valor en libros	País	Valor en libros
Estados Unidos	86 001	Japón	4 480
Reino Unido	24 019	Países Bajos	3 580
Francia	9 540	Suecia	3 450
Alemania Federal	7 276	Italia	3 350
Suiza	6 760	Bélgica	3 250
Canadá	5 930	Otros	7 364
		TOTAL	165 000

FUENTE: *Las corporaciones multinacionales y la economía mundial,* ONU, 1973, en A. Chapoy Bonifaz, *Las empresas...*, op. cit., p. 27.

Otros aspectos interesantes revelados por estas cifras serían, en primer lugar, la importancia de la Gran Bretaña, que ocupa el segundo sitio con una inversión muy superior a la de Francia, la cual se sitúa en el tercero. Esta posición privilegiada es una herencia de la hegemonía económica que el país tuvo hasta 1914. En segundo lugar, el hecho de que Alemania y Japón tengan inversiones modestas debido a las pérdidas sufridas en la guerras mundiales. Por último, la importancia de las inversiones de naciones pequeñas pero desarrolladas como Suiza, los Países Bajos, Suecia y Bélgica, que, como ya hemos advertido, han compensado la estrechez de sus mercados internos mediante la expansión en el exterior.

Para comprender en toda su importancia el papel de las empresas transnacionales en el proceso industrializador del siglo XX, es preciso examinar la estructura sectorial de la inversión directa en el extranjero. La información de Mira Wilkins que sintetizamos en el cuadro IV.11 revela que, en el caso de Estados Unidos, la porción más importante de las inversiones internacionales de las grandes empresas se canaliza hacia la industria manufacturera y el petróleo.

Mientras las inversiones en la industria manufacturera ascendían a 32 260 millones de dólares y en la petrolera a 21 710, las realizadas en el comercio eran únicamente de 6 550 y en la minería de 6 170. Finalmente están las canalizadas a los ser-

CUADRO IV.11. *Inversión directa estadunidense en el extranjero en 1970 (valor en libros en millones de dólares)*

Región receptora	Total (c)	Manufacturas	Petróleo	Comercio	Minería	Servicios públicos
Europa	24 520	13 710	5 470	2 790	80	111
Canadá	22 760	10 060	4 810	1 320	2 990	680
América Latina (a)	14 760	4 620	3 940	1 540	2 070	610
Asia	5 560	1 520	3 020	460	90	140
África	3 480	540	2 090	210	450	10
Oceanía	3 490	1 810	740	230	490	10
TOTAL (b)	78 180	32 260	21 710	6 550	6 170	2 870

(a) Incluye las dependencias europeas y las independizadas recientemente.
(b) Incluye inversiones en el extranjero no ubicadas.
(c) Es la suma de las columnas segunda a sexta más inversiones misceláneas.
FUENTE: Mira Wilkins, *The Maturing...*, *op. cit.*, p. 330.

vicios públicos, que resultan casi insignificantes con un total de 2 870 millones de dólares, todo ello en el año de 1970.

Otros indicadores que hacen referencia al mismo año de 1970 también resaltan la concentración del capital internacionalizado en el sector industrial, así como la tendencia, dentro de éste, a concentrase en ciertas ramas como la química y la maquinaria tanto eléctrica como no eléctrica. Así tenemos que, en ese año, 29.9% de las filiales extranjeras de las empresas transnacionales manufactureras estadunidenses estaban en la industria química y 23.6% en la de maquinaria tanto eléctrica como no eléctrica.[40] Esto es de gran importancia para nuestro análisis, pues significa que 53.5% de las filiales pertenecen a empresas directamente conectadas con las actividades que corresponden a la SRI, como la química y la electricidad.

De igual significación es el hecho de que también en 1970 las subsidiarias extranjeras manufactureras de países como Inglaterra, Alemania, Holanda y Suiza tuvieran patrones de

[40] F. Fajnzylber y T. Martínez, *Las empresas...*, *op. cit.*, cuadro 5, p. 37, *apud The World Multinational Enterprise, 1973*, cuadros 8.1 y 8.21.1.

concentración similares al estadunidense. Encontramos que 21% de las filiales extranjeras manufactureras de empresas inglesas, 46% de la alemanas, 24% de las francesas, 32% de las holandesas y 35% de las suizas pertenecían a la industria química. También en la rama de maquinaria eléctrica y no eléctrica se dio una concentración que alcanzó 30% de las subsidiarias alemanas y 52% de las suecas.[41]

Por otra parte, es preciso tener presente que la internacionalización del capital productivo de las naciones industriales a través del sistema económico mundial en ramas vinculadas con la SRI, como la química y la eléctrica, lleva, a su vez, a una mayor concentración del capital a nivel planetario, ya que se trata de actividades intensivas en tecnología avanzada con un ritmo de innovación muy elevado, el cual representa una seria barrera a la competencia de empresas locales con recursos limitados tanto económicos como humanos y enfocadas a satisfacer mercados nacionales.

La SRI se caracterizó por un proceso de concentración del capital, activado tanto por el potenciamiento de la demanda como por la naturaleza misma de la estructura de innovaciones tecnológicas que le sirvió de núcleo, y por una dinámica internacionalización del capital representada tanto por el crecimiento de los flujos del comercio internacional como por el crecimiento extraordinario de los sistemas de subsidiarias de las grandes compañías industriales. La gran empresa transnacional, que representa en su forma más acabada al capital concentrado e internacionalizado, se convirtió así, entre 1950 y 1970, en la célula básica de la SRI, de la cual es simultáneamente el principal producto y su artífice más importante.

[41] F. Fajnzylber y T. Martínez, *Las empresas...*, *op. cit.*

V. TRABAJO, ESTADO Y SEGUNDA REVOLUCIÓN INDUSTRIAL

> Constituye ahora un axioma... que el bienestar
> del pueblo, la felicidad de los hogares humildes
> es el primer deber de un gobernante...
>
> WINSTON CHURCHILL[1]

I

SI DURANTE la Segunda Revolución Industrial el capital adquiere formas específicas que se diferencian cuantitativa y cualitativamente de las que había tenido durante la Primera, otros factores como el trabajo productivo y el Estado también adquirieron características propias que son esenciales en ella y que deben ser examinadas, pues forman igualmente parte integral de la herencia que ésta nos dejó y la cual constituye el punto de partida para la Tercera Revolución Industrial.

Las especificidades de la organización del trabajo productivo, principalmente en la industria, durante la SRI están asociadas a los nombres de dos estadunidenses: F. W. Taylor y Henry Ford. El taylorismo y el fordismo son dos procedimientos diferentes de organizar los procesos productivos, pero tienen un fin común que es el de racionalizarlos para maximizar su eficiencia.

Desde que hace siglos el capital mercantil y bancario desbordó los límites del comercio y el financiamiento para convertirse en capital productivo al penetrar en la esfera de la producción, uno de sus objetivos fundamentales es el de controlar los procesos de trabajo a fin de hacerlos tan eficientes como sea posible en cada etapa de su desarrollo. Éste ha sido

---

[1] Winston S. Churchill, *Grandes contemporáneos*, Trad. de Pedro Fraga del Porto y Juan G. de Luaces, Plaza y Janés, Barcelona, 1960, p. 64.

el principal motor que impulsa la generación de formas reno-
vadas de organizar a los trabajadores. La continua restructuración fue uno de los elementos más importantes en la metamorfosis social que hizo de Inglaterra el país más idóneo para
desarrollar la PRI. Ésta, desde luego, implicó una nueva transformación en las formas organizativas de la fuerza laboral,
tan importante, que autores como Paul Mantoux la conside-
ran la principal característica de esa revolución.[2]

Esta inmensa metamorfosis de las maneras de organizar el
trabajo fue realizada fundamentalmente por los empresarios
propietarios del capital, quienes mantenían un trato directo
con sus trabajadores, aun cuando a menudo apoyados por algunos otros individuos tales como socios o capataces. Incluso
después de iniciada la PRI, las empresas eran lo suficientemente
pequeñas para permitir continuar con el control empresarial
directo de los procesos productivos. Sin embargo, a medida
que avanzaba la industrialización, el tamaño de las empresas
crecía y con él el número de los trabajadores que empleaban,
haciendo cada vez más difícil mantener el control directo de
los empresarios. Los ferrocarriles fueron las primeras empresas que adquirieron dimensiones colosales,[3] por lo que lógicamente también fueron las primeras en tener que resolver el
problema de organizar grandes masas de empleados. Así, la
Pennsylvania Railroad tenía unos 50 mil trabajadores en 1880.[4]
La solución fue la creación de una estructura jerárquica de
empleados, jefes de cuadrilla, de turno, capataces, inspectores,
etc., dedicados exclusivamente al control de los otros trabajadores. Las empresas manufactureras no alcanzaron durante
la PRI, como hemos visto, el tamaño gigantesco de las ferroviarias; sin embargo, el número de los trabajadores de muchas
de ellas creció lo suficiente para volver inoperante el control
empresarial directo, por lo que, aun cuando en una escala menor, también tuvieron que recurrir al uso de sistemas jerarqui-
zados de controladores.

Este sistema tenía deficiencias que provocaron obstáculos

[2] P. Mantoux, *The Industrial...*, op. cit., passim.
[3] Véase el capítulo IV.
[4] Alfred Chandler, "The Railroads: Pioneers in Modern Corporate Management", en *Business History Review*, primavera de 1965, p. 19.

y conflictos. Probablemente su defecto más importante, como descubrió Taylor durante su trabajo en la Midland Steel, fue que abrió una brecha de conocimientos entre los industriales y la tecnología utilizada en sus propias empresas, en contraste con los antiguos empresarios que habían organizado la producción, incluso durante las primeras etapas de la PRI. En las nuevas condiciones muchos aspectos técnicos de los procesos productivos, desde los procedimientos de fabricación hasta los ritmos con que podían realizarse, eran patrimonio de los trabajadores. Esto era una fuente tanto de ineficiencias como de conflictos entre las empresas y sus empleados, principalmente relacionados con la intensidad del trabajo y su pago.[5] Simplemente hacia fines del siglo muchos empresarios desconocían, por lo menos parcialmente, las particularidades de la producción de sus industrias. Pese a estas deficiencias, el sistema de control jerárquico sirvió a sus propósitos hasta el fin de la Primera Revolución Industrial, y sin embargo, era imposible que continuara haciéndolo durante la Segunda, con los capitales concentrados en una escala sin precedente y donde los trabajadores alcanzarían, como consecuencia de ello, números igualmente gigantescos. Encontrar nuevas formas de organizar los procesos productivos en la industria se había convertido en una necesidad.

Frederick Winslow Taylor fue un ingeniero que, como consecuencia de su actividad profesional en la industria productora de acero, se había percatado de las deficiencias de la organización del trabajo. Esto lo condujo a desarrollar el método que se asocia con su nombre y que él llamó de "administración científica". Durante el periodo de 1893 a 1901 se dedicó a difundir sus ideas como asesor de empresas, así como por medio de conferencias y escritos. Posteriormente, en 1903, publicó *Shop Management*,[6] y en 1911 sus *Principles of Scientific Management*,[7] obras en las que presenta sus planteamientos. Estas fechas nos indican que el taylorismo nació precisamente

[5] Milton Nadworny, *Scientific Management and the Unions, 1900-1932*, Harvard University Press, Cambridge, 1955.

[6] La versión española es *Administración de talleres*, Ed. Argentina de Finanzas y Administración, 1945.

[7] *Principios de administración científica*, Ed. Herrero, México, 1976.

durante la fase inicial de la SRI, cuando comenzaban a aparecer en el escenario muchas de las innovaciones —automotores, aviones, electricidad, etc.— que constituyen su núcleo tecnológico, así como la concentración de capitales que la caracteriza.[8] Fueron sin duda los años en que se reunieron muchos de los elementos que constituirían esa segunda gran transformación en la historia del proceso industrializador.

El taylorismo tiene como objetivo incrementar la productividad, y para lograrlo propone devolver al empresario el control perdido sobre los procesos de trabajo a fin de que pueda reorganizarlos en forma más eficiente. El foco de su atención es el trabajador individual, cuya labor debe ser minuciosamente estudiada hasta poder dividirla en sus elementos más simples. Posteriormente, se examina cada una de estas acciones elementales para eliminar todas las que sean inútiles, y se perfeccionan las necesarias buscando simplificarlas de manera que resulten tan rápidas y efectivas como sea posible. Por último, se reconstruye el proceso de trabajo global, que ahora estará constituido únicamente por esas acciones necesarias ya perfeccionadas. Los trabajadores que cooperen en la aplicación del método deben ser recompensados. El resultado final de todo ello debe ser, por una parte, lograr un incremento sustancial en la productividad; en segundo lugar, una devolución del control técnico del proceso de trabajo a la empresa; por último, se obtendría una base objetiva para evaluar la labor realizada por cada trabajador individual y su pago justo. Todo esto, afirmaba Taylor en sus *Principles of Scientific Management*, produciría relaciones más armoniosas entre los empresarios y sus trabajadores.

Es difícil estimar la importancia de la administración científica de Taylor en la organización de la industria estadunidense. Mientras unos señalan que pocas empresas adoptaron el sistema, que éste tropezó con una seria resistencia de los trabajadores, que lo vieron simplemente como un método para incrementar la intensidad del trabajo, y que tanto Taylor como algunos de sus seguidores fracasaron al aplicarlo en varias industrias, otros afirman que el taylorismo "dominó el mundo

[8] Véase el cuadro IV.1.

de la producción".[9] La realidad es que el sistema preparó el terreno para los métodos de organización del trabajo mediante la cadena semiautomática de montaje, y con ello restableció el control de las empresas sobre los procesos productivos. Este sistema, que se asocia con la figura de Henry Ford, sería uno de los pilares más importantes de la SRI.

II

El sistema fordista, a diferencia del taylorismo, que puede aplicarse a cualquier proceso productivo desde los primitivos hasta los sofisticados, únicamente puede existir en el contexto de la producción mecanizada. Su elemento fundamental es la cadena de montaje, que es un mecanismo que transporta el objeto de trabajo o, para ser más precisos, su pieza principal, haciéndolo avanzar dentro de la fábrica de manera que se estacione delante de cada obrero el tiempo necesario para que éste lo modifique en una forma cuidadosamente predeterminada, ensamblándolo, adicionando alguna pieza nueva, remachando, soldando, atornillando, remodelando, puliendo, etc., todo ello utilizando periodos de tiempo preestablecidos que corresponden a los que dura estacionado el conjunto en cada puesto de trabajo. Ésta es una definición de carácter general que tiene múltiples modalidades según las circunstancias específicas de cada caso, dependiendo de las características del objeto producido, las cantidades que se pretende fabricar y otras más. En el caso del proceso del propio Henry Ford existía una cadena de montaje principal y cadenas secundarias que alimentaban la primera en forma permanente. Todo el sistema estaba sincronizado de manera de minimizar los periodos muertos, los movimientos inútiles de los trabajadores, tales como desplazarse en torno del objeto o ir a traer piezas o herramientas. Por otra parte, en este sistema a menudo se dispone de reservas de partes almacenadas en puntos estratégicos, con el fin de que el trabajo del conjunto no sufra inte-

[9] Richard Edwards, *Contested Terrain, The Transformation of the Workplace in the Twentieth Century*, Basic Books, Nueva York, 1979, pp. 97-101.

rrupciones si surge alguna perturbación en cualquiera de sus secciones.[10] El fordismo proporcionó una producción organizada en flujo continuo de una eficiencia sin precedente.

Esta forma de producir en flujo ininterrumpido tenía antecedentes históricos que explican por qué fue organizada en Estados Unidos antes que en otras naciones industriales. En primer término, ya la industria de ese país había experimentado con éxito los métodos de producción continua desde la primera mitad del siglo XIX, cuando los empresarios de las plantas textiles en Boston comenzaron a operar sus hiladoras y telares, e incluso el teñido de las telas, en procesos integrados y continuos que les generaron una productividad mayor que la de sus competidores. Sin embargo, este tipo de organización fue excepcional durante la PRI y no constituyó una de sus características.

Otro elemento heredado del pasado y que constituye una condición indispensable para producir mediante la cadena de montaje es la disponibilidad de piezas estandarizadas e intercambiables. A través del tiempo la industria, desde su fase artesanal hasta la fabril, utilizó piezas que al no ser idénticas requerían para su ensamble de un trabajo de ajuste y terminado que consumía cantidades variables de tiempo que dependían de factores tan aleatorios como la magnitud de los ajustes y la habilidad del operario para efectuarlos. Esta variabilidad en el tiempo de trabajo es, desde luego, incompatible con la organización de la cadena de montaje, que requiere que las operaciones encargadas a cada trabajador utilicen periodos constantes para ser efectuadas. La única forma de lograr satisfacer esta condición es mediante el uso de piezas estandarizadas hechas con la precisión suficiente para hacerlas totalmente intercambiables. El hecho de que la industria estadunidense haya sido pionera en el empleo de este tipo de piezas desde el siglo anterior, como hemos tenido ocasión de examinar,[11] constituye, en consecuencia, otro elemento que condujo a la organización fordista de los procesos productivos cuando este país entró en la SRI.

[10] Esta descripción de la cadena de montaje fue elaborada por el doctor Carlos Aguirre, de la UNAM.
[11] Véase el capítulo III.

Por último, como ya ha sido mencionado, otro elemento que preparó el terreno para el sistema basado en la cadena de montaje fue el taylorismo. El proceso productivo de Ford exige un estudio minucioso del acto laboral para lograr su descomposición en sus acciones más simples a fin de eliminar las superfluas y perfeccionar las necesarias, tal como lo requería Taylor, pero ya no para recomponer el conjunto con base en esas acciones necesarias ya perfeccionadas, sino para repartirlas entre múltiples trabajadores, cada uno de los cuales únicamente realizará una de ellas. El resultado ideal de esta descomposición-recomposición la sintetizan ilustrándola muy bien quienes afirman que lo óptimo es que "un obrero ponga un tornillo y otro lo atornille". Dicho en otra forma, la integración de las acciones simples para reconstituir el proceso global no se da ya al nivel del trabajador individual, sino del trabajador colectivo. Ésta es la diferencia fundamental entre ambos sistemas, pero obviamente el fordismo tiene como antecedente inmediato el taylorismo.

Una consecuencia muy importante de la nueva forma de organización del trabajo fue el traspaso casi íntegro del conocimiento técnico del operario a los elementos administrativos. El carácter simple de las acciones permitió utilizar trabajadores con un grado de calificación inferior y que sólo requerían un mínimo de entrenamiento. En contrapartida, el papel del personal administrativo y técnico creció en importancia, lo cual fue uno de los factores que propiciarían el surgimiento y potenciación de las tecnoestructuras que paulatinamente conseguirían constituirse en el gobierno de las grandes empresas, tema sobre el que volveremos más adelante. Regular la intensidad del trabajo ya no requería de la pirámide de supervisores, pues esta función es realizada por las condiciones de operación, incluyendo la velocidad, del conjunto de la maquinaria. La resistencia de los trabajadores a las aceleraciones en el ritmo del trabajo fue menor que cuando éste dependía de órdenes dadas por individuos, por hábiles que estos fuesen en el manejo de sus relaciones humanas, ya que ahora el ritmo se volvía impersonal y se presentaba como derivado de la naturaleza técnica del proceso productivo. Éste es el verdadero sentido de las palabras de Henry Ford cuando afirmó que uno de los principios del sistema consistía en "entregarle el trabajo al obrero en lugar de dejar a su iniciativa el encontrarlo".[12] La diferencia entre la nueva forma de organización del trabajo y sus predecesoras, incluyendo la taylorista, se reflejó también en la relación salarial: mientras que en éstas tuvo un papel importante el pago por pieza o destajo, en el fordismo éste se eclipsa y el pago por tiempo, sea por hora, por día, etc., se convirtió en la forma preferida. Éste fue el resultado lógico de una organización en que se minimizaban la habilidad y el conocimiento del trabajador al mismo tiempo que la velocidad de sus operaciones pasaba a ser una variable independiente de su voluntad. La actividad de los distintos trabajadores se homogeneizó a un grado sin precedente propiciando un pago igualmente homogéneo.

El resultado final que produjo el sistema al operar fue una productividad incrementada hasta los niveles antes inimaginables que caracterizan la producción en serie de grandes volúmenes de artículos iguales, que son uno de los aspectos más notables de la SRI. La gran potencialidad productiva adquirida por el sector industrial únicamente puede ser realizada en condiciones muy especiales que se sintetizan en la exis-

CUADRO V.1. *Riqueza de las grandes naciones en 1914*

País	Ingreso nacional (millones de dólares)	Población (millones de personas)	Ingreso per capita (dólares)
Estados Unidos	37 000	98	377
Alemania	12 000	65	184
Gran Bretaña	11 000	45	244
Rusia	7 000	171	41
Francia	6 000	39	153
Japón	2 000	55	36

FUENTE: Paul Kennedy, *The Rise and Fall of the Great Powers,* Vintage Books, Nueva York, 1989, p. 243, *apud* Q. Wright, *A Study of War,* Chicago, 1942, pp. 670-671.

[12] Henry Ford, "Progressive Manufacture", en *Encyclopaedia Britannica,* 11ª ed., The Encyclopaedia Britannica, Nueva York, 1926.

tencia de un gran mercado constituido por grandes masas de consumidores dotados de un elevado poder adquisitivo. Estas condiciones ilustran el carácter marcadamente estructural del proceso industrializador, al cual ya se ha hecho referencia. Para que tengan lugar los cambios técnicos en los procesos de trabajo que caracterizan el fordismo es preciso contar con una gran demanda efectiva para las mercancías producidas en serie. Desde este punto de vista no es coincidencia que el fordismo haya surgido en Estados Unidos, pues este país constituía, ya a principios del siglo XX, el mercado más grande del mundo.

La información contenida en el cuadro V.1 demuestra la superioridad del mercado estadunidense, tanto en riqueza total como por habitante. Alemania, que en 1914 ocupaba el segundo lugar en ingreso nacional, tenía apenas la tercera parte del de Estados Unidos, y su ingreso *per capita* era la mitad del de este país. La Gran Bretaña, por su parte, contaba con un ingreso por habitante superior al alemán pero el ingreso total era ya inferior. Otro aspecto importante es la pobreza de Rusia, que pese a una población superior a la de los demás países, tenía un ingreso total apenas superior al de Francia, mientras que el correspondiente a cada habitante era abismalmente bajo. Por último, es igualmente de interés ver la debilidad de Japón en ambos rubros, lo que demuestra que pese al notable éxito del proceso modernizador que siguió a la Revolución Meiji y su consiguiente incorporación a la PRI, el país era todavía inferior a las grandes naciones industriales de Occidente. En estas circunstancias, Estados Unidos era el escenario lógico para que surgieran y avanzaran los métodos de producción masiva que caracterizan la SRI.

Probablemente no haya otra industria tan representativa de esta revolución como la automotriz, y su examen ilustra perfectamente la evolución del proceso industrializador durante la misma. La manufactura de vehículos automotores en una escala sin precedente, hasta lograr dotar de ellos a la mayoría de las familias de los países industriales con economías de mercado, no requirió únicamente de grandes instalaciones industriales donde los métodos fordistas alcanzarían toda su importancia y requirieron de enormes concentraciones de capital y el empleo de millones de obreros, sino que generaron multitud de actividades conectadas con el vehículo automotriz, que van desde la construcción de redes de carreteras mucho más densas que las ferroviarias hasta el establecimiento de innumerables estaciones de servicio, talleres de reparación, etc., para culminar en la edificación de ciudades construidas en función del automóvil, como Houston o Los Ángeles.

El automóvil surgió como invención en Europa y más específicamente en Alemania a fines del siglo XIX. Se cree que el primer automóvil de gasolina fue inventado por el austriaco Siegfried Marcus, quien utilizó un motor diseñado por el alemán Nikolaus Otto. Otros hombres que contribuyeron a su desarrollo fueron Karl Benz, Gottlieb Daimler y Rudolf Diesel. A ellos se sumaron algunos franceses y británicos pero no estadunidenses, quienes tuvieron que viajar a Europa para aprender.[13] Pero cuando se trató de transformar el invento en innovación tecnológica de acuerdo con los criterios presentados en el capítulo I, los Estados Unidos fueron el escenario de la metamorfosis. En 1906, Henry Leland produjo sus Cadillacs utilizando la técnica basada en partes intercambiables —cuya importancia ya ha sido mencionada—, las cuales estaban hechas con tal precisión que, como prueba de ello, tres de sus vehículos pudieron ser desarmados, vueltos a armar intercambiando sus piezas y recorrer 500 millas sin tener fallas.[14] Con ello se había puesto una de las bases para la producción fordista en la industria automotriz.

En efecto, en 1908, Henry Ford y sus socios perfeccionaron la técnica de Leland y produjeron el modelo T, y para 1914 ya tenían organizada una línea de montaje continuo haciendo posible que el número de automóviles producido por su empresa, que en 1903 había sido de sólo 1 700 unidades, se elevara en 1914 a 300 mil, mientras que para 1923 la General Motors, utilizando la nueva organización del proceso productivo, consiguió fabricar 2.1 millones de vehículos. Estas innovaciones organizativas no sólo permitieron la manufactura masiva de automotores, sino que facilitaron la internacionali-

[13] Robert Sobel, *Car Wars*, E. P. Dutton, Nueva York, 1984, p. 29.
[14] James Flink, *America Adopts the Automobile 1895-1910*, MIT Press, Cambridge, 1970, cap. VIII.

zación del capital, ya que fue posible instalar plantas arma-
doras en diversos mercados extranjeros que fabricasen los
vehículos con partes importadas y, así, para 1929 Ford tenía
plantas ensambladoras en 21 países y la General Motors en
diez.[15] Todo esto resalta la estrecha vinculación de carácter
estructural entre los elementos tecnológicos de la SRI, como
son el proceso productivo basado en partes estandarizadas y
la producción en serie, con sus factores económicos, como la
internacionalización del capital concentrado.

CUADRO V.2. *Producción mundial de automóviles, años*
seleccionados entre 1929 y 1980 (miles de unidades)

Año	América del Norte (a)	Europa occidental (b)	Japón	Países de economía planificada (c)	Resto	TOTAL
1929	4 790.4	554.0		10.0		5 354.7
1938	2 143.4	878.6		51.9		3 073.9
1950	6 950.0	1 110.4	1.6	99.1	6.7	8 169.8
1960	7 000.6	5 119.7	165.1	272.5	427.3	12 985.2
1970	7 490.6	10 378.6	3 178.7	701.4	1 006.2	22 755.5
1980	7 222.3	10 371.8	7 038.1	2 117.8	1 889.2	28 639.2

(a) Estados Unidos y Canadá.
(b) Austria, Bélgica, Francia, RFA, Italia, Holanda, España, Suecia y Gran Bretaña.
(c) Checoslovaquia, RDA, Polonia, Rumania y Unión Soviética.
FUENTE: *World Motor Vehicle Data Book*, varios números, en A. Altshuler *et
al., The Future...*, *op. cit.*, p. 19.

En el cuadro V.2 se refleja con claridad la historia de la
industria automovilística mundial y, por tanto, de la expansión del empleo de los métodos asociados al nombre de Ford.
En primer lugar, tenemos la hegemonía establecida por la
industria estadunidense en este campo con base en el sistema
de producción en serie, que la llevó a tener 89% del total pro-

---

[15] Alan Altshuler *et al., The Future of the Automovile, The Report of MIT's*
International Automotive Program, George Allen & Unwin, Londres, 1984,
pp. 15-17.

ducido mundialmente en 1929 y 85% en 1950. En segundo término, el avance sistemático de Europa a lo largo de todo el periodo, pero principalmente a partir de 1950, que la hizo incrementar su producción de únicamente 1 110 400 unidades en esa fecha hasta alcanzar 10 378 600 veinte años después, y el aún más tardío auge de Japón, que todavía en 1960 tan sólo produjo 165 100 unidades para llegar a 7 038 100 dos décadas más tarde. Algo similar ocurre con otras regiones. Esta evolución refleja, por una parte, el dinamismo del sistema económico internacional después de la segunda Guerra Mundial y, por la otra, la expansión y el perfeccionamiento de los métodos fordistas en muchos países durante este periodo. Ambos fenómenos son únicamente aspectos diferentes del auge de la SRI, que alcanzaba su mejor época.

III

Los vínculos entre la concentración de la riqueza y el poder político surgieron desde la aurora de la civilización y se han presentado a través del tiempo en todas las culturas superiores. Durante la formación de las sociedades industriales estas relaciones tomaron formas específicas que han sido examinadas en los capítulos II y III de esta obra, donde se ha hecho patente la mutación que experimentó el Estado en los diversos países analizados para adecuarse a los imperativos históricos del proceso industrializador durante la Primera Revolución Industrial. Durante la Segunda continuó la metamorfosis del Estado, el cual adquirió características nuevas que correspondían a las especificidades de esta etapa y que forman otra parte de su herencia. Debemos analizar ese legado pues forma parte esencial de la plataforma de partida para la Tercera Revolución Industrial.

Una de las características más notables del Estado en esta etapa es la acción que emprende contra la pobreza y el desamparo de los estratos económicamente más débiles de la población, y especialmente de los trabajadores, con lo que da paso al surgimiento del Estado benefactor (Welfare State). Esta tendencia no tuvo causas económicas, sino políticas, y encuentra su origen en la Alemania imperial como resultado de la política del gobierno conservador de Bismarck, que mediante una serie de leyes aprobadas entre 1883 y 1889 creó un sistema nacional de seguridad contra las tres calamidades más frecuentes en la vida urbana de las sociedades industriales: la enfermedad, los accidentes de trabajo y la incapacidad por vejez.[16] Posteriormente, en 1911, el sistema fue consolidado reglamentándolo y haciéndolo extensivo a los trabajadores no industriales, como los empleados en los trabajos agrícolas y en las labores domésticas. Para 1913, 14.5 millones de personas estaban aseguradas mediante estos mecanismos, lo que convertía a este país en un pionero en el terreno de la seguridad social y hacía de la nación alemana la mejor protegida por el Estado contra los peligros propios de las modernas sociedades industriales.[17] Se puede, pues, afirmar que Alemania, uno de los países más afortunados al implementar la SRI en los últimos años del siglo XIX y los primeros del XX, cuando, como se ha expuesto, se estaban integrando los elementos constitutivos de esa nueva fase del proceso industrializador, realizó cambios en la estructura del Estado que hicieron de éste un instrumento encargado de velar por el bienestar y la seguridad de sus ciudadanos y, en especial, de sus trabajadores.

La Gran Bretaña, por su parte, siguió el mismo patrón y en 1911 el Parlamento aprobó la National Insurance Act, que aseguraba a los trabajadores contra la enfermedad proporcionándoles atención médica gratuita.[18] Sin embargo, la mayor contribución británica al establecimiento del nuevo papel del Estado se dio en el terreno de las ideas, y el economista más influyente durante el florecimiento de la SRI fue John Maynard Keynes.

Otros países industriales, con mayores o menores rezagos, también establecieron Estados benefactores organizando sistemas de seguridad social para la protección de sus ciudadanos y principalmente de sus trabajadores, aun cuando había

---

[16] K. Borchardt, "La revolución...", *op. cit.*, p. 160.
[17] D. Thompson, *Europe since...*, *op. cit.*, p. 358.
[18] *Ibid.*, p. 356.

marcadas diferencias entre un país y otro en el grado de cobertura, calidad y otras variables.

En los Estados Unidos la lucha contra la pobreza y el desamparo tropezó con mayores obstáculos, y el sistema de seguridad social fue integrado con un considerable rezago en relación con países como Alemania y la Gran Bretaña. En las primeras décadas del siglo, las funciones correspondientes no estuvieron a cargo del gobierno nacional, sino de los estatales, que les destinaban recursos modestos complementados con los desplegados por instituciones no gubernamentales. En una fecha tan tardía como 1930, ningún estado de la Unión contaba con seguro para los desempleados, mientras que Alemania lo tenía desde 50 años atrás y la Gran Bretaña desde hacía 25. Varias son las causas que se han ofrecido para explicar este rezago. Por una parte, la heterogeneidad de la población, y por otra, la carencia de una administración eficiente y honesta integrada por servidores públicos profesionales, como la alemana, a la que pudiera confiarse la tarea de organizar y administrar la seguridad social; esta carencia se derivaba de un sistema que consideraba los puestos públicos como botín político.[19]

Pese a estas debilidades, en las primeras décadas del siglo los Estados Unidos habían avanzado en el establecimiento de algún tipo de seguridad social. No se dispone de estadísticas confiables, pero la información disponible permite hacer estimaciones sobre los recursos destinados a este propósito y demuestra que también en este país la protección a los integrantes más desamparados de la sociedad forma una de las características de la SRI (véase el cuadro V.3).

En el periodo de 1913 a 1929 se destinaron cantidades siempre crecientes de recursos a proporcionar protección a los sectores menos favorecidos, de manera que el monto total creció de 180 a 750 millones de dólares. Esto implicó un crecimiento igualmente significativo tanto en la contribución que hacía cada ciudadano como en el monto promedio que recibía cada beneficiario.

---

[19] James T. Patterson, *America's Struggle Against Poverty, 1900-1980*, Harvard University Press, Cambridge, 1981, pp. 30-33.

CUADRO V.3. *Gastos en asistencia social en Estados Unidos,*
1913 y 1929

Concepto	1913	1929
Gasto total público y privado (millones de dólares)	180	750
Población (millones de personas)	97	122
Gasto anual por habitante (dólares)	1.85	6.25
Beneficiarios (millones de personas)	9.7	12.2
Gasto anual por beneficiario (dólares)	18.50	62.50
Porcentaje del PNB	0.45	0.73

FUENTE: J. T. Patterson, *America's...*, op. cit., p. 28, *apud Statistical History of the United States from Colonial Times to the Present*, Washington, 1976, pp. 340 y 359.

Sin embargo, estos esfuerzos fueron insuficientes. Al terminar la década de prosperidad de los años veinte perduraba en Estados Unidos una "vieja pobreza" heredada del pasado y que afectaba principalmente a campesinos sureños no propietarios de tierra, quienes trabajaban como inquilinos o medieros y cuyas condiciones de vida un investigador comparaba a las imperantes en las haciendas mexicanas. A ellos se agregaban otros sectores secularmente desamparados: ancianos, enfermos, inválidos, niños de familias encabezadas por mujeres, etc. Y para esta época se manifestaba cada vez con mayor intensidad una "nueva pobreza" producto de los cambios que se operaban en la estructura social y entre los que sobresalían el envejecimiento de la población, que contaba con un porcentaje creciente de ancianos, el empobrecimiento de muchas tierras como resultado de prácticas ecológicamente nocivas, como demostraría la formación del *Dust Bowl*, y principalmente el predicamento de los trabajadores urbanos, quienes dependían en forma absoluta de sus salarios y a quienes el desempleo los convertía en víctimas carentes de defensas.[20] Otro factor estructural generador de esta "nueva pobreza" era que la urbanización producida por el proceso industrializador

[20] J. T. Patterson, *America's...*, op. cit., pp. 38-41.

reducía la superficie de vivienda disponible por familia, haciendo más difícil asimilar a parientes, incluyendo a los padres, que por vejez o fracasos económicos quedaran en situaciones de desamparo, como se hacía en la sociedad semirrural de antaño.[21] Como puede verse, la industrialización es un proceso histórico que al mismo tiempo que potenciaba la capacidad productiva hasta niveles sin precedente generaba, paradójicamente, nuevos sectores sociales victimados por la pobreza, los cuales presentaban un reto social y político cada vez más difícil de ignorar. Éste era el panorama cuando comenzó la Gran Depresión de los años treinta.

La crisis, con su secuela de despidos, cierre de empresas, embargos y descenso general de salarios, agudizó los problemas de estos sectores y además los hizo extensivos a otros que durante la década anterior habían participado de la prosperidad. Esto ocurrió tanto en Estados Unidos como en los otros países a medida que eran afectados por la depresión que se extendía por el sistema económico mundial, como se ha examinado en el capítulo anterior. En la sociedad estadunidense la crisis produjo otra crisis: la de la idea de que, salvo casos especiales, los culpables de la pobreza eran los propios pobres, que por vicio o pereza eran incapaces de aprovechar las oportunidades de superación que ofrecía el país a todos los que estuvieran dispuestos a practicar las virtudes puritanas del trabajo duro y el ahorro. Al presentarse la crisis hubo una tendencia a esperar que la economía reaccionara corrigiendo sus propios desequilibrios, pero a medida que pasaba el tiempo y esto no ocurría, sino, por el contrario, la crisis se agudizaba, se extendió la idea de que era necesario que el Estado interviniera estableciendo mecanismos anticrisis.

Este viraje en la mentalidad predominante en la sociedad estadunidense es, sin duda, uno de los hechos más importantes de la historia contemporánea. De esta manera, y contrariamente a una idea muy generalizada que atribuye la intervención del Estado en la economía al Partido Demócrata y a su líder el presidente Roosevelt, el nuevo papel regulador del

---

[21] The American Assembly, *Economic Security for Americans*, Harriman, Columbia University, Nueva York, 1954, p. 19.

Estado se inició antes del triunfo de éste, durante el gobierno del presidente Hoover, quien colaboró con el Congreso para crear la Reconstruction Finance Corporation, o RFC, que fue administrada por conservadores y que otorgó ayuda a unas 5 000 empresas para impedir su quiebra o liquidación obligada. La importante ley de la RFC, afirma Thomas C. Cochran, puede ser considerada como el principio del Estado de seguridad social federal.[22] Posteriormente, ya durante la administración de Roosevelt, fueron creadas otras leyes y programas anticrisis, incluyendo la Social Security Act de 1935, que fue la primera en que se empleó el término "seguridad social".[23] Esto, en la época en que Churchill escribía en la Gran Bretaña que un axioma del Partido Conservador era asegurar el "bienestar del pueblo y la felicidad de los hogares humildes".[24] Es indudable que la nueva función del Estado se había convertido en patrimonio ideológico de las principales fuerzas políticas de las naciones industriales.

Después de la segunda Guerra Mundial, un número siempre creciente de países con diversos grados de desarrollo y dotados de diversos sistemas políticos establecieron sistemas de seguridad social, según se registra en el cuadro V.4, en el cual aparece incluida la difusión que alcanzarían sus diversos componentes.

Es significativo que los programas más difundidos sean los que protegen contra los accidentes de trabajo y los que dan ayuda a quienes quedan incapacitados para continuar trabajando o a sus sobrevivientes, esto es, son programas estrechamente vinculados con la suerte de los trabajadores en las sociedades industriales, quienes por depender casi absolutamente de un salario se tornan muy vulnerables cuando éste se pierde. El seguro contra el desempleo está también en esta categoría, pero es el menos extendido pues su elevado costo lo hace accesible únicamente a las naciones desarrolladas.

[22] Thomas C. Cochran, "Entre dos guerras", en Louis B. Wright *et al.*, *Breve historia de los Estados Unidos de América*, Trad. de Luis Palafox, Limusa Wiley, México, 1969, p. 428.

[23] International Labour Office, *Introduction to Social Security*, International Labour Organization, Ginebra, 1984, p. 3.

[24] W. S. Churchill, *Grandes contemporáneos, op. cit.*, p. 67.

CUADRO V.4. *Número de países con programas de seguridad social, 1949, 1967 y 1981*

Programa	1949	1967	1981
Cualquier tipo	58	120	139
Vejez, invalidez y sobrevivientes	44	92	127
Enfermedad y maternidad	36	65	79
Accidentes de trabajo	57	117	136
Desempleo	22	34	37

FUENTE: United States Department of Health and Human Services, Social Security Administration, *Social Security Programs through the World, 1981*, Research Report, núm. 58, Government Printing Office, Washington, 1981.

Pero lo más importante para los propósitos de este análisis es que, en las dos décadas correspondientes al gran desarrollo de la economía mundial en la posguerra, la mayoría de los países adoptaron políticas de seguridad social, por lo que para el año de 1967, en que la onda expansiva se acercaba a su fin, se habían asimilado al modelo de Estado benefactor y dichas medidas continuaron expandiéndose en los años siguientes.

Se puede, en consecuencia, afirmar que el Estado benefactor se convirtió en parte integral de la estructura económica de los países en el sistema económico mundial durante la SRI y forma parte importante del legado que ésta nos ha entregado.

IV

El importante nuevo papel del Estado como garante del bienestar de las víctimas de los procesos de cambio en las sociedades industriales no es, sin embargo, la única función que adquirió durante esa gran metamorfosis. En el cuadro V.5 aparecen los gastos gubernamentales estadunidenses destinados a diferentes funciones, que incluyen los realizados por el gobierno federal, los estados y las administraciones locales, cosa muy importante en un país en donde muchas funciones están a cargo parcial o totalmente de estos últimos.

CUADRO V.5. *Gastos del gobierno estadunidense en sus tres niveles, ejercicio 1969-1970*

Función	millones de dólares	porcentaje
Defensa y relaciones internacionales	84 253	25.3
Servicio postal	7 722	2.3
Exploración del espacio	3 691	1.1
Educación	55 771	16.8
Carreteras	16 746	5.0
Bienestar público	17 517	5.3
Salud y hospitales	13 587	4.1
Recursos naturales	11 469	3.4
Vivienda y urbanismo	3 189	1.0
Transporte aéreo	2 065	0.6
Seguro social	50 311	15.1
Servicios públicos	7 820	2.4
Intereses de la deuda	18 411	5.5
Otros	40 434	12.1
TOTAL	332 985	100.0

FUENTE: U. S. Department of Commerce, Bureau of the Census, *Government Finances in 1969-70*, U. S. Government Printing Office, Washington, septiembre de 1971, pp. 21-22.

Los datos corresponden a los gastos del ejercicio de 1969-1970, lo que significa que son un indicador de la magnitud de la intervención del Estado en la economía estadunidense cuando la SRI alcanza su culminación. El seguro social por sí mismo es la tercera partida en importancia con 50 311 millones de dólares, equivalentes a 15.1% de los egresos totales, lo que dice mucho del desarrollo de este rubro desde sus modestos inicios en las primeras décadas del siglo, pero hay que señalar que otros renglones, como salud y hospitales o vivienda, pueden considerarse igualmente como de protección del Estado a los habitantes afectados por los cambios en la estructura social que ya han sido mencionados. Pero además de ofrecer ese amparo, cumplen una segunda función de no menor importancia: la de suavizar los ciclos económicos ayudando a impedir contracciones profundas de la demanda agregada.

La educación es un caso diferente, aun cuando también vinculado con los cambios originados por la nueva estructura industrial. Como puede verse, representa la segunda partida por su importancia en el gasto, con 55 771 millones de dólares, equivalentes a 16.8% del total. Por una parte, ayuda a los integrantes de los estratos sociales desfavorecidos a superar su condición, pero su principal objetivo es el de proporcionar a la nueva sociedad industrial los trabajadores lo suficientemente educados que ésta necesita para existir, requisito innecesario en las etapas preindustriales e incluso sólo parcialmente necesario durante la Primera Revolución Industrial. Por el contrario, la Segunda requiere de obreros dotados inclusive de estudios superiores a los básicos y además de una gran cantidad de técnicos y científicos con preparación universitaria, como examinaremos en la última parte de este capítulo. En vista de ello, el Estado tuvo que encarar una tarea igualmente nueva y sin precedente en la historia en el terreno educativo.

La defensa nacional tiene el primer lugar en los egresos gubernamentales en Estados Unidos, con 84 253 millones de dólares y 25.3% del total. Esto representa una situación muy novedosa en la historia del país. En efecto, y en contraste con otras grandes potencias, debido principalmente a su situación geográfica, dueño de un inmenso territorio dotado de casi todos los recursos naturales y flanqueado por vecinos que no representaban una amenaza, Estados Unidos había sido una nación comparativamente desarmada durante su historia. Únicamente en dos ocasiones previas, en la Guerra Civil y la primera Guerra Mundial, tuvo que realizar una movilización en gran escala, y en ambos casos se desmovilizó rápidamente al terminar el conflicto. Después de la segunda Guerra Mundial se interrumpió este patrón debido al surgimiento de un mundo bipolar y antagónico que enfrentó a dos grandes alianzas encabezadas por la Unión Soviética y los Estados Unidos, que conservaron en las décadas de la posguerra fuerzas armadas cuya magnitud sin precedente se refleja en la partida examinada. Esto tiene gran importancia económica pues, además de generar una gran demanda, ésta se canaliza en direcciones específicas que tienden a dar una conformación particular a la economía en general y al desarrollo científico y tecnológico en particular. El establecimiento de un gran complejo militar es, en consecuencia, otro mecanismo de la intervención del Estado en el funcionamiento de la sociedad. Otros países, desde luego, han tenido tradicionalmente fuerzas armadas importantes con influencias similares.

Durante la SRI, el Estado, además, se ha convertido en un productor directo de bienes y servicios, incluso en países con economías clasificadas como reguladas por el mercado, y es propietario de innumerables empresas, desde refinerías de petróleo hasta líneas aéreas. Los datos contenidos en el cuadro V.6 ofrecen una idea de las dimensiones que adquirió el Estado en varios países en dos áreas: el consumo nacional y la formación de capital fijo.

Conviene recordar que estos datos corresponden a un promedio de los años de 1960 a 1966, cuando la SRI llegaba a su mayor auge. La primera columna es un buen indicador del peso que ha adquirido el Estado dentro del conjunto del sistema económico al indicar el porcentaje del consumo que corresponde al gobierno. Entre los países enumerados Japón tiene la proporción menor, ya que el consumo gubernamental sólo asciende a 14.3% del total; esto se explica por la magnitud modesta que han tenido las fuerzas armadas japonesas en la posguerra. Por la razón contraria el consumo del gobierno estadunidense es la mayor, con 22.8% debido al gran tamaño de su establecimiento militar. Otros países tienen porcentajes intermedios.

En la segunda y tercera columnas encontramos otros dos indicadores de la importancia económica del Estado durante la SRI: su contribución en la formación de capital. En la segunda, que mide la aportación del gobierno, se tiene un mínimo de 12.3% de Francia y un máximo de 16.2% para la Alemania Federal. Es notable la poca diferencia que existe entre las naciones en este terreno. No ocurre lo mismo cuando se cuantifica la proporción del sector público que incluye las empresas paraestatales. Aquí las disparidades son notables: mientras Estados Unidos sólo alcanza 18.2%, mostrando las reducidas dimensiones del sector productivo de propiedad pública, la Gran Bretaña presenta la situación contraria con

CUADRO V.6. *Magnitud de la intervención del Estado en varios países, 1960-1966 (porcentajes)* *

País	Participación gubernamental en el consumo total	Participación en la formación de capital fijo	
		gobierno	sector público
Francia	17.3	12.9	37.1
Alemania Federal	20.7	16.2	—
Japón	14.3	—	29.5
Gran Bretaña	20.4	12.3	43.3
Estados Unidos	22.8	15.7	18.2
Media de 18 países con economía de mercado	18.6	15.7	35.4

* La primera y segunda columnas se refieren únicamente al gobierno propiamente dicho, mientras la tercera incluye las empresas públicas.
FUENTE: Lloyd G. Reynolds, *The Three Worlds of Economics*, Yale University Press, New Haven, 1971, p. 37.

un extraordinario 43.3%, que refleja las nacionalizaciones de la posguerra, las cuales incluyeron la electricidad, el carbón, el gas, la energía atómica, los ferrocarriles y las líneas aéreas, así como el acero, aun cuando posteriormente algunas empresas siderúrgicas fueron desnacionalizadas.

El último renglón es muy interesante. Muestra las cifras correspondientes a la media de 18 países con economías de mercado y que es de 18.6% de participación del gobierno en el consumo y de 15.7% en la formación de capital, que sube a 35.4% si se considera todo el sector público. Todo esto es prueba del enorme peso del Estado en la economía de las naciones durante la SRI, y conduce a ciertos autores a decir que es más propio hablar de "economías mixtas" al referirse a las que predominaron en los países desarrollados occidentales.[25]

Pese al extraordinario crecimiento de las operaciones del Estado, éste no habría logrado el gran control sobre el funcio-

[25] Lloyd G. Reynolds, *The Three Worlds of Economics*, Yale University Press, New Haven, 1971, pp. 39-40.

namiento de toda la estructura económica que alcanzó durante esta etapa del proceso industrializador si no hubiera potenciado también su intervención sobre el sector privado, que representa tres cuartas partes del PNB.

Lo complejo y peligroso de muchas de las tecnologías utilizadas en la SRI hizo necesario que se regulara su uso. Multitud de productos, desde medicinas hasta aviones, no se pueden comercializar sin permiso oficial previo, y muchas ramas de la economía, bancos, líneas aéreas, etc., están sujetas a una supervisión permanente de las agencias gubernamentales respectivas, lo cual implica necesariamente un crecimiento de las operaciones del Estado y del personal a su servicio.

El Estado cuenta con tres mecanismos principales para controlar el volumen de la demanda privada, que complementan la influencia de su propio gasto. Éstos son muy importantes ya que en muchas ocasiones los egresos gubernamentales no pueden modificarse de acuerdo con las necesidades del equilibrio macroeconómico, sino que están determinados por factores políticos y sociales. En primer lugar el gobierno puede modificar los impuestos, elevándolos, disminuyéndolos o repartiendo la carga fiscal en una forma diferente entre los diversos causantes, lo cual ejerce una influencia poderosa sobre el consumo y la inversión privados. La segunda arma de los gobiernos es la política monetaria, ya que las decisiones del sector privado están determinadas en buena medida por el costo y la disponibilidad del crédito. Por último, el Estado tiene la capacidad de imponer controles directos sobre las empresas y los individuos, cuya naturaleza y alcance estarán determinados por los objetivos perseguidos.

La política fiscal adquirió un propósito doble. Por una parte es la forma de financiar los gastos del gobierno, pero por otra, opera como una válvula que regula la demanda. Si ésta es excesiva en relación con la oferta, como ocurre cuando un periodo de auge coincide con el pleno empleo de la planta productiva, se puede moderar esa demanda hasta llevarla a un nivel de equilibrio incrementando los impuestos, evitando así efectos indeseables como la inflación; inversamente, si existe capacidad ociosa en el sistema productivo es posible aumentar la demanda reduciendo los impuestos, con lo cual se llega a la plena utilización de los recursos disponibles.[26] Desde luego, esta política implicó el abandono de la idea de que el presupuesto gubernamental debe estar equilibrado, para suponer que su desequilibrio es un instrumento para regular el conjunto de la economía.

La política monetaria, cuyo objetivo es igualmente la regulación del funcionamiento de la estructura económica, pretende lograrlo aumentando o disminuyendo la cantidad de dinero disponible y en consecuencia su costo, esto es, la tasa de interés. Se implantaron múltiples mecanismos a disposición del Estado para conseguir estos objetivos: cambios en la tasa bancaria, operaciones en el mercado libre, utilización de diversas tasas de encaje, tenencia obligatoria de valores públicos, pactos entre caballeros o concertaciones y controles al crédito. Éstos fueron utilizados con diversas modalidades por los gobiernos de Estados Unidos y Europa occidental durante el periodo del auge de la posguerra.[27] En Japón, por otra parte, el Estado, una vez restablecida la soberanía después de la ocupación estadunidense en la posguerra, también ejerció políticas anticíclicas utilizando los mecanismos ya examinados para las naciones occidentales desarrolladas.[28]

Sintetizando, se puede afirmar que como consecuencia de la SRI el Estado se transformó cuantitativa y cualitativamente, adquiriendo funciones nuevas y ampliando las tradicionales, adoptando así formas novedosas que lo adecuaban para actuar eficazmente en esta etapa del proceso industrializador. La legitimación teórica para esta metamorfosis la dieron varios especialistas, entre quienes destaca, ocupando un sitio privilegiado, John Maynard Keynes, sin duda el economista más influyente en este periodo.

Después de varios trabajos, especialmente su crítica a los aspectos económicos de la paz impuesta por los vencedores en la primera Guerra Mundial, Keynes publicó en 1936, du-

[26] Robert D. Lee Jr. y Ronald W. Johnson, *El gobierno y la economía*, Trad. de Agustín Bárcenas, FCE, México, 1977, pp. 80-81.

[27] Angus Maddison, *Crecimiento económico de Occidente*, Trad. de Luis Guasch, FCE, México, 1966, p. 151.

[28] Hugh T. Patrick, "Cyclical Inestability and Fiscal Monetary Policy in Postwar Japan", en William W. Lockwood (Comp.), *The State and Economic Enterprise in Japan*, Princeton University Press, Princeton, 1965, pp. 555-618.

rante la Gran Depresión, *The General Theory of Employment, Interest and Money*,[29] en la que expuso sistemáticamente sus ideas acerca del predicamento de la economía mundial. En el sistema económico operan cuatro importantes variables, producción, consumo, ahorro e inversión, que deben estar en equilibrio. La teoría tradicional suponía que éste se encontraría en un punto que implicase el uso óptimo de los recursos disponibles. La Gran Depresión demostraba que esto no ocurría así y que el sistema tenía dos grandes fallas: en primer lugar, no existe un mecanismo que garantice que la inversión sea siempre de la magnitud suficiente para evitar que se inicie una tendencia depresiva; por otra parte, el sistema puede encontrar su punto de equilibrio económico en una situación de crisis que involucre un mal uso de los recursos y un intolerable sufrimiento social. Esto ocurre así sin que exista maldad de alguno de los agentes económicos, es una falla técnica del sistema. La solución que visualizaba Keynes para este problema era que el Estado interviniera para superar la crisis. Como se ha examinado, esta acción del Estado se estaba dando ya como una respuesta a la problemática social y política generada por la Gran Depresión, por lo que cuando apareció la *Teoría general* no ofreció un programa nuevo o radical, sino la legitimación teórica de lo que se estaba llevando a cabo en la práctica.[30] Con ello se completaba la labor de creatividad histórica que produjo un Estado adecuado a las necesidades de esa etapa del proceso industrializador y que constituye, como ya se ha dicho, una parte integral del mundo que generó la SRI.

V

La compleja estructura de transformaciones económicas, políticas, sociales, ideológicas, etc. que se han examinado en este capítulo y el precedente, provocaron un cambio impor-

[29] John Maynard Keynes, *Teoría general de la ocupación, el interés y el dinero*, Trad. de Eduardo Hornedo, FCE, México, 1943.
[30] Robert L. Heilbroner, *The Wordly Philosophers, The Lives, Times and Ideas of the Great Economic Thinkers*, Simon and Schuster, Nueva York, 1953, pp. 264-265.

tante en las formas de propiedad y gestión del capital, que forma parte del conjunto de la metamorfosis general. Puede describirse este cambio diciendo que se dio una separación sin precedente entre los propietarios del capital y sus administradores en el sector más importante de la estructura económica de los países desarrollados.

Como se constató al examinar el proceso de concentración del capital, durante la SRI la estructura económica de los países industrializados quedó dividida en dos sectores asimétricos, el primero integrado por un número muy grande de pequeñas empresas y otro por un pequeño grupo de compañías gigantescas propietarias de una parte mayoritaria de los activos de toda la industria. En el caso de Estados Unidos esta concentración es tal que en 1968, cuando la SRI alcanzaba su cenit, las 200 mayores empresas manufactureras poseían 60.4% de los activos industriales del país.[31] Este sector constituido por el capital concentrado es de suma importancia para los propósitos de nuestro análisis, ya que es el que determina con su comportamiento el desempeño de la economía en su conjunto y porque es en el que se concentra el cambio tecnológico, pues la tecnología se materializa en esos activos que tan espectacularmente se acumulan en él. Es aquí donde la administración del capital dejó de estar en manos de sus propietarios para pasar al control de un mecanismo gestionario bautizado como la tecnoestructura.[32] En el sector tradicional, integrado por empresarios de dimensiones modestas, éstos continúan, en general, administrando su propio capital.

De todas las transformaciones involucradas en la SRI, la que contribuyó en forma decisiva a ese traspaso en el control del capital fue el cambio tecnológico. En esta época, la tecnología es principalmente ciencia aplicada a propósitos prácticos en la producción, tanto en los productos o servicios generados como en los procesos empleados para ello. Pero para que esta aplicación pueda realizarse es necesario que ambos elementos sean divididos en sus componentes más simples, de acuerdo con los principios del taylorismo y el fordismo. Así, por

[31] Véase el cuadro IV.2.
[32] J. K. Galbraith, *The New Industrial State, op. cit.*, pp. 75-85.

ejemplo, no existe una ciencia que pueda aplicarse a la fabricación de un automóvil en su totalidad. La posibilidad de utilizar la ciencia depende de dividir las mercancías, los servicios y los procesos productivos en componentes simples en donde puedan emplearse conocimientos especializados. En el caso del automóvil, ingenieros metalúrgicos preparan los metales utilizados en el motor, el bastidor o la carrocería, los químicos desarrollan las pinturas o los plásticos, los electricistas el sistema eléctrico, etc., mientras que una multitud de expertos se ocupan de un gran número de aspectos que van desde la estética hasta la seguridad. Desapareció así la posibilidad de que un individuo pudiera poseer los diversos conocimientos empleados. Además, es necesario coordinar los esfuerzos de todos estos técnicos para producir un conjunto coherente y, por otra parte, cada elemento deberá ser evaluado económicamente. Debe determinarse su costo, su influencia en el mercado y otros factores, lo cual requiere, a su vez, de la colaboración de contadores, economistas, expertos en mercadotecnia y en finanzas que determinen la viabilidad de cada uno de ellos y del conjunto desde el punto de vista del resultado final para la prosperidad de la empresa. Todos estos especialistas utilizan también tecnologías que implican el empleo de diversas ciencias, que van desde las matemáticas hasta la psicología y cuya posesión rebasa las posibilidades de cualquier individuo. Se hace imperativa la existencia de una complicada estructura de técnicos especializados en los campos más diversos que actúa como el cerebro de la empresa y cuyo conocimiento colectivo remplazó al que antes aportaba el empresario. Desde luego, el grado de intensidad con el que actúan estos factores varía de una industria a otra, pero es obvio que su acción está presente en todo el sector surgido de la SRI.

Las otras grandes mutaciones experimentadas por las sociedades industriales durante este periodo histórico amplifican aún más el papel de la tecnoestructura. La concentración del capital que se materializa en empresas de dimensiones inmensas hace que sea aún más necesario contar con un aparato administrativo que, empleando los mejores recursos técnicos disponibles, controle inventarios de insumos, productos terminados, entregas a distribuidores y compradores, pago de trabajadores y de subcontratistas y muchos elementos más, todos ellos en una escala gigantesca, haciendo indispensable contar con departamentos especializados en ese control y que incluyen desde contadores hasta abogados que vienen a reforzar las dimensiones y el poder tecnoestructurales. La internacionalización del capital lleva aún más lejos este proceso, pues hace necesario que la empresa sea capaz de operar eficientemente en diversas sociedades que presentan una gran variedad de culturas, sistemas políticos, legislaciones y otros muchos factores, lo que implica disponer de expertos en todas esas cuestiones, los cuales, a su vez, vienen a reforzar la tecnoestructura.

La existencia de un Estado con nuevos recursos y objetivos como los que se han examinado profundiza también estas tendencias, principalmente en las empresas dedicadas a abastecerlo, como es el caso de las industrias productoras de armamento. Las relaciones con los gobiernos deben ser conducidas por especialistas que conozcan las demandas presentes y futuras de éstos e incluso, en muchos casos, ayuden a imprimirles una orientación específica. En esta tarea puede resultar muy ventajoso contar con los servicios de ex funcionarios, civiles o militares, que por su conocimiento de los mecanismos gubernamentales y los contactos establecidos durante su carrera profesional hagan más provechosa la relación de la empresa con el Estado.

Es muy importante enfatizar que todos estos factores no están simplemente yuxtapuestos, sino que existen multitud de vínculos entre ellos que los convierten en una totalidad cuya eficacia para incrementar el poder de la tecnoestructura es mayor que la suma de sus influencias individuales. Así, por ejemplo, el desarrollo científico y tecnológico que, como se ha visto, tiene un papel de primera importancia en el incremento del poderío tecnoestructural, está estrechamente vinculado con la concentración del capital, la cual produce tendencias en el mismo sentido. En efecto, en 1967, cuando la SRI alcanzaba su máximo desarrollo, 274 grandes empresas con más de 10 000 empleados realizaban 84% de la investigación industrial en Estados Unidos. En contrapartida, las siguientes 223 firmas, que empleaban entre 5 000 y 10 000, sólo producían 5%; 858 empresas con 1 000 a 5 000 empleados generaban 7%; y las firmas con menos de 1 000 únicamente 4%.[33] De esta manera ambos factores se reforzaban recíprocamente para potenciar la tecnoestructura.

Frente a tantos elementos cuya acción operaba en ese sentido, los propietarios de capital evolucionaron con tendencias opuestas que debilitaban continuamente su influencia en la gestión de las grandes empresas. Por una parte, la propiedad de éstas se ha fraccionado al dividirse el patrimonio de los fundadores entre sus herederos a través de varias generaciones, y principalmente al colocarse paquetes de acciones en el mercado de valores. El resultado de la acción de estos mecanismos ha sido un proceso que ha atomizado la propiedad de la firma entre miles, y en algunos casos cientos de miles, de accionistas, ninguno de los cuales tiene una proporción significativa del total, por lo que su capacidad de influir en la directiva es mínima. Por otra parte, también de gran importancia es el desconocimiento que esos propietarios tienen del funcionamiento de "su empresa". Las acciones se compran y se venden con base en los consejos de los empleados de las casas de bolsa, de rumores o incluso de simples corazonadas. De esta manera, las acciones cambian de dueño sin que éstos lleguen a saber gran cosa de los asuntos de "su" compañía. Esta ignorancia es tan grande que a menudo se desconoce hasta la ubicación física de las instalaciones de la firma o el tipo de mercancías o servicios que se producen en ellas. En estas condiciones, pocos accionistas acuden a las asambleas donde supuestamente se toman las decisiones acerca de las políticas o se elige a los miembros del consejo de administración, por lo que dichas reuniones son simples ceremonias vacías, fácilmente manejadas por la administración con el apoyo de una minoría de accionistas que asiste o vota a distancia mediante apoderados, y en donde se limitan a ratificar las decisiones tomadas de antemano por la cúpula de la tecnoestructura con base en los conocimientos que ésta sí tiene de la empresa.

[33] National Science Foundation, *Research and Development in Industry, 1967*, julio de 1969.

El resultado de la combinación de estas tendencias fue que el poder se desplazó, durante la SRI, de los propietarios del capital hacia administradores que tenían una participación muy pequeña o nula en esa propiedad, pero que eran quienes conocían el funcionamiento de la compañía incluyendo sus aspectos científico-técnicos, que casi siempre resultan inaccesibles a los profanos. Este divorcio entre la propiedad del capital y su administración fue tan rápido que, como señala Galbraith, en una fecha tan temprana como 1930 el estudio hecho por Berle y Means de las 200 mayores empresas no financieras de Estados Unidos reveló que 44% de ellas, las cuales representaban 58% del valor total, se encontraban ya bajo el control de sus administradores y no de sus propietarios,[34] y una década después este proceso era tan obvio que se acuñó la expresión "revolución gerencial" *(managerial revolution)* para designarlo y se publicó un libro sobre él con ese título. En otras naciones industriales tuvieron lugar transformaciones similares, aun cuando con las especificidades propias de las condiciones de cada país.

En los años siguientes, diversos economistas abordaron el estudio de este proceso que se profundizaba con el paso del tiempo. Entre ellos puede citarse a R. A. Gordon, P. Sargent Florence, Carl Kaysen y Edith Penrose, así como el propio Galbraith, por lo que para la década de los años sesenta, cuando la SRI se encontraba en plenitud, el capitalismo "gerencial" *(managerial capitalism)* se había convertido en la forma dominante dentro de la organización del sistema económico tanto en Estados Unidos como en Europa occidental y era posible y deseable hacer un estudio teórico del mismo.[35] La progresiva transferencia del control del capital concentrado quedó ilustrada por el hecho de que en la Gran Bretaña, en 1936, únicamente 10% de las grandes empresas eran controladas por un solo accionista que poseía más de 50% de los votos, y 18% de ellas ya no estaban en esa situación pero todavía permanecían bajo el dominio de los 20 principales ac-

[34] Adolf Berle y Gardiner Means, *The Modern Corporation and Private Property*, Harcourt Brace, Cambridge, 1969, p. 94.
[35] Robin Marris, *The Economic Theory of "Managerial" Capitalism*, Basic Books, Nueva York, 1968, pp. xi y 1.

cionistas. Hacia 1951 esas cifras habían descendido a 7 y 5%, respectivamente, lo que significaba que 88% de las grandes empresas británicas ya no estaban dominadas ni siquiera por el conjunto de sus 20 accionistas mayoritarios. En Estados Unidos el proceso de dispersión de la propiedad fue aún más rápido y profundo, pues ya desde 1936 en ninguna de las 126 principales compañías industriales los 20 mayores accionistas juntos tenían la mayoría de los votos.[36] En esas condiciones, la propiedad de las empresas representativas del capital concentrado había sido atomizada y los accionistas individuales carecían de poder frente a la administración tecnoestructural, que tendió a convertirse en una entidad autónoma que se autoperpetúa.

Este cambio explica por qué los nombres de los grandes empresarios del siglo XIX y principios del XX, testigos y artífices de la gran concentración del capital industrial que inauguró la época de la SRI, Rockefeller, Morgan, Ford y otros, así como sus homólogos europeos, continúan siendo conocidos hasta el presente, mientras que aquellos de los dirigentes actuales de las grandes empresas resultan familiares únicamente para un reducido número de personas que tienen relaciones con las compañías que dirigen o son especialistas que se dedican al estudio de este campo.

Las repercusiones que tuvo esta transformación de la estructura económica serán analizadas más adelante; aquí simplemente se las señala como un legado más de la SRI, para abordar en seguida el examen de otro de los grandes componentes de su compleja herencia: la constitución de una base energética propia.

---

[36] *Ibid.*, p. 311, *apud* P. Sargent Florence, *The Logic of British and American Industry*, Londres, 1953, p. 189, y P. Sargent Florence, *Ownership, Control and Success of Large Companies*, Londres, 1961, pp. 68-69.

VI. ENERGÍA Y SEGUNDA REVOLUCIÓN INDUSTRIAL

> Los avances científicos y tecnológicos tienen lugar en proporción directa con el incremento de la demanda de energía.
>
> ANDREW R. CECIL[1]

I

TODA sociedad requiere de una base energética. En las comunidades primitivas, ésta, generalmente, es proporcionada por el aparato muscular de los individuos que la integran. Tratándose de sociedades más complejas, usualmente esa energía se enriquece con la extraída de animales domesticados, del viento, de corrientes y caídas de agua, etc. A estas formas de energía mecánica se añade la térmica, producto de la combustión de materiales inflamables, que ha servido para preparar alimentos, combatir el frío, como arma ofensiva y defensiva y en varios procesos productivos como la alfarería y la metalurgia. Posteriormente, tal como hemos tenido ocasión de comprobar al examinar el proceso industrializador en los casos de Inglaterra, Francia, Alemania y Estados Unidos, la PRI tuvo como condición necesaria una enorme ampliación de la base energética del aparato productivo mediante el uso de combustibles fósiles, principalmente el carbón mineral. Pese a la importancia de la energía en el funcionamiento de las estructuras económicas, la economía rara vez se ha ocupado del tema del abasto energético. Al estudiar la Revolución Industrial se hacen largos análisis de las máquinas de diversos tipos que se introdujeron tanto en la producción como en el transporte, la nueva organización del proceso de trabajo, etc., pero se

---

[1] Andrew R. Cecil *et al.*, *Economics of the Petroleum Industry*, Gulf Publishing Company, Houston, 1965, vol. III, p. 1.

estudia en forma inadecuada la base energética que la hizo posible.

La expansión de los cimientos energéticos del desarrollo económico de los países industriales queda revelada en las cifras de la producción de carbón. Así, en el bienio 1868-1869 se producía en el mundo un promedio anual de 209 millones de toneladas de carbón, y para el periodo 1900-1904, la producción anual se había cuadruplicado para llegar a 827 millones. Igualmente significativos son los datos correspondientes a los principales países industriales: la Gran Bretaña producía 107 millones en 1868-1869, mientras que Estados Unidos se limitaba a 33 y Alemania a 34, mostrando la superioridad industrial británica, pero para 1900-1904 Alemania se acercaba a la Gran Bretaña con 157 millones anuales contra 230 de ésta; a su vez, Estados Unidos la superaba ya con una producción de 286 millones de toneladas.[2] Los cambios en la correlación de fuerzas en el concierto de las naciones se reflejaban en el terreno de la energía.

Cuando las sociedades industriales penetraron, en el siglo XX, en una nueva revolución industrial, ello implicó la adquisición de una base energética también nueva cuyo centro de gravedad dejó de ser ocupado por el carbón y donde el papel principal correspondería al petróleo y la electricidad. Ambos elementos habían tenido ya una primera etapa de crecimiento en las últimas décadas del siglo anterior, pero ahora se convirtieron no sólo en la principal fuente de energía, sino que por sus características especiales fueron la condición indispensable para el funcionamiento de la nueva estructura económica. El petróleo posibilitó el motor de combustión interna que, a su vez, fue la base de los automóviles, camiones, locomotoras a diesel, etc., los cuales integran el transporte terrestre en la actualidad, así como de los barcos y aviones contemporáneos. El sistema que forman no sería posible sin la nueva base energética derivada del petróleo. La electricidad, por su parte, resulta indispensable aún en mayor medida que los hidrocarburos. En efecto, los mecanismos que dependen

[2] W. S. Woytinsky y E. S. Woytinsky, *World Population, Trends and Outlock*, The Twentieth Century Fund, Nueva York, 1953, p. 868.

del motor de combustión interna están dotados de sistemas eléctricos más o menos complejos. Por otra parte, la electricidad permitió la construcción de motores eléctricos que posibilitarían, o por lo menos harían menos difícil, la organización de las cadenas semiautomáticas de producción. En las comunicaciones inalámbricas, radio y televisión, así como en servicios anexos como el radar, la electricidad es un requisito indispensable. Por último, la energía eléctrica fue igualmente necesaria para el desarrollo de la informática, que ha llevado a nuevas fronteras la transformación de las sociedades industriales contemporáneas.

En esta gran metamorfosis de la base energética el petróleo y el gas desplazaron al carbón, de manera que si éste proporcionaba 95% del total en el consumo mundial de energía en 1910, en 1978 sólo abastecía 25%.[3] La diversificación de las fuentes energéticas primarias hace que la producción carbonífera ya no sea un indicador adecuado del consumo energético, por lo que se ha hecho necesario reducir las diversas fuentes a un denominador común. Así, contabilizado dicho consumo, queda patente la inmensa expansión de la base energética que subyace en el desarrollo industrial de las sociedades avanzadas en particular y del mundo en general. Como hemos visto, en 1900 se consumían unos 827 millones de toneladas de carbón, mientras que, de acuerdo con las estimaciones realizadas por Jean-Romain Frisch, quien utilizó información de las Naciones Unidas, para 1950, cuando se han materializado las grandes transformaciones del fordismo, el consumo energético mundial se elevó a 2 600 millones de toneladas equivalentes de carbón (TEC), y para 1974, después de la gran expansión de la posguerra, se consumieron anualmente 8 300 millones de TEC.[4] Esto es, la gran transformación de la economía mundial en el siglo XX implicó una decuplicación de la base energética, así como su transformación cualitativa en los términos descritos.

[3] Roger Dumon, *Le renoveau du charbon*, Masson, París, 1981, p. 14.
[4] Roger A. Blais, "Whatever we do, world energy demand will triple by the year 2000", en *Growth in a Conserving Society*, Proceedings of the 47th Couchiching Conference, Canadian Institute of Public Affairs, Yorkwinster Publishing Ltd., Toronto, 1979, p. 102.

De esta manera, el vínculo entre el consumo de energía y el avance científico-tecnológico que subyace en el crecimiento económico está fuera de toda duda. Por otra parte, esta correlación, de acuerdo con todas las predicciones, se mantendrá en el futuro inmediato, de manera que, como afirma Roger A. Blais, sea cual fuere nuestra política, la demanda energética se triplicará para el año 2000 alcanzando 27 500 millones de TEC. Dar respuesta adecuada a esta gigantesca demanda es un grave reto para la humanidad, y el fracaso en hacerlo se constituiría en una barrera al crecimiento económico con todas las consecuencias que esto implica. El tema será examinado con mayor detenimiento en el capítulo correspondiente de este trabajo. Por otra parte, los cambios en el consumo global de energía siguen reflejando la correlación de fuerzas entre las diversas naciones o agrupamiento de ellas. Así, en 1950, los países industriales con economías de mercado consumían 75% del abasto mundial, los países con economías centralmente planificadas 18% y los subdesarrollados, incluyendo a China, tan sólo 7%, mientras que en 1974 la porción del primer conjunto de naciones había descendido a 61%, la de los países con planificación, en cambio, se elevó a 23% y la del Tercer Mundo a 16%, reflejando el mayor peso relativo económico y político de estos dos últimos conjuntos.[5]

II

La electricidad es, como se ha dicho, uno de los dos grandes elementos constitutivos de la renovación de la base energética del sistema económico mundial en el siglo XX. En el cuadro VI.1 puede apreciarse que el consumo de electricidad no sólo ha crecido al incrementarse la demanda de energéticos durante la gran expansión de las fuerzas productivas en el siglo XX, sino que la proporción que cubre de la oferta energética aumentó continuamente desde 7% en 1925 hasta 25% en 1970, al terminar la gran onda de crecimiento, permitiendo así asegurar un abasto adecuado tanto para el sistema productivo como para los requerimientos del consumo final.

[5] R. A. Blais, "Whatever...", *op. cit.*, pp. 102-103.

CUADRO VI.1. *Consumo mundial de energía primaria,*
1925, 1950 y 1970 (a), *y porcentajes correspondientes*
a la energía eléctrica

Energía	1925	1950	1970
MTEP (b)	1 200	1 800	5 100
Electricidad (%)	7	14	25

(a) Incluye los países de economía centralmente planificada.
(b) Millones de toneladas de equivalente de petróleo.
FUENTE: *International Atomic Energy Agency Bulletin*, vol. 15, núm. 5, 1973.

La electricidad constituye una energía secundaria, esto es, no se obtiene directamente de la naturaleza, sino que se genera a partir de las fuentes de energía primaria como el carbón o el petróleo. En vista de ello, lo más interesante de la industria eléctrica, desde la óptica de este análisis, son las grandes oportunidades de inversión que ofrece su desarrollo y que permiten absorber las utilidades generadas por el capital altamente concentrado. Las grandes empresas generadoras de electricidad tienen actualmente activos que rebasan los correspondientes a los principales ferrocarriles que, como hemos visto, iniciaron las concentraciones gigantescas de capital hace un siglo. Así, tenemos que la empresa ferroviaria más importante de Estados Unidos, la Santa Fe Southern Pacific, formada apenas el 23 de diciembre de 1983 con la fusión de Santa Fe Industries y Southern Pacific, tiene activos por 11 387 millones de dólares, mientras que existen empresas eléctricas cuyas inversiones son superiores, como la American Electric Power, con activos de 12 831 millones de dólares y la Commonwealth Edison, con 13 591 millones.[6] De esta manera, la energía eléctrica no sólo es un elemento insustituible técnicamente en la estructura económica derivada de la SRI, sino que ha tenido un papel de primer orden en el mantenimiento del equilibrio macroeconómico al absorber grandes inversiones.

Importantes como son las oportunidades de inversión abiertas por la demanda de energía eléctrica, son aún mayores las

[6] *Fortune*, 11 de junio de 1984, p. 188.

generadas en industrias que no existirían sin esa base energética. El mejor ejemplo de éstas es una empresa telefónica que ocupa un lugar privilegiado en el panorama económico estadunidense, la American Telephone & Telegraph, cuyos activos empequeñecen no sólo a los de las compañías eléctricas, sino a los de todas las demás empresas de Estados Unidos. En efecto, la ATT posee activos por la astronómica cantidad de 69 403 millones de dólares,[7] cifra superior a la correspondiente a la mayor empresa petrolera, la Exxon, que tiene 62 968 millones, lo mismo que a la mayor empresa manufacturera, la General Motors, cuyos activos ascienden a 45 694 millones.[8] Creemos que esto demuestra tanto el carácter estructural como la magnitud de la gigantesca transformación —que con toda justicia recibe el nombre de revolución— que implica la nueva fase histórica de las sociedades industriales en el siglo XX y cuya base energética experimentó un cambio igualmente revolucionario que completaría la gran metamorfosis.

El petróleo presenta un panorama igualmente revelador de las características de la nueva economía de las sociedades desarrolladas. A diferencia de la electricidad, los hidrocarburos son una fuente de energía primaria y debemos, en consecuencia, darles un tratamiento más extenso que abarque aspectos que no son pertinentes en el caso de la energía eléctrica. Dentro del enorme incremento de la demanda energética que sirvió de base al crecimiento económico de las naciones industriales en este siglo, el consumo de petróleo se caracteriza por su dinamismo, especialmente en Estados Unidos, donde las transformaciones ligadas al fordismo se dieron en su forma más acabada. Mientras la población de ese país se incrementaba en 60% entre 1920 y 1957, el uso de energía de todos los tipos aumentaba 119% y, dentro de éste, el de petróleo y gas mostraba un incremento de 736%. Ese gran diferencial en los incrementos relativos hizo que la participación del petróleo dentro del consumo global de energía en la economía estadunidense aumentara rápidamente, de manera que pasó de

[7] *Fortune*, 11 de junio de 1984, p. 190.
[8] *Fortune*, 30 de abril de 1984, pp. 276-277.

ser 17.7% en 1920 hasta alcanzar 67.5% en 1956.[9] El nuevo capitalismo que se estructuró en la primera mitad del siglo XX en Estados Unidos había, para esa fecha, construido su base energética sobre el petróleo. En el cuadro VI.2, elaborado a partir de una fuente distinta, aparecen datos que comprueban este desplazamiento hacia los hidrocarburos. En 1925, Estados Unidos extraía 74.2% de su energía de los combustibles sólidos, lo que significa del carbón en términos prácticos, mientras que sólo 25.4% procedía del petróleo y el gas. Para 1950, después de la transformación de la economía operada por la SRI, los combustibles sólidos habían descendido a 42.3% y los hidrocarburos proporcionaban ya la mayor parte de la oferta energética con 56.6%. Hacia 1965, al alcanzarse la culminación del auge generado por el nuevo modelo económico, la ventaja de los hidrocarburos era aún mayor, generando 74.4% del abasto de energía del país.

CUADRO VI.2. *Distribución de las fuentes de la oferta energética en los principales países capitalistas, 1925, 1950 y 1965 (porcentajes)*

País o región	Comb. sólidos			Comb. líquidos			Gas natural		
	1925	1950	1965	1925	1950	1965	1925	1950	1965
Estados Unidos	74.2	42.3	24.3	19.2	37.7	42.9	6.2	18.9	31.5
Europa occidental	96.0	83.8	47.1	3.2	13.5	47.1	—	0.2	2.5
Japón	92.4	83.2	36.5	4.4	6.1	58.4	0.1	0.2	1.4

FUENTE: CEPAL, *América Latina y los problemas actuales de la energía*, FCE, México, 1975, p. 35, *apud* J. Darmastadter *et al.*, *Energy in the World Economy*, John Hopkins Press, Baltimore, 1971, p. 86.

[9] John M. Campbell, *Oil Property Evaluation*, Prentice Hall, Englewood Cliffs, N. J., 1960, pp. 48 y 54, *apud* Bureau of Mines, *Monthly Petroleum Statement*, enero de 1957, p. 25, y Department of Interior, *Nation's Mineral Output for 1917*, 31 de diciembre de 1957.

Es muy importante para los propósitos de este trabajo señalar la evolución de la base energética en los países europeos con economía de mercado, así como en Japón. En efecto, se comprueba a través de los datos del cuadro VI.2 que hubo un rezago en la transformación de su base energética en relación con Estados Unidos. Así, Europa occidental en 1950 todavía obtenía 83.8% de su energía fundamentalmente del carbón, y en Japón la cifra era casi idéntica; en cambio, los hidrocarburos proporcionaban únicamente 13.8% de la energía de Europa occidental y un minúsculo 6.3% en el caso japonés. Pero tan sólo 15 años más tarde estas cifras habían cambiado pronunciadamente: los combustibles sólidos habían descendido a 47.1% en los países europeos y en Japón la cifra era aún menor, de 36.5%, mientras que los hidrocarburos ascendieron a 49.6% en el caso europeo y a 59.8% en la economía japonesa. Este rezago significa que las grandes transformaciones características de la SRI, como la motorización masiva de la sociedad, sólo tuvieron lugar en Europa y en Japón después de 1950, lo cual explica el gran dinamismo de la economía mundial en las décadas de los años cincuenta y sesenta, al hacerse extensivos los efectos dinamizadores del nuevo modelo económico a las sociedades europeas y japonesa. El gigantesco crecimiento económico de la segunda posguerra implicó una expansión también enorme de la demanda de energía, al mismo tiempo que ésta se desplazaba del carbón hacia el petróleo. Esto ocasionaría que en los 25 años que siguieron a 1945 el mundo consumiera una mayor cantidad de ese recurso que en todo el resto de la historia.[10]

Responder a tan enorme demanda de petróleo significó cambios muy importantes en las estructuras económicas y políticas del mundo entero, en los que el capital concentrado ha tenido una influencia decisiva. La industria petrolera que nació en 1859 con la perforación de un pozo por Edwin L. Drake en Titusville, Pensilvania,[11] cuando todavía estaba en plena vigencia la matriz de factores que caracterizaron la PRI,

[10] Richard J. Barnet, *The Lean Years, Politics in the Age of Scarcity*, Simon and Schuster, Nueva York, 1980, p. 16.

[11] R. M. Goss, "The Structure of the Industry", en British Petroleum Company Limited, *Our Industry Petroleum*, Britannia House, Londres, 1977, p. 27.

ya desde sus inicios tuvo una marcada vocación internacional. En Estados Unidos, las empresas petroleras no sólo se ocuparon de satisfacer el mercado interno, sino que casi inmediatamente comenzaron a penetrar en los extranjeros, de manera que doce años después del descubrimiento de Drake ya las exportaciones estadunidenses de crudo ascendían a 36 millones de dólares.[12]

La industria petrolera se desarrolló en Estados Unidos en condiciones que no facilitaban la concentración del capital. Dos fueron las barreras que enfrentó el proceso concentrador: la propiedad privada del subsuelo y la dispersión de los yacimientos. La legislación norteamericana, a diferencia de muchas otras, no concede la propiedad sobre la riqueza subterránea al Estado, sino al dueño de la superficie. Esto obligó a los empresarios petroleros a entablar negociaciones con una legión de propietarios individuales, dificultando cualquier intento monopolizador. Por otra parte, el petróleo se encontraba disperso en varios estados de la Unión en campos medianos y pequeños cuyo control era muy difícil.[13] Pero si la extracción de crudo no era fácil de controlar, los procesos de refinación y transporte sí lo eran, y John D. Rockefeller aprovechó esta circunstancia para dominar la naciente industria y llegar a controlar rápidamente 90% de la capacidad de refinación en Estados Unidos.[14] La Standard Oil, la empresa organizada por el dinámico magnate, fue sujeta a una severa crítica, materializada en una acción legal que culminaría en 1911 con el fallo de la Suprema Corte en contra del *trust*, ordenando su fragmentación. El veredicto, sin embargo, aun cuando de gran importancia, no tuvo todos los efectos que se esperaban, pues implicaba devolver los activos de la empresa a sus accionistas. Dichos activos comprendían producción, transporte, refinación y comercialización de petróleo.[15] El resultado fue que los intereses de Rockefeller siguieron dominando

---

[12] J. M. Campbell, *Oil Property...*, *op. cit.*, p. 43, *apud* Bureau of Foreign and Domestic Commerce, *Petroleum Facts and Figures*, 9, p. 336.

[13] John M. Blair, *The Control of Oil*, Pantheon Books, Nueva York, 1976, p. 125.

[14] R. M. Goss, "The Structure...", *op. cit.*, p. 28.

[15] J. M. Blair, *The Control...*, *op. cit.*, p. 127, *apud* Standard Oil Company of New Jersey *et al.* vs. United States, 221 U. S. (1911).

el sistema, de manera que once años después la Federal Trade Commision reportaba que "existe, como es generalmente conocido, una vinculación en la propiedad de las diversas organizaciones [del grupo Standard Oil] que ha perpetuado el mismo control monopólico que los tribunales quisieron liquidar".[16] Por otra parte, las diferentes empresas que surgieron como resultado de la fragmentación del antiguo *trust* se dedicaron a absorber competidores. En 1921, la Standard de Indiana adquirió la Midwest Refining, y cuatro años después, la Pan American Petroleum and Transportation. En ese mismo año, la Standard de Nueva York (Mobil) absorbía la Magnolia Petroleum, y en 1926 la General Petroleum. Estas adquisiciones fueron un mecanismo importante del continuo crecimiento de las empresas Standard.[17] Otras compañías siguieron trayectorias concentradoras similares, y el resultado final del proceso, medio siglo más tarde, puede observarse en las cifras del cuadro VI.3. Las ocho empresas petroleras más importantes controlaban en 1970 más de 50% de las reservas nacionales de petróleo, así como de la producción de crudo, de la capacidad de refinación y de las ventas de gasolina al menudeo.

Pese al grado de concentración señalado, las mismas cifras indican que en la industria petrolera ninguna empresa tiene la posición hegemónica que otras compañías como la General Motors o la IBM poseen en sus respectivos campos. Es preciso enfatizar que la concentración del capital no es sinónimo de monopolización.

Las potencias industriales europeas no disponían de yacimientos petroleros importantes en sus territorios, por lo que emprendieron su búsqueda en ultramar. Este proceso se inició en el Medio Oriente a principios de siglo, cuando el gobierno del Imperio persa dio una concesión a William Knox D'Arcy para explotar petróleo y gas en todo su territorio, con excepción de cinco provincias septentrionales. En 1908 comenzó la

---

[16] J. M. Blair, *The Control...*, *op. cit.*, p. 127, *apud* Federal Trade Commission, *Report on the Petroleum Trade in Wyoming and Montana*, 1922, p. 3.
[17] Adolf A. Berle y Gardiner C. Means, *The Modern Corporation and Private Property*, Harcourt, Brace, Nueva York, 1967, pp. 320 y 321, cit. en J. M. Blair, *The Control...*, *op. cit.*, p. 127.

CUADRO VI.3. *Principales compañías petroleras en Estados Unidos y su participación de las diversas operaciones en 1970 (porcentajes)*

Empresa	Reservas en EUA	Producción de crudo	Capacidad de refinación	Ventas de gasolina al menudeo
Exxon	9.9	9.8	8.6	7.4
Texaco	9.3	8.5	8.1	8.1
Gulf	9.0	6.8	5.8	7.1
Stan. Calif.	9.0	5.3	7.7	5.0
Stan. Indiana	8.5	5.1	8.2	7.3
Arco	7.5	5.1	5.4	5.6
Shell	5.9	6.1	8.0	7.9
Mobil	4.9	3.9	6.3	6.6
TOTALES	64.0	50.5	58.1	55.0

FUENTE: *1973 FTC Staff Report*, pp. 13-22, cit. en J. M. Blair, *The Control...*, op. cit.

producción comercial y al año siguiente se formó la Anglo-Persian Oil Company para explotar la producción de hidro-carburos; en 1935 cambió su nombre por el de Anglo-Iranian y, por último, en 1954 volvió a ser rebautizada como British Petroleum Company, denominación que conserva hasta la actualidad.[18]

Esta penetración de los europeos en el Medio Oriente ilustra las diferencias entre la industria petrolera de Estados Unidos y la de otros países. Mientras que en el primer caso tenían que adquirirse los derechos a la explotación del subsuelo de una multitud de propietarios individuales, en países como Persia, donde el Estado poseía tales derechos, éste podía enajenarlos en forma masiva en favor de una empresa o individuo. Así, en el caso persa se dio a D'Arcy la concesión sobre un territorio de 500 000 millas cuadradas, equivalentes a cuatro quintas partes del Irán actual, creando automáticamente una situación monopólica.[19] Por otra parte, el importante papel

[18] R. W. Ferrer, "A Brief History of B P", en *British Petroleum, Our Industry...*, *op. cit.*, pp. 535-537.
[19] J. M. Blair, *The Control...*, *op. cit.*, pp. 29-31.

del Estado en el desarrollo de la nueva etapa del sistema económico mundial originada por la SRI, quedó evidenciado incluso tratándose de naciones atrasadas como la Persia imperial al iniciarse el siglo XX. Otra intervención significativa del Estado se dio cuando la Anglo-Persian recibió un valioso apoyo del gobierno británico impulsado por Winston Churchill, entonces primer Lord del Almirantazgo, quien deseaba asegurar el abasto de petróleo para la Royal Navy.[20] Al mismo tiempo, el interés de Churchill señalaba la creciente importancia del crudo a medida que se construía la nueva base energética de la cual sería el centro. Poco después, Lord Curzon, miembro del gabinete británico durante la primera Guerra Mundial, puso de relieve este hecho al proferir su conocida frase: "Los Aliados flotaron hacia la victoria en una ola de petróleo".

El desarrollo de la riqueza petrolera del Medio Oriente es de la mayor importancia si se tiene presente lo que ahora sabemos acerca de la distribución de las reservas de ese recurso en el mundo. Independientemente de las ambigüedades que conlleva el concepto de reservas,[21] no cabe duda de que los yacimientos más ricos están en dicha región, tal como lo muestran las cifras del cuadro VI.4, correspondientes a las reservas mundiales de crudo tal como se calcularon en 1980 y de acuerdo con las cuales el Medio Oriente posee más de 50% de la riqueza petrolera del planeta con unos 362 mil millones de barriles, mientras que Estados Unidos únicamente tiene 26 500 millones y Europa occidental un poco menos de 24 mil millones.

Sin embargo, las empresas estadunidenses no habían penetrado en el Oriente Medio al terminar el primer conflicto mundial, y sus avances fuera del territorio de la Unión Americana se limitaban a México, donde se habían establecido desde época temprana al principio del siglo. Esta situación no resultaba aceptable para los norteamericanos. El senador Henry Cabot Lodge denunció que "Inglaterra se está posesionan-

[20] R. W. Ferrer, "A Brief...", *op. cit.*, p. 339.
[21] Marcela Serrato, *Las reservas mundiales de petróleo crudo y gas natural*, Colmex, México, 1980.

CUADRO VI.4. *Cálculo de las reservas probadas de petróleo*
al 1° de enero de 1980 (miles de barriles)

País o región	Reservas probadas*
Asia-Pacífico	19 355 200
Europa occidental	23 776 400
Medio Oriente	361 947 300
Arabia Saudita	163 350 000
África	57 072 100
Hemisferio Occidental	89 772 500
México	31 250 000
Estados Unidos	26 500 000
Países socialistas	90 000 000
Unión Soviética	67 000 000
TOTAL MUNDIAL	641 623 500

*Todas las cifras, con excepción de las de la URSS, son reservas probadas que pueden recuperarse con la tecnología presente y a los precios actuales. Los datos de la URSS son "reservas exploradas" e incluyen reservas probadas, probables y algunas potenciales.

FUENTE: *Oil and Gas Journal*, 28 de diciembre de 1979, cit. en Marcela Serrato, *Las reservas...*, *op. cit.*, pp. 63-64.

do de la riqueza petrolera del mundo".[22] El gobierno estadunidense emprendió una intensa lucha para abrir paso a las empresas de su país en la explotación del energético en territorios extranjeros.[23] Apoyadas de esta manera por el Estado, las compañías norteamericanas consiguieron entrar al Medio Oriente en 1928, cuando Exxon y Mobil llegaron a ser propietarias de la Iraq Petroleum Company. Posteriormente, la Gulf llegó a Kuwait y la Standard Oil de California y la Texaco penetraron en Bahrein y en Arabia Saudita.[24] La presencia

[22] Neil H. Jacoby, *Multinational Oil, A Study in Industrial Dynamics*, Macmillan, Nueva York, 1974, p. 10.

[23] Mensaje del presidente Coolidge en respuesta a la Resolución núm. 149 del Senado del 13 de febrero de 1924; *Oil Concessions in Foreign Countries*, documento 97 del Senado, 68 congreso, 1ª sesión, 1924; *Diplomatic Protection of American Petroleum Interests in Mesopotamia, Netherlads East Indies and Mexico*, Study for the Special Subcommitte Investigating Petroleum Resources, documento 43 del Senado, 79 congreso, 1ª sesión, 1945, cit. en N. H. Jacoby, *Multinational...*, *op. cit.*, pp. 28 y 43.

[24] J. M. Blair, *The Control...*, *op. cit.*, p. 31.

de las empresas estadunidenses en este último país sería de gran importancia en el futuro dada la magnitud de sus reservas, muy superiores a las de cualquier otra nación. Además de penetrar en el Medio Oriente, las compañías norteamericanas también lo hicieron en el Extremo Oriente y en países de Latinoamérica además de México, terminando con la hegemonía británico-holandesa en el suministro mundial de petróleo.[25] Como resultado final de todo este proceso surgieron las siete gigantescas empresas petroleras que han tenido un destacado papel en la historia económica de nuestra época y que son conocidas como las "Siete Hermanas".[26]

El desbordamiento de la industria petrolera estadunidense más allá de sus fronteras nacionales le permitió abastecer sin dificultad el mercado interno a partir de 1948, cuando Estados Unidos dejó de ser exportador de este recurso para transformarse en importador neto.[27] De esta manera, en 1965, época en que las grandes transformaciones del sistema económico mundial provocadas por la SRI se habían materializado, era posible afirmar, en una ponencia sobre la formación de capital en la industria petrolera, que el siglo XX la había visto transformarse en una actividad mundial que extendía su búsqueda de recursos hasta los más lejanos confines de la Tierra.[28] Las grandes compañías petroleras son, sin duda, paradigma de la empresa transnacional con intereses de alcance planetario.

El distanciamiento geográfico entre las regiones productoras del principal componente de la base energética de la economía mundial y las principales zonas consumidoras que caracteriza nuestra época, presenta otro aspecto que debemos examinar. Esta separación, que no se dio en ningún otro periodo histórico, ha generado un dinámico comercio internacional, de manera que el volumen de petróleo transportado creció de 250 millones de toneladas en 1954 a 2 mil millones

[25] H. O'Connor, *The Empire of Oil*, *op. cit.*, p. 9.
[26] Las siete empresas son: Exxon, Mobil, Standard de California, Texaco, Gulf, Royal Dutch Shell y British Petroleum.
[27] J. M. Campbell, *Oil Property...*, *op. cit.*, p. 43, *apud* Bureau of Mines, *Annual Petroleum Statement*, 1948.
[28] James W. Glanville, "Sources of Capital for the Petroleum Industry, Past, Present and Future", en A. R. Cecil *et al.*, *Economics of the Petroleum...*, *op. cit.*, p. 89.

en 1979. Este enorme incremento tuvo un efecto multiplicador en otras áreas de la economía. Para efectuar este transporte, la flota de buques tanque se incrementó de 37 millones de toneladas de peso muerto a 340 millones, lo que significaría un aumento de casi diez veces en la flota petrolera en ese periodo de 25 años, hacia finales del cual los buques cisterna representaban 50% del tonelaje de la marina mercante mundial.[29] Es fácil imaginar el impulso que esto significó para industrias como la siderúrgica, la astillera, etc. Por otra parte, los barcos utilizados cambiaron sus dimensiones en forma revolucionaria; mientras en 1949 se consideraba supertanques a los navíos con peso muerto de 20 000 toneladas y únicamente existían 18 unidades, para 1972, la necesidad de transportar volúmenes siempre crecientes de petróleo y de esquivar los problemas ocasionados por los conflictos del Medio Oriente en la ruta del Canal de Suez, hicieron que hubiese 287 supertanques de más de 200 000 toneladas.[30] Esto significó la necesidad de expandir los astilleros e incluso de construir otros nuevos equipados para producir barcos con dimensiones sin precedente. Otro tanto ocurrió con la transportación terrestre del petróleo; los carros tanque ferroviarios y autotransportes dedicados a ese acarreo fueron sustituidos rápidamente por oleoductos, de manera que fuera de los países socialistas los principales oleoductos, que sólo eran 13 en 1948 con una extensión total de 1 800 millas, se habían multiplicado hasta ser 111 en 1972, con una longitud combinada de 15 000 millas.[31] De esta manera, la nueva base energética centrada en el petróleo crecía generando un nuevo impulso dinamizador en muchas áreas y absorbiendo oferta de capital.

III

El carbón, que constituyó el principal componente de la base energética de la PRI, ha sido desplazado, como lo demuestran las cifras del cuadro V.2, de ese sitio de privilegio. Sin embar-

[29] F. Banks, *The Political Economy...*, *op. cit.*, pp. 6-7.
[30] N. H. Jacoby, *Multinational...*, *op. cit.*, pp. 76-77.
[31] *Ibid.*

go, el carbón continuó siendo un factor de gran importancia en la oferta de energía del nuevo sistema económico surgido de la SRI y, lo que es igualmente importante, muchos expertos aseguran que este recurso, más que la energía nuclear, sustituirá los hidrocarburos a medida que las existencias de éstos se agoten. Así, Michael Gaffen indica que el carbón constituye 80% de las reservas de combustibles fósiles a escala mundial, y en los Estados Unidos sus reservas equivalen a cinco veces la totalidad de las de petróleo de todos los países de la OPEP.[32]

Por otra parte, en el examen de la transformación sufrida por la base energética en el curso de la SRI, es preciso considerar no sólo que disminuyó la proporción de la oferta energética correspondiente al carbón, sino que la estructura de la demanda tuvo grandes cambios. En la economía estadunidense, el uso del carbón disminuyó o incluso desapareció en ciertas áreas de consumo, pero, en cambio, se incrementó mucho en la producción de electricidad, de manera que si en 1940 se consumieron 50 millones de toneladas, esa cifra se elevaría hasta 400 millones en 1974.[33]

CUADRO VI.5. *Evolución en la estructura de la demanda de carbón en Estados Unidos, 1920, 1955 y 1978 (porcentajes)*

Uso	1920	1955	1978
Vivienda	25	15	5
Industria	25	20	7
Producción de gas	15	19	16
Termoelectricidad	8	45	72
Transporte	27	1	0

FUENTE: R. Dumon, *Le renoveau...*, *op. cit.*, p. 98.

[32] Michel Gaffen, "The World Coal Trade in the 80's: The Rebirth of a Market", en Jonathan David Aronson y Peter Cowley (Coords.), *Profit and the Pursuit of Energy, Markets and Regulation*, Westview Press, Boulder, Colorado, 1983, p. 83.
[33] Richard A. Schmidt y George R. Hill, "Coal: Energy Keystone", en *Annual Review of Energy*, vol. 1, 1976, p. 37.

Lógicamente, después de la crisis petrolera de 1973 la demanda de las empresas eléctricas ha incrementado su importancia dentro del consumo mundial de carbón.[34] En el cuadro VI.5 pueden apreciarse las modificaciones en el perfil de la demanda carbonífera en Estados Unidos. En 1920, al iniciarse la SRI, el uso del carbón en la calefacción doméstica, en la industria y en el transporte, correspondía a 25% del consumo total en las dos primeras y a 27% en el tercero, lo que significaba más de tres cuartas partes de la demanda. Por el contrario, en 1978, al concluir esa gran transformación, el consumo era de un minúsculo 5% en la calefacción hogareña, un igualmente pequeño 7% en la industria y había desaparecido en el transporte.

Para comprender mejor el papel desempeñado por el carbón en las transformaciones de la base energética conviene recordar que éste existe en distintas variedades. En la industria estadunidense se registran trece diferentes, incluyendo cuatro tipos principales: el lignito, el sub-bituminoso, el bituminoso y la antracita.[35] A través del tiempo se ha experimentado una evolución en la producción que ha puesto el énfasis en diversos tipos en las distintas épocas, de manera que en la economía estadunidense existen cuatro etapas entre 1800 y 1980.[36] Antes de 1865 se utilizaba de preferencia la antracita para la calefacción, en donde remplazó al combustible de origen vegetal, y en combinación con otras variedades en la industria metalúrgica. Desde 1865 y hasta 1917 el carbón fue la principal fuente de energía y se utilizaba en múltiples actividades, como lo indica el cuadro VI.5. Estas dos fases corresponden a la PRI. Posteriormente, como ya hemos visto, después de la primera Guerra Mundial el petróleo ocupó progresivamente el papel principal en la oferta energética y la variedad más importante de carbón fue el bituminoso.[37] En los años setenta hubo un resurgimiento del uso de la energía

[34] M. Gaffen, "The World...", op. cit., p. 84.
[35] Douglas M. Considine, Energy Technologies Handbook, MacGraw-Hill, Nueva York, 1977, I, pp. 15-27.
[36] Duane Chapman, Energy Resources and Energy Corporations, Cornell University Press, Ithaca, 1983, pp. 193-195.
[37] Ibid., p. 187.

carbonífera, y en 1979 se alcanzó el nivel de consumo que los Estados Unidos tenían en 1917-1918.[38] Estas dos etapas son las correspondientes a la formación de la base energética de la SRI.

Examinando otros aspectos de la energía carbonífera vemos que, en la actualidad, existe una marcada tendencia a concentrar el manejo de esta mercancía en grandes empresas tanto de oferentes como de demandantes.[39] Resulta, pues, que también en este tipo de energía es importante considerar la concentración del capital que caracteriza esta segunda gran transformación de la industria, pues como en otros campos, resulta un requisito para el avance de una tecnología intensiva en capital. En efecto, los progresos tecnológicos han sido importantes y, actualmente, en las minas subterráneas se utilizan procesos continuos que integran en una sola operación las que antes eran actividades independientes como perforado, explosiones, cortado y embarque, mientras que en las minas superficiales se han introducido excavadoras gigantescas; la productividad se ha incrementado en ambos casos.[40] Según Dumon, el rendimiento promedio en un mismo tipo de mina se incrementó de dos toneladas por hombre en 1965 a cinco toneladas en 1980 gracias a procesos extractivos crecientemente mecanizados.[41]

Otro elemento a considerar al examinar la concentración de capital en este rubro es la importancia que han adquirido algunas empresas petroleras en la producción carbonífera, la cual puede apreciarse en el cuadro VI.6.

Existen además dos grandes empresas productoras de carbón asociadas con compañías petroleras: la Peabody Coal, con Newmont y Williams, y la Amax, con Standard Oil de California, cuya producción conjunta es de 105 millones de toneladas. De esta manera, la industria petrolera controla en Estados Unidos 37% de la producción carbonífera,[42] y por ello puede decirse que el capital concentrado no sólo tiene una

[38] *Ibid.*, pp. 193-195.
[39] M. Gaffen, "The World...", *op. cit.*, pp. 98-99.
[40] R. A. Schmidt y G. R. Hill, "Coal: Energy...", *op. cit.*, p. 48.
[41] R. Dumon, *Le renoveau...*, *op. cit.*, p. 79.
[42] D. Chapman, *Energy Resources...*, *op. cit.*, p. 196.

CUADRO VI.6. *Empresas petroleras que intervienen en la producción de carbón*

Empresa carbonífera	Empresa propietaria	Producción en 1980 (millones de t)
Consolidated Coal	Conoco-Du Pont	49.0
Island Creek	Occidental Oil	20.0
Arch Mineral	Ashland Oil	15.8
U. S. Steel	U. S. Steel-Marathon Oil	14.2
TOTAL		99.0

FUENTE: D. Chapman, *Energy Resources...*, *op. cit.*, p. 196.

presencia determinante en ambos rubros energéticos, sino que los vincula.

A diferencia del petróleo, el carbón no es una mercancía que se comercialice internacionalmente en escala gigantesca. En efecto, únicamente 9% de la producción carbonífera mundial es objeto de transacciones internacionales, en comparación con 70% en el caso del petróleo.[43] En el cuadro VI.7 aparecen las cifras correspondientes al comercio internacional del carbón en el año de 1980. Probablemente los hechos que más deben resaltarse son el que Estados Unidos, principal importador de petróleo en el mundo, era el más importante exportador mundial de carbón, mientras que los países integrantes de la Comunidad Económica Europea, que basaron su industrialización en la energía carbonífera, ahora importaban ese recurso.

El transporte del carbón requiere de equipo especial. El marítimo utiliza barcos que pueden alcanzar hasta 100 mil toneladas; la carga de las naves se realiza por medio de bandas transportadoras y es muy eficiente, mientras que la descarga forma un cuello de botella, aunque el principal sistema utilizado, el de noria, asegura una descarga continua. El transporte terrestre utiliza furgones de fondo plano que se llenan por puertas laterales, o furgones que pueden descargarse por

[43] R. Dumon, *Le renoveau...*, *op. cit.*, p. 94.

CUADRO VI.7. *Exportación e importación de carbón*
en 1980 (millones de t cortas)

Exportadores		Importadores	
Estados Unidos	90	CEE	94
Australia	46	Otros de Europa occidental	22
Polonia	35	Europa oriental	33
Sudáfrica	29	Japón	76
Unión Soviética	24	América del Norte	19
Alemania Occidental	15	América Latina	8
Canadá	16	Otros	18

FUENTE: U. S. Department of Energy, Interagency Coal Export Task Force, *Interim Report of the Interagency Coal Export Task Force,* Government Printing Office, Washington, enero de 1981, cit. en M. Gaffen, "The World...", *op. cit.,* p. 88.

gravedad, lo cual resulta más rápido.[44] El transporte de carbón, por lo tanto, ha requerido de inversiones considerables y forma parte de los mecanismos que equilibran el sistema a nivel macroeconómico, absorbiendo excedentes.

Dado que el carbón es una mercancía de gran volumen y bajo precio, el costo del transporte es un factor muy importante en su competitividad con otros combustibles en el mercado energético. En el cuadro VI.8 se muestran datos que revelan que el carbón estadunidense es más caro que el australiano, pero que tratándose de abastecer a Europa, el trayecto mucho más largo y por lo tanto más caro desde Australia lo hace competitivo; mientras que para abastecer a Japón desde Estados Unidos, la porción terrestre del transporte es un factor que encarece considerablemente el producto, lo cual se debe obviamente a la ubicación de los yacimientos carboníferos dentro del territorio estadunidense. En el caso de Sudáfrica, su situación geográfica hace que el transporte a Europa cueste exactamente lo mismo que a Japón.

Por último, al examinar el carbón como fuente de energía debe tenerse presente que su extracción es una de las ocupaciones más peligrosas de acuerdo con el Bureau of Mines de

[44] R. Dumon, *Le renoveau...*, *op. cit.,* p. 93.

CUADRO VI.8. *Costo del abastecimiento de carbón*
por un millón de BTU *en 1980 (dólares)*

De	A Europa			A Japón		
	Precio mina	Trans. tierra	Trans. mar	Precio mina	Trans. tierra	Trans. mar
Estados Unidos	1.65	0.35	0.35	1.10	0.70	0.45
Australia	1.00	0.15	1.05	1.00	0.15	0.45
Sudáfrica	1.00	0.30	0.65	1.00	0.30	0.65

FUENTE: U. S. Department of Energy, Interagency Coal Export Task Force, *Interim Report of the Interagency Coal Export Task Force*, Government Printing Office, Washington, enero de 1981, cit. en M. Gaffen, "The World...", *op. cit.*, p. 88.

Estados Unidos, lo que se refleja en un número elevado de heridos, enfermos profesionales y muertos entre los mineros dedicados a extraerlo.[45]

IV

De esta manera se conformó la base energética de la SRI. En las décadas de la segunda posguerra surgió una nueva forma de energía, la nuclear, que vino a complementar las fuentes que hemos examinado. Sin embargo, la energía atómica pertenece, de acuerdo con el criterio que rige la tesis que se presenta, a la Tercera Revolución Industrial, aun cuando haya surgido durante la Segunda, del mismo modo como el petróleo, que forma parte de ésta, apareció durante la Primera, como lo demuestran los datos que se han presentado en este capítulo, por lo que su examen será abordado en el curso de la parte correspondiente a esa Tercera Revolución Industrial.

[45] Flora H. Milans, "U. S. Coal: An Alternative to Oil and Gas?", en Ragaei El Mallakh y Dorothea H. El Mallakh (Coords.), *Energy Options and Conservation*, The International Research Center for Energy and Economic Development, Boulder, Colorado, 1978, p. 213, *apud Mining Research Review*, junio de 1975.

VII. DESARROLLO, CRISIS Y TERCERA REVOLUCIÓN INDUSTRIAL

> El Siglo Americano ha terminado; el orden mundial está cambiando.
>
> EVAN THOMAS[1]

I

LAS décadas de los años cincuenta y sesenta de nuestro siglo constituyeron un periodo de prosperidad que se compara favorablemente con cualquier otra época similar de la historia. El sistema económico mundial mostró un dinamismo sin precedente que se muestra con toda claridad en las cifras de la producción del cuadro VII.1. Puede verse que la riqueza generada por la economía mundial creció en esos años de manera que en 1970 se producían 270 unidades por cada 100 producidas en 1950, esto es, casi se triplicó el producto del mundo. Los incrementos en las principales regiones son igualmente espectaculares. Norteamérica aumentó su producción a más del doble al pasar de 100 a 210 en esos 20 años, y si recordamos que ya en 1950 era la región más rica del mundo, el desempeño de su economía resulta aún más impresionante. Europa tuvo un incremento todavía mayor, al subir de 100 a 250, si bien es preciso tener presente que los europeos partieron de niveles inferiores a los norteamericanos y que parte del aumento correspondió a reparar los daños provocados por la segunda Guerra Mundial. Dentro de este panorama de intenso crecimiento, América Latina tuvo una trayectoria similar a la de las regiones desarrolladas de la economía mundial, ya que su producto creció de 100 unidades a 250.

Este gigantesco desarrollo del sistema económico mundial

---

[1] Evan Thomas, "Is America in Decline?", en *Newsweek*, 22 de febrero de 1988, p. 23.

tuvo como principal elemento dinamizador la expansión industrial, cuyas tasas de crecimiento son todavía superiores a las correspondientes a las de la economía en su conjunto. Así, tenemos que la producción industrial a nivel planetario creció hasta alcanzar 280 unidades en 1970 contra 100 veinte años antes, cifra ligeramente superior a las 270 del producto total. En Norteamérica el efecto de la expansión industrial es aún más notable, pues alcanzó 250 unidades en tanto que la producción total únicamente llegó a 210. Europa y América Latina también tuvieron crecimientos de la producción industrial, cuyos índices de 310 y 300 resultan superiores a los correspondientes al producto total de cada región. El examen de estos datos comprueba el papel estratégico que el proceso industrializador tuvo en la prosperidad de esa época ahora calificada a menudo de dorada.

A su vez, el notable auge económico permitió una liberalización del comercio internacional que hizo que éste creciera aún más rápidamente que la propia industria, tal como ya se mencionó al examinar el proceso de internacionalización del capital en el capítulo IV y como confirman los índices correspondientes a las exportaciones, que también aparecen en el cuadro.

CUADRO VII.1. *Expansión de la economía mundial entre 1950 y 1970 (1950=100)*

Región	Producto interno bruto	Producción industrial	Exportaciones
Mundo	270	280	385
Norteamérica	210	250	295
Europa	260	310	470
América Latina	250	300	195

FUENTE: Naciones Unidas, *Statistical Yearbook, 1969* y *World Summary,* 1970; CEPAL, *Estudio Económico de América Latina*, 1970, vol. II, cit. en Aníbal Pinto, "El sistema Cento-Periferia 20 años después", en su *Inflación, raíces estructurales,* FCE, México, 1972, p. 301.

El impresionante crecimiento del comercio internacional se dio en el marco de una serie de mecanismos liberalizadores como el Acuerdo General de Aranceles Aduaneros y Comercio (GATT) y el establecimiento de la Comunidad Económica Europea (CEE), cuyo funcionamiento hubiera sido imposible en la época recesiva de la preguerra, cuando la depresión impulsaba a los distintos gobiernos a adoptar desesperadamente políticas proteccionistas, las cuales, a su vez, provocaban un incremento de las barreras de las otras naciones hasta dificultar al máximo las operaciones internacionales. Por otra parte, el dinamismo del capital comercial proporcionó un impulso adicional al auge industrial que, como ya se mencionó, es el principal factor que explica el extraordinario desarrollo económico del mundo en esas décadas, constituyendo así un círculo virtuoso de singular eficacia que recompensaba a los productores eficientes en beneficio del sistema en conjunto.

El dinamismo de la onda expansiva sirvió de base al extraordinario desarrollo de aquellas décadas doradas, el cual tuvo efectos muy importantes en prácticamente todos los países del mundo. La depresión y sus secuelas, como el desempleo masivo, desaparecieron. Naciones ricas, como Estados Unidos, se hicieron aún más prósperas y fueron bautizadas como sociedades opulentas, en donde la mayoría de la población tenía acceso a bienes y servicios que antes eran privilegio de una minoría. Tal vez más notable fue el destino de países que antes gozaban únicamente de una riqueza moderada, como los de Europa occidental, que ahora no sólo repararon rápidamente los estragos provocados por la guerra, sino que también se convirtieron en sociedades opulentas cuyos niveles de vida llegaron a rivalizar con el estadunidense. Y esto a pesar de carecer de los inmensos recursos naturales que poseía el territorio de Estados Unidos y de que, además, se desintegraron los imperios coloniales que tenían varios de dichos países. Japón conoció un auge parecido, pero su ascenso fue aún más espectacular a medida que los productos de su industria, baratos y de buena calidad, penetraban masivamente en el mercado mundial. Los países socialistas de la Europa del Este se industrializaron con gran velocidad, transformándose de sociedades atrasadas en naciones industriales, mientras que la Unión Soviética se convirtió en la segunda potencia industrial del mundo. Es muy interesante señalar que todos estos espectaculares avances se lograron a pesar de que la mayoría de estos países dedicaron enormes recursos a sostener la gran carrera armamentista provocada por la Guerra Fría, que enfrentó a los dos grandes bloques en que se polarizó el mundo precisamente durante ese periodo de gran prosperidad. Por último, el resto de la comunidad internacional, constituida por sociedades subdesarrolladas, y que comenzó a ser llamado el Tercer Mundo, también participó a su manera del efecto de la onda expansiva. Y así tenemos que en América Latina, la principal región del conjunto de países subdesarrollados, la producción total ascendió hasta alcanzar el índice de 250 unidades, mientras que el producto industrial llegaba a 300 (cuadro VII.1). Vale la pena señalar que aquí también la industria constituyó el sector más dinámico y ejerció un efecto de arrastre sobre toda la economía.

Otros factores notables en el dinámico desempeño del sistema económico de los países industriales fueron la baja tasa de desempleo y la relativa estabilidad de precios en que se desarrolló. Así, en Estados Unidos el porcentaje de desempleados se abatió a medida que se mantenía el dinamismo de la economía, y en 1965 se alcanzó la meta de reducirlo a la "cifra mágica" de 4%. Este hecho, ya muy positivo en sí mismo, lo es más si se tiene en cuenta que se dio en el marco de una ausencia de presiones inflacionarias: durante el periodo de 1960 a 1965 el Índice de Precios al Consumidor se elevó muy lentamente a una tasa de sólo 1.3% anual.[2] En los países europeos más desarrollados, como Alemania, se presentaban situaciones similares que los llevaron a facilitar la entrada de inmigrantes de naciones menos evolucionadas de Europa o incluso de Asia y África, para ser empleados como "trabajadores huéspedes", pese a las dificultades propias de las diferencias de idioma y cultura.

La prosperidad generada por el gran desarrollo económico de esas dos décadas permitió un incremento notable de los niveles de bienestar y un recíproco abatimiento en los de pobreza, principalmente en las naciones industriales. Así, en los

[2] Robert Aaron Gordon, *Economic Stability and Growth: The American Record*, Harper and Row, Nueva York, 1974, pp. 137-146.

Estados Unidos, la principal potencia económica durante la SRI, el porcentaje de familias pobres —que se ha calculado en 50% del total en el año de 1900, cuando se estaba gestado esta nueva fase del proceso industrializador— se había reducido a únicamente 25% en la década de los años cincuenta, y descendió hasta 15% en los años setenta,[3] cuando dicha revolución alcanzó su plenitud. Este núcleo duro de pobreza que perduraba después del gran auge estaba integrado principalmente por minorías culturales o raciales de difícil asimilación dada la heterogeneidad de la población estadunidense. En otros países con poblaciones más pequeñas y homogéneas, como los escandinavos, se consiguió prácticamente la eliminación de la pobreza.

No puede causar sorpresa que el prolongado auge haya llevado tanto a los gobernantes como al ciudadano común de las naciones industriales, y especialmente a los miembros de la nueva generación, a contemplar con optimismo el futuro pensado que las crisis económicas eran cosa del pasado. Los economistas no sólo coincidían en considerar que la política económica era capaz de evitar que se repitieran fenómenos como la Gran Depresión, sino que el nuevo objetivo de su ciencia era dirigir el funcionamiento eficiente de la economía dentro de límites finos *(fine tunning)*. Unos y otros estaban equivocados.

II

En la década de los años setenta el comportamiento económico de las sociedades industrializadas se caracterizó por la inversión de las tendencias de los años anteriores. El crecimiento se convirtió en estancamiento, al mismo tiempo que terminaba la relativa estabilidad de precios para dar paso a fuertes tendencias inflacionarias. Cabe añadir que la combinación del estancamiento con la inflación prácticamente desarmó los instrumentos de política económica, al mismo tiempo que puso en crisis la teoría que encontraba difícil explicar satisfactoriamente el predicamento de las naciones industriales. La época dorada de la economía keynesiana había terminado.

---

[3] J. T. Patterson, *America's...*, *op. cit.*, p. 13.

Los años de 1974 y 1975 fueron testigos de una recesión generalizada durante la cual el crecimiento se volvió retroceso, al mismo tiempo que se elevaban las tasas inflacionarias a niveles anormales.

CUADRO VII.2. *Recesión inflacionaria durante la crisis, 1974 y1975*

País	Variación en el PNB		Tasa inflacionaria	
	1974	1975	1974	1975
Estados Unidos	−2.1	−3.0	11.4	8.0
Japón	−1.8	1.25	24.4	12.25
Alemania Federal	0.4	−3.75	7.0	5.75
Gran Bretaña	0.1	−2.25	15.1	21.5
Francia	3.9	−2.0	13.7	
Conjunto de la OCDE	−0.1	−2.0	13.2	10.5

FUENTE: Manuel Castels, *La crisis económica mundial y el capitalismo americano*, Trad. de José Cano Tembleque, Ed. Laia, Barcelona, 1978, p. 9, *apud Informe* OCDE. *Las perspectivas económicas en 1976*, 18 de diciembre de 1975.

Las cifras del cuadro VII.2 muestran elocuentemente la profundidad y extensión de la crisis. Todas las potencias industriales citadas vieron disminuir su producción en por lo menos uno de los dos años y Estados Unidos en los dos. También se contrajo en ambos años el producto combinado del conjunto de los países de la OCDE. Al mismo tiempo que ocurría el descenso productivo, se elevaron las tasas inflacionarias hasta alcanzar niveles inaceptables, para esas sociedades, de "dos dígitos", salvo en Alemania, cuya triste experiencia histórica con la inflación inclina a su gobierno a tomar medidas de política económica estabilizadora más enérgicas que otros.

Infortunada como fue la crisis de 1974-1975, lo peor, y lo más significativo para el planteamiento general presentado en este estudio, fue que después de ella no siguió una recuperación que permitiese la vuelta a un crecimiento sostenido como el de las décadas anteriores. Por el contrario, y tal como se observa en el cuadro VII.3, la recuperación industrial posterior a la crisis mostró una notoria falta de dinamismo.

CUADRO VII.3. *Índices de la producción industrial después de la crisis, 1975 y 1982-1983*

País	1975	1982-1983
Estados Unidos	100	123
Japón	100	147
Alemania Federal	100	113
Gran Bretaña	100	90
Francia	100	112

FUENTE: Ugo Pipitone, *El capitalismo que cambia*, Era, México, 1986, p. 34, *apud* OCDE, *Indicators of Industrial Activity*, varios números, y OCDE, *Industrial Production*, varios números.

Únicamente Japón consiguió un crecimiento importante de su producto industrial durante los años de supuesta recuperación que siguieron a 1975, de manera que en el bienio 1982-1983 produjo 47% más que durante la crisis; Estados Unidos sólo consiguió avanzar 23%, mientras Alemania Federal y Francia, que configuran el núcleo de la CEE, tuvieron desempeños aún más modestos; por último, la Gran Bretaña vio contraer su producción en 10% durante ese periodo. El hecho más importante que se desprende de lo anterior es que la atonía en el comportamiento de las economías industriales se convirtió en una característica duradera en el panorama económico. Paulatinamente, tanto en los gobernantes y ciudadanos como en los especialistas se fue tomando conciencia de que las tendencias contractivas no constituían un fenómeno coyuntural, sino que, por el contrario, eran parte de una onda depresiva de larga duración que no estaba destinada a desaparecer en el futuro inmediato.

La nueva etapa en la que habían penetrado las naciones industriales implicaba un crecimiento lento y difícil de su producción y el surgimiento de numerosos desfases y contradicciones en los sitios más diversos de la estructura económica. Por otra parte, en un nivel más profundo y, por tanto, menos visible para los observadores, que centraban su atención en los aspectos externos de la crisis, se desarrolló una tendencia muy perjudicial que explica parcialmente la combinación de estancamiento con inflación que caracterizó esta onda depresiva: se trata del impresionante descenso del crecimiento de la productividad de las sociedades industriales. El cuadro VII.4 documenta ambos fenómenos, mostrando el contraste entre el desempeño de esas economías en las décadas de los años sesenta y setenta, caracterizadas la primera por el auge y la segunda por el estancamiento.

CUADRO VII.4. *Producción y productividad de las potencias industrializadas, 1960-1981 (tasas de crecimiento)**

País	Producto total		Producto por unidad de trabajo	
	1960-1973	1973-1981	1960-1973	1973-1981
Estados Unidos	4.2	2.3	3.1	0.9
Japón	10.5	3.8	9.9	3.6
Alemania Federal	4.8	1.9	5.8	3.3
Francia	5.7	2.5	5.9	3.4
Gran Bretaña	3.2	0.5	3.8	1.8

*El producto para Francia y la Gran Bretaña se refiere al producto interno bruto; para los demás, al producto nacional bruto.
FUENTE: FMI, *International Finantial Statistics,* varios números; los datos para 1981 fueron parcialmente estimados por el American Enterprise Institute, cit. en Robert B. Reich, *The Next American Frontier,* Times Books, Nueva York, 1983, p. 284.

Puede apreciarse que la producción total de todas las naciones industriales citadas, que tenía niveles de crecimiento satisfactorios entre 1960 y 1973 y alcanzaba cifras muy elevadas en Japón reflejando el dinamismo económico de esos años, disminuye en el periodo siguiente, de 1973 a 1981, a una fracción de su nivel anterior, y en el caso británico llega a un estancamiento casi absoluto. Esta información confirma y complementa la del cuadro VII.3, referente a la debilidad del crecimiento industrial después de los años críticos de 1974 y

1975, y muestra la gran diferencia entre el periodo correspondiente a la onda expansiva y el de la depresiva. Las últimas dos columnas del cuadro VII.4 demuestran cómo la productividad, esto es, el producto por unidad de trabajo, también se desploma en todos los casos, llegando a un nivel mínimo en Estados Unidos, lo que explica el deterioro de la competitividad estadunidense en el sistema económico mundial. Esta tendencia, que como ya se mencionó subyace bajo los elementos externos de la crisis, prueba que un componente esencial del sistema se había alterado con consecuencias muy negativas.

Como es natural, la falta de dinamismo de las economías industriales tuvo un costo social elevado, uno de cuyos aspectos más sombríos fue la persistencia de elevadas tasas de desempleo. En el cuadro VII.5 se aprecia cómo la reactivación no hizo disminuir en forma significativa, salvo en el caso de Estados Unidos, los niveles de desempleo que se sufrieron durante la crisis.

CUADRO VII.5. *Personas desempleadas durante la crisis y la reactivación, 1975-1976 y 1977*

País	Número en año y trimestre		Número en diciembre de 1977
Estados Unidos	7 912 000	1975-IV	6 337 000
Japón	1 178 000	1975-IV	1 140 000
Alemania Federal	1 141 000	1975-IV	1 027 000
Gran Bretaña	1 319 000	1976-III	1 428 000
Francia	1 036 000	1976-III	1 027 000

FUENTE: Ernest Mandel, *La crisis, 1974-1980*, Trad. de Uxoa Doyhamboure y Óscar Barahona, Era, México, 1980, pp. 19 y 105, *apud* Naciones Unidas, *Suplément a l'étude sur l'économie mondiale 1975; Finantial Times* de 25 de octubre de 1976; *Eurostat*, CEE.

Los datos muestran cómo Japón sufrió su nivel más elevado de desempleo en el cuarto trimestre de 1975, alcanzando 1 178 000 trabajadores sin ocupación, y cómo dos años después, en diciembre de 1977, durante la reactivación que siguió al bienio de crisis, esa cifra sólo había disminuido marginalmente en 38 mil individuos. Alemania Federal tuvo una evolución similar y Francia conservó el mismo número de desempleados. La Gran Bretaña, por su lado, sufrió un incremento en el volumen de desocupación, el cual reflejó el pobre desempeño de su industria ya mencionado. Únicamente Estados Unidos conseguiría un descenso importante en el número de desocupados. Esta favorable evolución del desempleo en la economía estadunidense tuvo, sin embargo, su aspecto negativo si se considera que ocurrió en el marco de un cambio infortunado en el perfil de la población económicamente activa, ya que muchos empleos industriales bien pagados se perdieron para ser sustituidos por otros con pobre remuneración en el comercio y los servicios, y que, por otra parte, se dio vinculado con el estancamiento en la productividad que ya hemos tenido ocasión de ver.

No hay duda de que las naciones desarrolladas con economía de mercado, y en especial su sector industrial, sufrieron en la década de los años setenta un estancamiento asociado a persistentes desequilibrios macroeconómicos que se prolongarían en los años siguientes. Posteriormente, los países de Europa del Este con economías centralmente planificadas también cayeron en una situación similar: su crecimiento industrial descendió de 8.9% anual, que se mantuvo hasta 1975, a 4.7% después de 1978. Las naciones subdesarrolladas, a su vez, fueron igualmente víctimas de tendencias recesivas a partir de 1975.[4] Tanto las naciones socialistas como las del mundo subdesarrollado fueron afectadas fundamentalmente por contradicciones derivadas de su organización económico-social, pero especialmente en el caso de las segundas también influyó el insatisfactorio comportamiento de los grandes países industrializados que forman el centro de la economía planetaria.

Una trastocación tan profunda y prolongada del comportamiento de las estructuras económicas tenía necesariamente que producir cambios en otros niveles, incluyendo el político y el ideológico. Probablemente el más significativo fue un

[4] Centre d'Études Prospectives et d'Information Internationales, *Économie mondiale: la montée des tensions*, Ed. Economica, París, 1983, p. 64.

vuelco hacia tendencias políticas conservadoras, cuyas muestras más importantes fueron la elección de Margaret Thatcher en 1979 en la Gran Bretaña y de Ronald Reagan en 1980 en Estados Unidos.

Puede afirmarse que en la década de los setenta el sistema económico mundial sufrió una crisis profunda y generalizada que daría paso a una onda depresiva de larga duración. Toda una época en la historia de ese sistema y de su centro, integrado por sociedades industrializadas, había llegado a su fin.

III

En la primera década de la onda depresiva, las nuevas condiciones por las que atravesaban las economías industriales a menudo fueron explicadas en función de la crisis energética. El embargo petrolero impuesto por las naciones árabes a las potencias occidentales por su apoyo a Israel en la guerra del Yom Kippur en 1973, con el consiguiente aumento de los precios, implicó, se afirmaba, una gigantesca transferencia de riqueza de los países consumidores de petróleo a los productores que había provocado la crisis. Se generó un clima de alarma que sobrecogió a esas potencias acerca de una escasez catastrófica de energía que pudiese reducirlas al estancamiento o incluso a la parálisis económica y que se presentaba como un fenómeno omnipresente, casi metálico y tan amenazador como una moderna peste.[5] Esta explicación no es aceptable. Es cierto que la perturbación en el abasto petrolero tuvo un efecto contractivo en las sociedades industriales, pero no originó la tendencia depresiva de larga duración que han sufrido. Esta tendencia se gestó varios años antes y, lo que es muy significativo, se ha prolongado a lo largo del periodo en que una sobreoferta de crudo a partir de 1981 fue debilitando los precios de este recurso hasta provocar su espectacular caída en 1986.

Otros elementos que también han sido mencionados como causantes del estancamiento, tales como la presión del movimiento sindical en las sociedades industriales o la lucha de

[5] Raúl Cremoux, *La crisis energética*, Terra Nova, México, 1981.

los países subdesarrollados para obtener condiciones de intercambio más equitativas con las naciones centrales, con la consiguiente baja en ambos casos de la tasa de ganancia,[6] tampoco resultan convincentes. El movimiento sindical ha venido perdiendo fuerza por varias décadas como consecuencia, principalmente, de la evolución tecnológica que ha sido descrita en los capítulos anteriores. Así, tenemos que en Estados Unidos, durante el periodo de auge de la SRI, el número de trabajadores profesionistas, administrativos o dedicados a las ventas, conocidos como de "cuello blanco", se incrementó mucho más rápidamente que el de los obreros o "cuellos azules", de manera que en 1969, cuando esa revolución llegaba a su clímax, los primeros superaban a los segundos por 8.5 millones. El origen tecnológico de este cambio en el perfil de la fuerza laboral queda demostrado por el hecho de que el sector que creció más velozmente entre todos fue el constituido por profesionistas y técnicos, cuya importancia en la nueva organización industrial ya ha sido examinada.[7] Las otras potencias industriales tuvieron una evolución similar provocada por las mismas causas. Dada la renuencia de los trabajadores profesionistas, técnicos y administrativos a organizarse sindicalmente o, en caso de hacerlo, a tener la misma beligerancia que los obreros, este cambio en la composición de la población trabajadora debilitó el movimiento sindical. Posteriormente, y ya durante la crisis y su secuela de estancamiento y desempleo, esta tendencia se ha acentuado cada vez más. Los sindicatos no se han debilitado únicamente en su capacidad negociadora con las empresas, sino, lo que es igualmente importante, como base de los partidos políticos que eran sus aliados tradicionales, como el Laborista en la Gran Bretaña o el Demócrata en Estados Unidos, lo que explica el sesgo conservador que adquirió el Estado.

La tesis que atribuye la atonía de las economías industria-

[6] Gerard de Bernis, "El Informe Brandt: un intento de resolver la crisis dentro del orden capitalista", en *Investigación Económica*, UNAM, México, núm. 157, vol. XL, julio-sept. de 1981, p. 58.

[7] *Manpower Report of the President, Report on Manpower Requirements, Resources, Utilization and Training*, United States Department of Labor, 1970, p. 225, cit. en J. K. Galbraith, *The New...*, *op. cit.*, p. 268.

les a la lucha de las naciones subdesarrolladas por elevar el precio de sus productos tampoco es admisible. La capacidad negociadora de esos países en sus relaciones con las potencias industriales es cada vez más desfavorable, como lo demuestra el deterioro de los términos del intercambio. Los productos primarios, que a través del tiempo han constituido las exportaciones tradicionales de las regiones subdesarrolladas y en especial de América Latina, generan ingresos que resultan crecientemente inadecuados para equilibrar las importaciones procedentes de los centros industriales. Aquí también la principal causa de esta desfavorable tendencia está ubicada en el terreno de la evolución científico-técnica de este siglo. En primer lugar, los bienes primarios representan una proporción decreciente del gasto o demanda globales ya que, a medida que se elevan los ingresos de las sociedades industrializadas, éstas canalizan su creciente capacidad de compra hacia bienes manufacturados o servicios. En segundo término, se realizan sustituciones generalizadas de productos básicos de origen natural por otros procedentes de la industria. Por último, el progreso técnico hace disminuir la participación de los insumos primarios en el valor de los productos finales.[8] Esta tendencia se ha agudizado durante la onda depresiva, lo que explica el excesivo endeudamiento de los países subdesarrollados y el deterioro general de su situación económica. Puede, en consecuencia, desecharse la tesis que atribuye la atonía del mundo industrializado a la agresividad del movimiento sindical o de las naciones víctimas del subdesarrollo.

Existen explicaciones más serias. Una teoría que ha recibido considerable atención como posible herramienta para el análisis del problema ha sido la de los ciclos largos de Kondratieff. Desde el siglo XIX algunos economistas comenzaron a percibir tendencias cíclicas de larga duración en el comportamiento de las economías industriales. El fenómeno fue mencionado por primera vez por Hyde Clarke en 1847. Más tarde Jevons se ocupó del tema. Ya en el siglo XX, encontramos los nombres de Parvus, Van Gelderen, De Wolff, Alfalion, Lenoir y Von Tugan-Baranowsky hasta llegar al de Kondra-

---

[8] Aníbal Pinto, "El sistema Centro-Periferia 20 años después", en su *Inflación, raíces estructurales*, FCE, México, 1972, p. 293.

tieff, cuyos trabajos en la década de 1920 llevaron la teoría a una madurez que hizo que fuera bautizada con su nombre.[9] Posteriormente una legión de especialistas han continuado el estudio de las ondas largas en la economía hasta el presente.

Kondratieff realizó estudios sobre la evolución de las economías de Estados Unidos, la Gran Bretaña y Francia utilizando series largas de las siguientes variables: precios al mayoreo, tasas de interés y producción de bienes industriales básicos como el carbón y el acero. El periodo analizando se extendía de 1792 a 1925, y el resultado del estudio lo llevó a la conclusión de que en él se habían desarrollado dos y medio ciclos largos de aproximadamente 50 años de duración.[10] El resumen de la tesis del economista ruso aparece en el cuadro VII.6.

CUADRO VII.6. *Ciclos largos estudiados por Kondratieff*

Ciclo	Expansión	Duración	Contracción	Duración	Duración total
Primero	1789-1814	25 años	1814-1848	34 años	59 años
Segundo	1848-1873	25 años	1873-1896	23 años	47 años
Tercero	1896-1917	21 años			

FUENTE: J. P. Warren, *The Case for Kondratieff's Long Wave Theory*, Warren, Cameron & Co., Inglaterra, 1982, p. 14, en T. Peñaloza y J. J. de Olloqui, "El ritmo...", *op. cit.*, p. 126.

Las investigaciones de Kondratieff se interrumpieron cuando éste cayó en desgracia ante el gobierno soviético, pero han sido continuadas por otros investigadores, quienes ubican la fase depresiva del tercer ciclo entre 1920 y 1939 y una nueva expansión correspondiente a un cuarto ciclo que se extiende de 1939 a 1967, para dar paso a una nueva fase depresiva a partir de este último año y que explicaría el estancamiento en

[9] Jacob J. van Duijn, *The Long Wave in Economic Life*, George Allen & Unwin, Londres, 1983, pp. 59-68.

[10] Tomás Peñaloza Webb y José Juan de Olloqui González, "El ritmo de las economías capitalistas y el ciclo de Kondratieff", en *El Trimestre Económico*, vol. LII, núm. 205, FCE, México, enero-marzo de 1985, p. 125.

que han funcionado las potencias industriales en las décadas de los años setenta y ochenta.

La principal debilidad teórica de la tesis sobre las ondas largas en la economía es la carencia de acuerdo entre sus exponentes acerca de las causas que las provocan. Kondratieff señaló varias características empíricas del ciclo: en la fase depresiva la agricultura entra en una etapa recesiva, en la cual surgen muchos inventos importantes pero que sólo serán aplicados en gran escala hasta la fase expansiva. En ésta generalmente crece la producción de oro, se incorporan nuevos territorios al mercado y es en ese periodo que se producen las guerras y las revoluciones más intensas. Los autores que han seguido cultivando esta teoría han dado diversas explicaciones de los ciclos que enfatizan factores tan diferentes como los monetarios, las guerras, los enjambres de innovaciones tecnológicas, las oscilaciones en la formación de capital, los ciclos de reinversión y los desequilibrios en el abasto de alimentos y materias primas.[11] Mandel, por su parte, critica el uso del término "ciclos" hecho por Kondratieff para designar estas oscilaciones de larga duración, pues —afirma— establece una indeseable analogía con los ciclos clásicos de la economía. Éstos son naturales y responden a la dinámica esencial del funcionamiento de las economías industriales reguladas por el mercado, mientras que los movimientos de larga duración obedecen a complejos conjuntos de factores determinantes y no tienen el mismo carácter necesario. Para enfatizar esa diferencia, Mandel prefiere el uso de la expresión "ondas largas".[12] Realmente parece preferible ésta para referirse a dichas oscilaciones.

La labor que ha sido realizada en torno de la teoría de las ondas largas no debe rechazarse. Es necesario continuar investigando de manera de definir con mayor precisión las variables que determinan el proceso oscilatorio. Sin embargo, todo indica que la teoría de las tres sucesivas revoluciones industriales, que se presenta en este análisis, tiene una mayor fuerza explicativa del comportamiento tanto de las economías industriales como del sistema económico mundial en conjunto.

[11] J. J. Duijn, *The Long...*, *op. cit.*, pp. 66-68.
[12] E. Mandel, *El capitalismo...*, *op. cit.*, pp. 66-68.

IV

Desde la perspectiva teórica basada en la secuencia de revoluciones industriales, el periodo de gran dinamismo que caracterizó las décadas de los años cincuenta y sesenta de este siglo fue consecuencia de la maduración de la SRI. Cada uno de dichos procesos está constituido por una gran matriz de factores que hemos agrupado en tres grandes conjuntos: la estructura de innovaciones tecnológicas, la renovación de la sociedad destinada a implementar el proceso industrializador y el cambio global en la economía planetaria. Los diferentes elementos que constituirían la SRI comenzaron a aparecer en varios países, como Estados Unidos y Alemania, desde fines del siglo XIX.

Muchas de las principales innovaciones que servirían de base tecnológica en esta nueva etapa histórica, como las derivadas de la electricidad y los motores de combustión interna, alcanzaron ya un amplio uso en las primeras décadas del siglo XX. Las nuevas modalidades del comportamiento del capital en la industria, incluyendo su concentración, también surgen en esta época, y otro tanto puede afirmarse de las novedosas formas de organizar la producción y el cambio en las funciones y los objetivos del Estado. Eran igualmente conocidos los hidrocarburos, los elementos fundamentales de la nueva base energética. No hay duda de que ya antes de la primera Guerra Mundial estaban presentes la mayoría de las partes integrantes del nuevo proceso industrializador, y es en ese periodo donde lógicamente ubicamos el principio de la SRI. Pese a ello, los años entre 1914 y 1945 constituyeron una época sombría caracterizada por los dos grandes conflictos mundiales y la Gran Depresión, y en términos más generales por una atonía persistente de la economía internacional, tal como se ha examinado en el capítulo IV y que contrasta tan notablemente con el extraordinario dinamismo de la segunda posguerra. En estas circunstancias se plantea la cuestión de por qué la SRI, contando con todos estos elementos, no era capaz de generar un auge más homogéneamente distribuido en todo el periodo correspondiente a los primeros setenta años del siglo XX. La respuesta se desprende de la naturaleza esencialmente estructural y totalizante de las revoluciones industriales. Aun cuando efectivamente desde principios del siglo estaban presentes muchos de los elementos constitutivos de la SRI, no se habían dado o estaban en estado embrionario otros factores necesarios para que el nuevo proceso industrializador desplegara todas sus potencialidades.

Para que esas potencialidades se realizaran era indispensable que se produjeran transformaciones en las sociedades destinadas a materializar en su seno la nueva industria y, lo que era igualmente importante, que se transformara el sistema económico mundial de manera que en ambos casos la realidad social en sus distintos aspectos correspondiera a las necesidades de la SRI. Ese sombrío periodo de 1914 a 1945 fue una etapa de profunda creatividad destinada precisamente a producir las condiciones requeridas. Los Estados Unidos, el país más importante del mundo industrializado, tuvo grandes cambios que desbordaron el nivel económico-social y alteraron los ámbitos político e ideológico, al mismo tiempo que en otras naciones también se operaron transformaciones que las adecuaron para penetrar más eficientemente en la nueva fase del proceso industrializador.[13] Por otra parte, el ímpetu creativo no se detuvo en 1945, sino que continuó a través de las dos décadas siguientes, generando condiciones cada vez más adecuadas para el avance de la SRI.

El estudio de la evolución del sistema económico mundial es de la mayor importancia para explicar tanto el auge de la segunda posguerra como la atonía que antecedió a ésta. El cambio en la correlación de fuerzas entre las potencias industriales que debilitó la posición hegemónica de la Gran Bretaña en la parte final del siglo XIX en beneficio de Estados Unidos y de Alemania, hacía necesario un reordenamiento del sistema que reflejara mejor la realidad económica.

La primera Guerra Mundial puede visualizarse como una lucha colosal originada por el miedo a la superioridad económica, científica y militar de Alemania. Durante los años anteriores al conflicto, el continuo incremento del poderío alemán produjo crecientes temores en sus vecinos y esto los condujo

[13] Véase el capítulo V.

a formar una gran alianza que unía a potencias por demás disímbolas.[14] La Rusia monárquica y autocrática se alió con la Francia republicana y heredera de una revolución que había guillotinado a sus reyes, mientras que la Gran Bretaña se asociaba con ambas potencias, a las cuales había visto casi como enemigas hasta ese momento y con las que había sostenido guerras en el siglo anterior y, en el caso de Francia, desde la Edad Media. Pese a las dimensiones titánicas de esa alianza, la lucha habría terminado probablemente en una victoria alemana sin la intervención de una potencia extraeuropea: los Estados Unidos. Esta aseveración, muy importante para el planteamiento que se presenta aquí, está confirmada tanto por la postura del gobierno de Londres en aquel tiempo, el cual informó al de Washington en 1917 que la Gran Bretaña y sus aliados se encontraban en un trance tan desesperado que únicamente la intervención estadunidense podría salvarlos,[15] como por el juicio que hacen actualmente especialistas británicos en estrategia, con la perspectiva que da un alejamiento de tres generaciones.[16] Sin duda, había terminado toda una época: el colapso del poderío británico significaba el fin del ordenamiento internacional correspondiente a la PRI. Los Estados Unidos resultaron los verdaderos vencedores y destinados por ello a tener la hegemonía mundial, que no podían alcanzar ni la potencia alemana derrotada, ni la británica, nominalmente victoriosa pero en realidad desangrada por la guerra y con una base industrial mucho más débil.

La nación estadunidense es europea a medias, obviamente no por su ubicación geográfica, pero sí por su cultura y la procedencia de la gran mayoría de sus habitantes, que han heredado algunos de los sentimientos y tradiciones de los pueblos europeos. Este carácter dual origina contradicciones que hicieron oscilar al país en el siglo XX entre la intervención y el aislamiento. Divididos políticamente, se negaron a participar en la organización del mundo de la posguerra e incluso

---

[14] G. M. Trevelyan, *A Shortened...*, *op. cit.*, pp. 536-540.
[15] William H. Harbaugh y Arthur S. Link, "Surge una nación moderna", en L. B. Wright, *Breve historia...*, *op. cit.*, p. 374.
[16] Ned Willmott y John Pimlott, *Strategy & Tactics of War*, Marshall Cavendish, Londres, 1983, p. 12.

se rehusaron a firmar el Tratado de Versalles o a integrarse a la Liga de las Naciones;[17] Como resultado, los Estados Unidos no ocuparon el puesto vacante de polo hegemónico en torno del cual pudiera restructurarse la economía planetaria.

Sin embargo, el peso económico del país era ya tan grande que lo mismo sus acciones que sus omisiones tuvieron una influencia determinante en la evolución del sistema económico mundial. Esto quedó de manifiesto unos años más tarde, cuando la crisis que siguió al crac de la Bolsa de Nueva York se hizo extensiva a todo el mundo. Walt W. Rostov tiene razón cuando dice que Estados Unidos se falló a sí mismo y al mundo.[18] La guerra dañó de manera irreparable los fundamentos del sistema económico internacional que había sido integrado a lo largo de la PRI para servir sus necesidades. Pero el verdadero problema fue la incapacidad de las potencias industriales para construir un nuevo sistema que sustituyera el que se había perdido,[19] la cual fue resultado de la ausencia de un centro hegemónico que sirviera como eje para restructurar la economía planetaria, por lo que dicha labor se tornó muy difícil. Estas dificultades se reflejan en los datos del comercio internacional que aparecen en el cuadro IV.8, los cuales demuestran el estancamiento absoluto sufrido en tal campo entre 1913 y 1948. Esa atonía es la que explica por qué la SRI no pudo desplegar todas sus potencialidades en el periodo.

La actitud de los Estados Unidos fue diametralmente opuesta después de la segunda Guerra Mundial. Este conflicto fue aún más destructivo que el anterior, ya que los beligerantes recurrieron al bombardeo masivo de las ciudades y las estructuras industriales de sus enemigos. La Unión Americana fue la única potencia que no sufrió la devastación de su territorio, y emergió de la lucha con un poderío todavía mayor en relación con las otras naciones que el que había alcanzado en 1919. En esta posguerra, la economía estadunidense generaba 63% del producto interno bruto combinado de los propios Estados Unidos, la Gran Bretaña, Alemania Occiden-

[17] W. H. Harbaugh y A. S. Link, "Surge una...", *op. cit.*, pp. 378-379.
[18] Walt W. Rostov, *The World Economy, History and Prospect,* University of Texas Press, Austin, 1978, pp. 204-205.
[19] véase el capítulo IV.

tal, Francia y Japón, y su industria producía 57% del valor
agregado de las manufacturas;[20] además, era el mayor exportador del mundo, posición que reforzaba una marina mercante que disponía de la mitad de la capacidad mundial.[21] Desde
luego, la Gran Bretaña y Alemania eran aún más incapaces de
servir de eje a la reorganización del sistema económico mundial, pero esta vez los estadunidenses estaban dispuestos a
emplear sus enormes recursos para establecer su hegemonía;
y dada la magnitud de éstos, no tuvieron muchas dificultades
para lograrlo.

La restructuración de la economía planetaria empezó en la
Conferencia Monetaria y Financiera de las Naciones Unidas,
celebrada en Bretton Woods en julio de 1944. El gobierno británico se hizo representar nada menos que por John Maynard
Keynes, cuya brillante personalidad, a pesar de la enfermedad
y la fatiga, destacó en la reunión; sin embargo, cuando se tomaron las resoluciones prevaleció la postura estadunidense.[22]
Las tesis de White, el representante de Washington, se impusieron simplemente por el peso del poderío económico que las
respaldaba. Aquí se aprobó la creación de dos de las más importantes futuras agencias especializadas de las Naciones Unidas:
el Fondo Monetario Internacional (FMI) y el Banco Internacional de Reconstrucción y Fomento (BIRF). El objetivo de
ambos organismos era muy claro: reconstruir el sistema internacional de intercambios y pagos, y facilitar recursos cre-
diticios para atender la necesaria tarea de reconstruir los
países arruinados por la guerra.[23]

La Unión Soviética no firmó los documentos constitutivos
del FMI y del BIRF, mostrando con ello, desde la época de la
guerra, una de las primeras fisuras en la gran alianza que
luchaba contra Alemania y que, todavía más que en la prime-

[20] Alain Lipietz, "La mundialización de la crisis general del fordismo: 1967-
1984", en Juan Castaings Teillery (Coord.), *Posiciones frente a la crisis*, núm.
extraordinario de *Economía, teoría y práctica*, UAM, México, s. f., p. 123.
[21] Paul Kennedy, *The Rise and Fall of the Great Powers*, Vintage Books, Nueva York, 1989, p. 358.
[22] R. L. Heilbroner, *The Worldly...*, *op. cit.*, p. 274.
[23] Ramón Tamames, *Estructura económica internacional*, Alianza Editorial,
Madrid, 1988, pp. 39-40.

ra Guerra Mundial, estaba formada por naciones profundamente disímbolas y contradictorias.

Terminado el conflicto, las contradicciones entre las potencias aliadas afloraron y condujeron a la división de Europa en
campos antagónicos organizados en dos grandes bloques: la
Organización del Tratado del Atlántico Norte y el Pacto de
Varsovia, encabezados por los Estados Unidos y la Unión Soviética, respectivamente. Estas dos superpotencias enfrenta-
das por ideologías irreconciliables iban a escenificar una confrontación a nivel mundial que fue bautizada como la Guerra
Fría, caracterizada por que ninguno de los adversarios puso
en peligro los intereses vitales de su contrincante, evitando
así que el conflicto se convirtiera en "guerra caliente", aun
cuando se dieron situaciones muy tensas que alcanzarían su
máxima peligrosidad durante la crisis provocada por la insta-
lación de cohetes nucleares soviéticos en Cuba en 1962. A partir de ésta, se llegó a un entendimiento tácito que impediría
que se volviese a llegar a una situación límite tan peligrosa.[24]
Desde la óptica de este estudio el hecho más importante relacionado con la Guerra Fría fue que, pese a su extensión planetaria en el aspecto espacial y a través de décadas en el
temporal, no evitó el notable auge de esa época. La evidencia
indica que las tensiones entre las dos superpotencias no fueron
un obstáculo insuperable para los factores que propiciaban
el auge.

Por el contrario, la Guerra Fría condujo a los Estados Unidos a emplear su poderío económico para conseguir que la
reconstrucción de los países que estaban bajo su hegemonía
fuese lo más rápida y robusta que pudiera lograrse, a fin de
evitar que resultaran víctimas de los peligros que a sus ojos
representaba la influencia de su rival. Uno de los mecanismos
empleados con este fin fue el Plan Marshall, anunciado por
George Marshall, secretario de Estado, en 1947 y destinado a
ayudar a las naciones europeas a reconstruir sus economías.
En ello se emplearon 13 mil millones de dólares, siendo los
principales beneficiarios la Gran Bretaña, que recibió 3 190

[24] Eric Morris, "The Undeclared War", en sir Robert Thompson (Coord.),
War in Peace, Harmony Books, Nueva York, 1982, pp. 21-23.

millones, y Francia, con 2 714, mientras que, en menor escala, Italia obtuvo 1 509 y Alemania Occidental 1 391.[25]

En un contexto más amplio se creó, también en 1947 y por iniciativa estadunidense, el Acuerdo General sobre Aranceles Aduaneros y Comercio, más conocido por sus siglas en inglés: GATT. El propósito de éste era obtener una liberalización tan amplia como fuese posible de los flujos del comercio mundial para evitar que se repitiera la guerra de proteccionismos que caracterizó la época de la Gran Depresión.[26] El éxito de esta política liberalizadora fue, como se ha visto, un factor importante para impulsar el dinámico incremento de la producción mundial.

Las políticas reorganizadoras estadunidenses no se limitaron a operar en el ámbito internacional, sino que buscaron incidir en el interior de diversos países, principalmente en aquellos casos en los que, como el alemán y el japonés, su influencia era mayor debido a la coyuntura histórica.

Como resultado de la guerra, Alemania quedó dividida en cinco zonas, cuatro bajo el control individual de la Unión Soviética, Estados Unidos, la Gran Bretaña y Francia, y la quinta, constituida por Berlín, que sería controlada por las cuatro potencias ocupantes. Rápidamente quedó en evidencia la imposibilidad de entendimiento entre la URSS y los países occidentales acerca del futuro de Alemania y de las políticas en relación con ella. Estas divergencias constituyeron uno de los factores que condujeron a la Guerra Fría. Paulatinamente, los estadunidenses y sus aliados de Occidente comenzaron a actuar por su cuenta para restablecer la economía alemana. El primer problema que resolver era similar al que habían enfrentado los nacionalistas del siglo XIX: el principal requisito para el desarrollo del país era lograr la unidad superando su fragmentación.[27] En 1947 las zonas estadunidense, británica y francesa se fundieron en una unidad económica. El año siguiente se llevó a cabo una reforma monetaria y se permitió el funcionamiento de una economía de mercado, limitándose el racionamiento a unas cuantas mercancías esenciales. El

[25] E. Morris, "The Undeclared...", *op. cit.*, p. 26.
[26] R. T. Tamames, *Estructura...*, *op. cit.*, pp. 138-141.
[27] Véase el capítulo III.

proceso fue coronado por el éxito: dio principio el dinámico crecimiento conocido como el "milagro alemán". La producción industrial creció de un índice de 100 en 1948 a 248 cinco años después, y alcanzaba el astronómico nivel de 440 en 1960.[28]

Durante la ocupación de Japón los estadunidenses, que tenían la ventaja, debida a la forma en que se desarrolló la guerra en el Pacífico, de no tener que compartir su autoridad con otras potencias, concentraron su atención en llevar adelante reformas profundas de la sociedad que involucraban los niveles económico, político y social. Además de erradicar el militarismo nacionalista, se plantearon como objetivos la disolución de los *Dzaibatsu*, esto es, de los grandes conglomerados concentradores del capital, principalmente de los cuatro "grandes": Mitsui, Mitsubishi, Sumitomo y Yasuda; una reforma agraria que repartiera las propiedades de los terratenientes entre los campesinos; el pluralismo político con libertad para los partidos; la emancipación de la mujer, así como el restablecimiento de las libertades de pensamiento, expresión y organización, la cual incluía la de agruparse sindicalmente. Algunas medidas como la de descentralizar el capital fueron discontinuadas al poco tiempo, ofreciendo con ello una prueba más de que el capital concentrado es parte esencial de la SRI. Pero otras fueron llevadas adelante con éxito. Así, la reforma agraria había conseguido que, para 1952, 90% de las tierras se hallasen en manos de pequeños propietarios que las cultivaban directamente.[29] El sindicalismo, por su parte, también realizó avances importantes durante la ocupación. Se otorgaron los derechos de organización y de huelga y, como consecuencia, para 1949 se habían afiliado unos siete millones de trabajadores que representaban 55% de los asalariados, al mismo tiempo que las negociaciones colectivas en las relaciones laborales se desarrollaban paralelamente.[30] Desde lue-

---

[28] Walter Laqueur, *Europa después de Hitler*, Trad. de Agustín Gil Lasierra, Grijalbo, Barcelona, 1974, pp. 93-97.

[29] J. Daniel Toledo Beltrán, *El Japón de la posguerra. Entre la dependencia y la autonomía*, UNAM, México, 1986, pp. 10-11.

[30] Salomon B. Levine, "Labor and Collective Bargaining", en William W. Lockwood (Comp.), *The State and Economic Enterprise in Japan*, Princeton University Press, Princeton, 1970, p. 652.

go, el éxito económico de las sociedades alemana y japonesa durante la segunda posguerra es hoy bien conocido.

Es posible, pues, afirmar que la larga y dinámica onda expansiva que caracterizó el comportamiento del sistema económico mundial en los dos decenios posteriores a 1948 corresponde a la plenitud de la SRI, que durante ese periodo desplegó toda su potencialidad transformadora, la cual había estado inhibida desde 1914 por no haberse dado los cambios necesarios tanto en las naciones destinadas a asimilar el conjunto de innovaciones tecnológicas que le sirvió de núcleo como en la economía planetaria en conjunto.

V

Esta misma argumentación, al prolongarse, explica la atonía que agobió al mundo industrializado en particular y al sistema económico mundial en la década de los años setenta y que no ha terminado al iniciarse el último decenio del siglo XX. De acuerdo con la teoría de las revoluciones industriales sucesivas que ha sido desarrollada en este libro, la larga onda depresiva es el resultado del agotamiento de la SRI. Éste es consecuencia de la acción de varios factores, entre los que sobresalen dos: el fin de la hegemonía estadunidense y la terminación de la capacidad dinamizadora de las principales innovaciones tecnológicas que la impulsaron.

El objetivo que se propuso la política reorganizadora de las superpotencias en la posguerra fue el de convertir a las naciones sometidas a su influencia en imágenes de ellas, utilizando su poderío económico y militar para lograrlo. En el caso estadunidense, esto implicaba que los países de Europa occidental y Japón dieran "alcance" al desarrollo de los Estados Unidos, reproduciendo su estructura industrial.

Este modelo de crecimiento adolecía, sin embargo, de una contradicción esencial: su objetivo, la "americanización" de Europa y Japón, era incompatible con su premisa fundamental, la hegemonía estadunidense en el sistema económico mundial, y en consecuencia su éxito significaba, irónica e inevitablemente, su fin. En efecto, hacia fines de la década de 1960 la economía de Estados Unidos comenzó a mostrar desajustes, pese a lo cual su auge se prolongó hasta 1969. En 1970 sobrevino una recesión en la que se combinaron varias tendencias negativas que se seguirían presentando en los años subsecuentes. El crecimiento disminuyó a únicamente 1.4% en 1971 y el desempleo se elevó a tasas superiores a 6%, y ya nunca retornaría a los niveles que se conocieron durante la fase expansiva. Pero donde la crisis se manifestó con mayor claridad fue en un drástico deterioro del sector externo, el cual culminaría en agosto de 1971, cuando el presidente Nixon se vio obligado a dar por terminada la convertibilidad del dólar en oro. En el cuadro VII.7 puede apreciarse la evolución negativa de los principales componentes de la Balanza de Pagos estadunidense.

Los Estados Unidos tuvieron excedentes en su balanza comercial desde el siglo pasado. En el periodo 1960-1964 las transacciones comerciales con el exterior continuaban siendo favorables, lográndose un excedente anual promedio de 5 400 millones de dólares. Este ingreso se complementaba con el obtenido por las inversiones estadunidenses en el extranjero, como lo muestra el tercer renglón del cuadro VII.7, permitiendo con ello hacer el pago de servicios prestados por entidades extranjeras y los cuantiosos gastos militares en el exterior que imponía su política. Esto hacía que la balanza de bienes y servicios mostrara un excedente de 5 900 millones. Pese al continuo aumento del flujo de utilidades generadas por las inversiones de Estados Unidos en el mundo, que alcanzaron la enorme suma de 8 000 millones en 1971, resultado del formidable proceso de internacionalización del capital, el rápido deterioro del comercio exterior del país, que sufrió un déficit de 2 700 millones en ese año, hizo disminuir a sólo 700 millones el excedente de la balanza de bienes y servicios. Esto condujo a que los Estados Unidos no lograran ya equilibrar las remesas y transferencias, incluyendo las gubernamentales, por lo que la balanza en cuenta corriente evolucionó de un excedente de 3 300 millones de promedio anual en el periodo 1960-1964 a un déficit de 2 800 millones en 1971. Este déficit, a su vez, provocó una salida de capitales a corto plazo, la mayor parte de los cuales, por no haber sido identifi-

CUADRO VII.7. *Deterioro de la Balanza de Pagos estadunidense, 1960-1971 (miles de millones de dólares)*

	1960-1964	*1965-1969*	*1971*
Balanza comercial	5.4	2.8	–2.7
Transacciones militares netas	–2.4	–2.9	–2.9
Ingreso neto por inversiones	3.9	5.8	8.0
Balanza por otros servicios	–1.0	–1.2	–1.7
Balanza de bienes y servicios	5.9	4.4	0.7
Remisiones y transferencias incluyendo gobierno	–2.5	–2.9	–3.5
Balanza en cuenta corriente	3.3	1.5	–2.8
Flujo neto de capitales a largo plazo	–4.0	–3.6	–6.5
Balanza básica	–0.7	–2.2	–9.3
Flujo neto de capital privado a corto plazo	–1.1	–0.2	–2.4
Derechos especiales de giro	—	—	0.7
Neto de errores y omisiones	–1.0	–1.0	–11.0
Balanza neta de liquidez	–2.8	–3.4	–22.0

FUENTE: *Economic Report of the President*, enero de 1972, p. 150, y enero de 1973, pp. 293-294; *Survey of Current Business*, diciembre de 1972, pp. 34 y 41, cit. en Robert Aaron Gordon, *Economic Stability and Growth: The American Record*, Harper and Row, Nueva York, 1974, p. 180.

cados, aparecen bajo el rubro de "errores y omisiones" y configuran una verdadera fuga de capitales provocada por la pérdida de la confianza en el dólar y cuyo monto supera incluso el gran déficit de la balanza básica. En total, sólo en el año de 1971, la hemorragia alcanzó la cifra de 22 000 millones de dólares. En esas condiciones, Washington se vio forzado a abandonar la convertibilidad del dólar en oro y a devaluarlo.

Esta crisis determinó el colapso del sistema monetario internacional estructurado en Bretton Woods, que, como hemos visto, fue el marco financiero que permitió el despliegue de las formidables potencialidades de la SRI. El desmoronamiento de ese sistema fue un factor determinante en el agotamiento de dicha revolución y es anterior en más de dos años a la crisis energética que se generó a partir de octubre de 1973; ésta no fue la causante de la crisis: sólo vino a golpear una estructura ya en proceso de decadencia y contribuyó a precipitar el fin de su dinamismo.

La causa básica del deterioro de la hegemonía estadunidense y sus consecuencias fue el impresionante debilitamiento de la posición competitiva de Estados Unidos en el comercio mundial de manufacturas. Muchos de sus productos industriales han sido desplazados de diversos mercados extranjeros e incluso de su propio mercado interno por los fabricados por otras naciones industrializadas, principalmente Alemania y Japón, así como los pequeños países asiáticos conocidos como NIC (*new industialized countries*, o sea, "nuevos países industializados"). El principal factor para explicar la pérdida de competitividad de la industria estadunidense frente a sus rivales es el diferencial en el crecimiento de·la productividad en relación con ellos. En el cuadro VII.4 aparecen datos que permiten apreciar esta evolución desfavorable para los Estados Unidos y para la posición hegemónica que ocuparon en el sistema económico internacional en los años posteriores a la segunda Guerra Mundial.

Puede verse cómo la productividad, esto es, el producto por unidad de trabajo, creció en Estados Unidos más lentamente que en cualquiera de los otros países industriales listados, y esta afirmación es válida tanto durante la onda expansiva como en la depresiva. Japón, desde luego, tiene incrementos muy superiores a los estadunidenses: un enorme 9.9% anual en el periodo 1960-1973 contra un anémico 3.1%. Alemania y Francia también tienen desempeños considerablemente superiores al de Estados Unidos, con 5.8% y 5.9%, respectivamente, e incluso la economía británica demuestra más dinamismo, con 3.8%. En los años siguientes (1973 a 1981), que corresponden a la fase depresiva, se repite la situación con la misma tendencia adversa para la Unión Americana, cuya economía tiene incrementos de la productividad inferiores a los de sus competidores. En estas condiciones era únicamente cuestión de tiempo que éstos dieran "alcance" a los estadunidenses, produciendo mercancías primero similares en calidad y precio y después incluso superiores, con lo que empezó el retroceso de sus productos en los diversos mercados, provocando así la crisis del sector externo norteamericano y, en consecuencia, la de la hegemonía de Estados Unidos en la economía mundial. Ello se logró mediante la introducción y el perfeccionamiento de la tecnología de este país en la industria de los rivales.

Si se pasa del examen de las tendencias económicas generales al de los casos de industrias particulares, se encuentra que éstos reflejan aquéllas. Así la automotriz, que tan importante papel desempeñó durante la SRI y que ha servido en este estudio para ejemplificar sus grandes directrices, ilustra tendencias como la decadencia de la competitividad industrial de la Gran Bretaña, primero, y luego de los Estados Unidos, así como el auge de Alemania seguido poco después por el japonés. Durante la posguerra temprana, la industria británica parecía la mejor equipada para competir con la estadunidense; era la que la seguía en importancia: en 1950 produjo 522 mil vehículos, más del doble de los fabricados por Francia, que ocupaba el tercer lugar, y era además el mayor exportador del mundo.[31] Sin embargo, estas ventajas no tuvieron el efecto que hubiera podido esperarse, y correspondió a la industria alemana presentar el primer reto importante a los estadunidenses, mediante un pequeño y feo automóvil producido por la Volkswagen, empresa que al terminar la guerra parecía tan poco prometedora que se intentó venderla a los empresarios norteamericanos, únicamente para ser despreciada por éstos. La compañía alemana tuvo que atenerse a sus propios medios y no sólo logró sobrevivir, sino que consiguió conquistar una porción impresionante de los mercados estadunidense y mundial mediante dos factores decisivos: la calidad del producto y la del servicio que lo respaldaba. El

[31] R. Sobel, *Car Wars, op. cit.*, pp. 24-25.

éxito de los alemanes fue tan rotundo que el extraño cocheci-
to se convirtió en el vehículo más vendido en la historia.

Los japoneses, por su parte, tenían un camino aún más largo por recorrer. En 1948, Suehiro Nishio, miembro del gobierno del primer ministro Tetsu Katayama, recomendó que
en Japón no se fabricaran automóviles dado el atraso tecnológico de su industria en relación con la de otras naciones (la
producción, como lo muestra el cuadro V.2, era insignificante
en 1950).[32] Su opinión, sin embargo, no fue tomada en cuenta
por empresas como Toyota y Nissan, las cuales emprendieron
una penosa batalla a largo plazo que terminó haciendo de Japón el primer productor y exportador automotriz del mundo.

De esta manera, el éxito del proceso de "americanización"
de las economías de Europa occidental y Japón, con el consiguiente incremento cuantitativo y cualitativo de su industria,
desembocó en la crisis de la hegemonía económica de Estados Unidos. Y si se toma en cuenta que ésta era el eje en torno del cual se habían organizado los mecanismos reguladores
de la economía mundial, su crisis conllevó la disfuncionali-
dad de la estructura de regulación que había permitido el dinámico desempeño de aquélla durante los 20 años que siguieron a la guerra. Esa onda expansiva correspondió a la plenitud
de la SRI y su fin señala el término de ésta.

El segundo factor determinante de ese término fue el agotamiento de la potencia dinamizadora de las más importantes
innovaciones tecnológicas que formaban el núcleo de la SRI.
Una vez más la industria automotriz ilustra con claridad el
fenómeno. En el cuadro V.2 se aprecia cómo después de un
periodo de crecimiento débil pero sostenido, que se extiende
de 1950 a 1970, la producción norteamericana de automotores entra en una etapa contractiva que implica que en 1980 se
produjesen únicamente 7 222 300 unidades, mientras que diez
años antes se habían construido 7 490 600. La industria europea, por su parte, tuvo en el primer periodo un crecimiento
muy dinámico que corresponde a la asimilación del modelo
industrial estadunidense que caracteriza, como se ha visto, la
plenitud de la SRI; de 1 110 400 vehículos en 1950, se asciende

---

[32] R. Sobel, *Car Wars, op. cit.*, caps. III y VI.

a 10 378 600 en 1970, pero en los diez años siguientes la producción permanece estancada, de manera que en 1980 se produjo prácticamente la misma cifra. Únicamente Japón y otros países, incluyendo los semi-industrializados y los de economía planificada, conseguían seguir aumentando el número de unidades producidas entre 1970 y 1980.

Lo más importante para este análisis es el estancamiento que afectó a la industria automotriz norteamericana y europea en la década de los años setenta, que alcanzó su máximo en 1973 con 10 895 000 y 11 472 000 unidades, respectivamente.[33] La industria más representativa de la SRI dejó de ser un mecanismo dinamizador de la misma en el centro del sistema económico mundial a partir de 1974.

Ugo Pipitone coincide con esta apreciación, señalando cómo la industria automotriz estadunidense dejó de ser un impulsor del auge económico al disminuir la tasa de crecimiento de la demanda a un raquítico 1.1% en los años que van de 1970 a 1980 y, lo que es más significativo, las previsiones para el futuro son aún más desalentadoras ya que se pronostica un crecimiento de sólo 0.7% entre 1990 y el año 2000.[34] Esta información, además de confirmar la tendencia al estancamiento, señala como causa de éste el debilitamiento de la demanda, lo cual es de suma importancia para el argumento que se plantea en este trabajo.

En efecto, la evidencia indica que la explicación del fenómeno radica en la inexorable saturación de los mercados, primero en los Estados Unidos y Canadá y luego en Europa occidental. Los datos del cuadro VII.8 indican que en 1980 había en la Unión Americana más de un automóvil por cada dos habitantes, y en Alemania Federal, Francia y Suecia uno por cada tres.

Aun cuando los estudios de prospectiva de la OCDE predicen puntos de saturación más elevados que los niveles alcanzados en la realidad en 1980, y que estiman en 700 unidades por mil habitantes para Estados Unidos, 600 para Alemania Federal y

[33] A. Altshuler *et al.*, *The Future...*, *op. cit.*, p. 19.
[34] U. Pipitone, *op. cit.*, p. 42, *apud* "Toward a World Auto Industry", en *OECD Observer*, núm. 123, julio de 1983, p. 4.

CUADRO VII.8. *Riqueza y automóviles en varias naciones industriales en 1980*

País	PIB por habitante (dólares)	Autos por mil habitantes
Alemania Federal	13 590	377
Suecia	13 520	347
Francia	11 730	357
Estados Unidos	11 360	537
Japón	8 890	203
Gran Bretaña	7 920	276
Italia	6 480	310

FUENTE: PIB: Banco Mundial, *World Development Report 1982*, Oxford University Press, 1982, tabla 1; autos: *World Motor Vehicle Data*, en A. Altshuler *et al.*, *The Future...*, *op. cit.*, p. 108.

Francia y entre 450 y 500 para Japón, Gran Bretaña e Italia,[35] el comportamiento real de los mercados indica que estas predicciones resultan demasiado elevadas y que los niveles de saturación están más cerca de los existentes para esas sociedades en 1980, por lo que la industria se ve limitada a las posibilidades de un mercado de simple reposición. Las cifras del cuadro VII.8 revelan que esos niveles de saturación dependen del grado de riqueza de cada país, pero también son determinantes otros factores como las características geográficas.

Si la producción automotriz de Norteamérica y de Europa occidental dejó de ser un factor de crecimiento económico en la década de 1970, cosa parecida ocurrió con otras industrias organizadas en torno de las grandes innovaciones tecnológicas de la SRI, las cuales resultaron igualmente víctimas del estancamiento, como lo muestran las cifras del cuadro VII.9, relativas a la evolución de varias ramas industriales como la química inorgánica, los derivados del petróleo y las pinturas y colorantes, la fabricación de aparatos eléctricos y la de máquinas herramienta, así como la construcción naval, todas las cuales disminuyeron su dinámico crecimiento de la década

[35] A. Altshuler *et al.*, *The Future...*, *op. cit.*, p. 110.

de 1960, para caer en el estancamiento en la de 1970 o incluso llegar a sufrir tasas de crecimiento negativas en los años posteriores, como ocurrió con las máquinas herramienta y la construcción naval.

CUADRO VII.9. *Agotamiento de la Segunda Revolución Industrial*

Rama industrial	Tasas de crecimiento de la demanda mundial	
	Década de 1960	Década de 1970
Química orgánica	11.4%	3.8%
Derivados del petróleo	8.3	1.2
Pinturas y colorantes	7.9	1.1
Artículos de plástico	12.5	6.4
Aparatos eléctricos	9.1	2.5
Máquinas herramienta	8.3	−1.1
Construcción naval	6.9	−4.4

FUENTE: Centre d'Études Prospectives et d'Information Internationales, *Économie...*, op. cit., pp. 68-71.

Podemos, pues, concluir afirmando que muchas industrias organizadas en torno de componentes fundamentales de la estructura de innovaciones tecnológicas de la SRI cayeron en el estancamiento, o incluso sufrieron tendencias contractivas, a medida que se agotaban las potencialidades dinamizadoras de esas innovaciones para convertirse en actividades crepusculares dedicadas a satisfacer mercados básicamente saturados y limitados a la demanda de reposición. Dichas industrias, antes dinámicas, se convirtieron en elementos carentes de capacidad expansiva, y ésta es una de las causas fundamentales del agotamiento de la SRI.

Es importante señalar que este factor comienza a ejercer su influencia en la década de 1970 y, por otra parte, lo mismo ocurre con la desaparición de la hegemonía estadunidense en el sistema económico mundial, lo que suprime el pivote alrededor del cual estaba estructurado éste. Tal combinación señala el momento histórico en que terminó esa revolución.

V

De acuerdo con la teoría que se ha desarrollado en esta obra, es precisamente el fin de la segunda etapa del proceso industrializador, bautizada como Segunda Revolución Industrial, lo que explica el insatisfactorio comportamiento de la economía mundial a partir de la década de 1970. Como corolario de esta afirmación se presenta como única salida de la onda larga depresiva la entrada exitosa del sistema económico planetario en la Tercera Revolución Industrial.

Como ha demostrado el examen realizado a lo largo del presente trabajo, estos fenómenos históricos están compuestos por un gran número de factores de muy diversa índole que interaccionan entre sí, multiplicando las capacidades transformadoras que posee cada uno, de manera que la totalidad tiene una potencia muy superior a la de la suma de sus partes. Esta fuerza transformadora ha resultado tan poderosa en las dos ocasiones anteriores que literalmente ha generado mundos nuevos. Su acción no ha cambiado únicamente a las sociedades que han asimilado las nuevas tecnologías, sino que extendiendo sus efectos a todo el planeta ha producido metamorfosis mundiales. Su inmenso potencial también se manifiesta en la velocidad con que se operan los cambios. La fuerza transformadora es tan grande que en periodos históricamente breves, como puede ser la duración de una vida humana, se rebasa la magnitud de las transformaciones que en otras circunstancias han requerido de siglos para realizarse.

Como sus dos predecesoras, la Tercera Revolución Industrial implica la formación de una estructura de innovaciones tecnológicas que le sirva de núcleo para integrar un sistema productivo cualitativamente distinto al heredado de las etapas pretéritas. Por otra parte, las sociedades destinadas a internalizar esa nueva base científica y tecnológica deberán experimentar profundos cambios que las capaciten para implementar ese proceso. Por último, el sistema económico mundial en conjunto tendrá que transformarse adecuándose a las necesidades de la nueva fase en la evolución de la estructura productiva. Pero este triple proceso, que ya se ha iniciado, no se produce en el vacío: su punto de partida es el mundo creado por las dos revoluciones industriales previas y cuyas características ejercen un efecto determinante sobre él.

El análisis de la triple metamorfosis que implica la Tercera Revolución Industrial deberá ser objeto de un nuevo libro. Es la postura del autor que, aun cuando existen muchas áreas de incertidumbre, están dados ya los elementos suficientes para hacer posible dicho examen con un nivel de rigor científico aceptable. Es en el primer conjunto de elementos, esto es, el de la base tecnológica de la Tercera Revolución Industrial, donde los conocimientos disponibles son más amplios y están dotados de una mayor certidumbre, mientras que las variables sociales la tienen en un grado menor, por lo que aquél deberá servir como pivote para iniciar el estudio.

ÍNDICE DE CUADROS

ÍNDICE GENERAL

Este libro se terminó de imprimir en mayo de
1995 en los talleres de Impresora y Encuader-
nadora Progreso S.A. de C.V. (IEPSA), Calz. de
San Lorenzo, 244, 09830 México, D.F. En su
composición parada en el Taller de Composición del FCE, se usaron tipos New Aster de
10:12, 9:11 y 8:9 puntos. La edición, de 2 000
ejemplares estuvo al cuidado de *Francisco
Avilés Sánchez.*